“十二五”职业教育国家规划教材

经全国职业教育教材审定委员会审定

财政部规划中等职业学校财经商贸类教材

连锁经营门店营运

郭 伟 李 瑾 主编

中国财政经济出版社

图书在版编目（CIP）数据

连锁经营门店营运／郭伟，李瑾主编．—北京：中国财政经济出版社，2015.5
“十二五”职业教育国家规划教材　财政部规划中等职业学校财经商贸类教材
ISBN 978-7-5095-5829-4

Ⅰ.①连…　Ⅱ.①郭…②李…　Ⅲ.①连锁店-商业-经营-中等专业学校-教材
Ⅳ.①F717.6

中国版本图书馆 CIP 数据核字（2014）第 273673 号

责任编辑：樊　闽　　　　责任校对：胡永立
封面设计：汪俊宇　　　　版式设计：董生平

中国财政经济出版社出版
URL：http：//www.cfeph.cn
E-mail：cfeph@cfeph.cn

社址：北京市海淀区阜成路甲 28 号　邮政编码：100142
营销中心电话：88190406　北京财经书店电话：64033436　84041336
北京财经印刷厂印刷　各地新华书店经销
787×1092 毫米　16 开　15.75 印张　378 000 字
2015 年 5 月第 1 版　2015 年 5 月北京第 1 次印刷
定价：37.00 元
ISBN 978-7-5095-5829-4/F·4714
（图书出现印装问题，本社负责调换）
本社质量投诉电话：010-88190744
打击盗版举报热线：010-88190492、QQ：634579818

编写 说明

本书是“十二五”职业教育国家规划教材、财政部规划教材，经全国职业教育教材审定委员会审定，作为全国中等职业学校财经商贸类教材使用。

连锁经营作为一种现代经营模式，在我国经过近几十年的发展，已经从导入期进入高速发展期，连锁经营模式也不断被应用在不同行业、不同业态。连锁企业通过对门店营运管理实现连锁经营的标准化、专业化、规模化以及高效率化。

中等职业学校开设连锁门店运营与管理课程，必须注重实践能力和动手能力的培养，让职业能力对接职业岗位，教学标准对接职业标准，尽量满足市场对中职学校学生的要求。本书的特点主要有以下方面：

1. 突出岗位性。为适应连锁经营门店营运管理的实际需要，本书注重收货、理货、收银、销售、客服、防损等岗位能力的培养。

2. 遵循职业教育规律，实行项目教学、任务引领。把知识讲授融入完成任务的过程中，降低了学生学习的枯燥性。另外，本书在每个项目设计了引例、想一想、相关知识和案例精析等栏目，使学生在学习理论知识的同时，锻炼和提高自身的职业能力。

3. 突出操作性。为培养中职学生的专业技能，本书在每个项目有实践训练，实践训练包括实训项目、实训目的、实训任务和实训提示，使学生在实训中提高理论知识的运用能力和实际操作能力。

本书由安徽商贸职业技术学院郭伟和李瑾担任主编，安徽商贸职业技术学院陈小云和长沙职业技术学院喻合担任副主编。具体编写分工如下：郭伟编写项目三、项目五，李瑾编写项目八、项目九、项目十，陈小云编写项目一、项目二、项目四，喻合编写项目六、项目七。

序号	工作任务	学 时		
		理论	实践	合计
1	门店卖场的布局与设计	4		4
2	门店商品陈列管理	6	2	8
3	门店商品进货与存货作业管理	6	4	10
4	门店商品促销管理	6	2	8

续表

序号	工作任务	学时		
		理论	实践	合计
5	门店商品销售作业管理	8	2	10
6	门店理货作业管理	4	2	6
7	门店收银作业管理	4	2	6
8	门店安全与损耗管理	4		4
9	门店顾客投诉与顾客关系管理	4	2	6
10	门店店长作业化管理	2		2
合计		48	16	64

本书为用书学校任课老师提供了课后习题答案和电子课件，如有需要，请登录中国财经教育网（http：//cjjc. cfeph. cn 或 www. zgcjjy. com）下载。

本书在编写过程中参考了不少文献，得到企业和其他院校等有关单位领导、专家的支持，在此一并致谢！

由于编者水平有限，本书难免存在不足之处，恳请专家和读者批评指正。

编　者

2015 年 3 月

目　录

项目一 1 门店卖场的布局与设计

学习目标

知识目标 了解和掌握门店店面设计的要素，熟悉连锁门店外观、店名、标识、招牌、橱窗的设计技巧与要求，熟悉卖场的出入口、卖场通道、卖场货架、卖场内部装饰店等设计技巧，掌握卖场布局设计原则和技巧。

能力目标 能够对卖场门店的店门、店名、店标、招牌、橱窗进行合理的布局和设计；能够对连锁门店卖场的出入口、卖场通道、卖场货架、卖场内部装饰进行合理的布局和设计。

职业素养 树立正确的卖场设计意识，能够与团队进行很好的沟通，共同布局和设计门店卖场，能为顾客提供优质的卖场环境，为门店运营做好充分准备，并培养门店设计管理的能力。

引导案例

家乐福某一门店的卖场布局

位于广州市的白云区百信广场的家乐福，有近30条公交线路经过，400多个停车位，7条免费购物巴士线路，为消费者的购物提供十分便利的交通，更为家乐福提供了大量的顾客流量。

家乐福超市店内面积较大，门店上下两层，进入卖场后先是随扶梯上二楼，然后才能下一楼交款。二楼主要是展示一些非食品的商品。从二楼卖场入口进入的最右边主要是家电（如电视机、空调、电扇等）和手机售卖区。卖场中部主要划分为四部分：音像制品（书籍、VCD等）、家居用品（睡衣、拖鞋、拖帕等）、日常用品（电池、水杯、饭盒等）、衣物（有品牌和无牌子的成衣、内衣）。卖场最靠后的左手位置主要是卫生洗化用品等，如皂类、卫生纸、牙刷等；中间位置主要是10排左右的落地货架，主要放置化工品（如洗发水、洗面奶等类似品）；最右边（即最里面）主要是雅芳、美宝莲等化妆品的销售，有醒目的品牌标志。接下去是一楼食品类的布局。熟食、生鲜、速冻等最吸引顾客的区域设置在门店的最内部，一方面靠近后场的作业区，另一方面还可以吸引顾客走遍全场。果蔬区一般被认为高利润部门，通常的布局是满足顾客的相关购物需求，安排在肉食品的旁边。由于奶制品和冷冻品具有易融化、易腐蚀的特点，所以一般被安排在顾客购买流程的最后，临近出口，并且奶制品和冷冻品通常在一起，这样有利于设备的利用。烘焙品的主力商品是面包，销量大，毛利高，大多被安排在第一货架和靠近入口的地方，这样不仅会刺激高价位的面包的出售，而且还会避免顾客遗忘。杂品部分主要在超市卖场的中央，采取落地货架形式，布局为纵向陈列，这样顾客就可以透视纵深。

一般部门的设置规划本着防盗防损的目的，一些丢失率较高的商品会专门安排在一些特定的角落。例如，口香糖总是在收银台前，化妆品总是在门店内的醒目的地方。

资料来源：《浅谈家乐福卖场布局和商品陈列》，百度文库，http：//wenku. baidu. com/.

讨论：

1. 熟食、生鲜、速冻设置在卖场的最内部有什么优点？
2. 奶制品和冷冻品为什么安排在临近出口的地方？口香糖为什么要放在收银台的前面？
3. 连锁门店是一个以顾客为主角的舞台，你认为顾客对哪些方面比较关心？

任务一
门店外观设计

任务描述

张强从某高校连锁经营管理专业毕业后，成功应聘到某零售企业设计部，初入职场的他对自己未来的职业生涯充满信心，但同时也存在一些担忧：培训师在给他们培训的时候说过，一家门店卖场布局与设计，直接影响到企业的形象和经营效益。他就想我该如何设计门店的外观以主动吸引顾客进店呢？

商店规模因大小不同，整个外观设计是不同的，常见的是大规模商店，其建筑可能是往水平方向发展，也可能是垂直发展成为摩天大楼。不管如何，商店外观本身就是一种宣传、标志、象征，所以在开始构筑商店的主体结构之前，应思考商店的外观，要能成为商店的象征代表。此外，是否有特点，进而成为一种地标，或是一个观光点，这种特殊外观建筑，对于商店经营是有正面意义的。

一、连锁门店店门的设计

门，是商店的入口。店门的作用是诱导人们的视线，并产生兴趣，激发进去看一看的参与意识。怎么进去，从哪进去，就需要正确的导入，告诉顾客，使顾客一目了然。

（一）顾客进出门的设计

在店面设计中，顾客进出门的设计是重要一环。为了方便顾客进出，门至少应该有两个。如果店址是在一个拐角处，前后开了两扇门，面对两条街，这样的店面是最佳选择。如果店铺是在不太繁华的地点，开始时光顾的人不会很多，这种情况下不宜把门开多了，可以利用出入不便，而保持一些顾客在店内。因为顾客有种心理，觉得人气旺的店，一定是有好的商品或是价格便宜，有时也正体现了流行趋势，所以顾客愿意去人多的店，而使那些本来就冷清的店更冷清。

将店门安放在店中央，还是左边或右边，这要根据具体人流情况而定：一般大型商场大门可以安置在中央。小型商店的进出部位安置在中央是不妥当的，因为店堂狭小，直接影响了店内实际使用面积和顾客的自由流通。小店的进出门，不是设在左侧就是右侧，这样比较合理。

（二）门店店门设计应注意的问题

1. 店门的开放性。从商业观点来看，店门应当是开放性的，所以设计时应当考虑到不能让顾客产生“幽闭”、“阴暗”等不良心理，从而拒客于门外。因此，明快、通畅，具有呼应效果的门廊才是最佳设计。

2. 店门门前路况。店门设计，还应考虑店门面前路面是否平坦，是水平还是斜坡；前边是否有遮挡及影响店门面形象的物体或建筑；采光条件、噪音影响及太阳光照射方位等。

3. 店门所使用的材料。店门以往都是采用较硬质的木材，也可以在木质外部包铁皮或铝皮，制作较简便。近年来我国也开始使用铝合金材料制作商店门，由于它轻盈、耐用、美观、安全、富有现代感，所以有普及的趋势，无边框的整体玻璃门属于豪华型门廊，由于这种门透光性好，造型华丽，所以常用于高档的首饰店、电器店、时装店、化妆品店等。

想一想

童装店店门要如何设计才能吸引人们的视线？

二、连锁门店店名的设计

店铺的名称十分重要，一个具有高度概括力和强烈吸引力的名称，对消费者的视觉刺激和心理影响都起着重要作用，不仅能给人以美的享受，而且还能吸引顾客，扩大销售，起到第一“推销员”的作用。古代商号都很注重使用吉祥顺利的字眼，来寓意自己的生意。那时的店铺大都冠以顺、广、泰、祥一类的字眼，为的是讨个舒心吉利。现代经营也十分讲究给店铺起个言简意赅、寓意清新、富有特色的店名。作为店，起名也是一个大学问，名字要雅，有潮流感，能打动顾客的心。一个好的店铺名必须适合其目标顾客的层次，适合其经营宗旨和情调，这样才能为店铺树立美好的形象，增强对顾客的吸引力。

（一）门店命名的原则

1. 易读、易记原则。易读易记原则是对店名最根本的需求，店名只有易读易记，才能高效地发挥其识别功能和传播功能。如何使店名易读、易记呢，这就要做到以下几点：

（1）简洁。名字单纯，简洁明快，易于和消费者进行信息交流而且名字越短，就越有可能引起顾客的遐想，含义更加丰富。中国名称一般以 2～4 个字节为宜，外国名一般以 4～7 个字母为宜。

（2）独特。名称应具备独特的特点，力戒雷同，避免与其他店名混淆，这样才能在公众心目中留下鲜明的印象。

（3）新颖。有时代感或者赶上时代潮流，创造新概念。

（4）有气魄。店名还应该是响亮、有气魄，做到起点高，具备冲击力，给人以震撼感。

2. 暗示商店经营属性原则。店名还应该暗示商店经营商品的属性和类别。显而易见的问题是，店名越是描述某类经营商品的属性，那么这个名称就越难向其他经营范围上延伸。因此，零售店经营者在为零售店命名时，勿使店名过分暗示经营商品的种类或属性，否则将不利于企业的进一步发展，店名也因此失去了特色。

相关知识

服装行业的店名

在服装行业，如果服饰店经营的是某一类型服装，面向的是固定的某一阶层顾客，则可以面向顾客而取名，使他们知道店的类型。例如，“淑女屋”就是这样的成功例子。除了体现类型之外，还要体现服饰店的特点。

3. 启发店铺联想原则。它是指店名要有一定的寓意，让消费者能从中得到愉快的联想，而不是消极的联想，也就是讨个吉利的名字。如“物美”零售店，使顾客联想到零售店出售的商品物美价廉。但要注意，有时从一种语言看来，它是吉利的名字，而用另一种语言读出来，就会有消极的意义。出现这种情况，如果想进入该地区的市场，就必须改名。

相关知识

“金利来”的由来

曾宪梓先生说：“要创名牌，先要选好名称。金利来原来叫金狮。一天，我送两条金狮领带给我的一个亲戚，他满脸不高兴。说：‘我才不带你的领带呢！金输、金输、什么都输掉了。’原来港话‘狮’和‘输’读音相似，而我这个亲戚又是一个爱赌马的人，香港赌马的人很多，显然很忌讳‘输’字。当天晚上我一夜未睡，为改金狮这个名字我绞尽脑汁。终于交 GOLDLION（金狮）改为意译和音译相结合，即 GOLD 意为金，LION 音读利来。这个名字很快就为大家接受，带领带的各阶层生意人多，谁不希望‘金利来’？”

4. 支持店标原则。店标是指零售店标识系统中可被识别但无法用语言表示的部分，如可口可乐的红色标志，麦当劳醒目的黄“M”，苹果牌牛仔的缺一块的苹果，以及奔驰的三叉星环等。店标是零售店经营者命名的重要目标，需要与零售店店名联系起来一起考虑。当店名能够刺激和维持店铺标识物的识别功能时，店铺的整体效果就加强了。

5. 适应市场环境原则。适应市场环境即适应消费者的文化价值观念，包括风俗习惯、宗教信仰、语言习惯等。零售店店名对于相关人群来说，可能听起来合适，并使人产生愉快的联想，因为他们总是从一定的背景出发，根据某些他们偏爱的零售店特点来考虑该零售店。

相关知识

不可不知的跨国文化

不同的国家和地区，在文化上具有很大的差别。如同样的植物或动物，具有不同的象征意义。例如，熊猫在我国乃至多数国家和地区均颇受欢迎，是和平、友谊的象征，但在伊斯兰国家或信奉伊斯兰教的地区，消费者则非常忌讳熊猫，因为它形似肥猪。仙鹤在中国与日本都被视为长寿的象征，而在法国则被看成是蠢汉或诬妇的代表。菊花在意大利被视为国花，但在拉丁美洲有的国家则视菊花为妖花，只有在送葬时才会用菊花供奉死者；法国人也认为菊花是不吉利的象征。

6. 受法律保护原则。零售店经营者还应该注意，绞尽脑汁得到的零售店店名一定要能够注册，受到法律的保护，要使零售店店名受到法律保护，必须注意以下两点：

（1）该零售店店名是否有侵权行为。零售店经营者要通过有关部门，查询是否已有相同或相近的零售店被注册。如果有，则必须重新命名。美国有一种叫“伊丽莎白·泰勒热情”专卖香水的连锁店，销售业绩非常好，但其连锁专卖店发展到第55家时，就被迫停卖。因为它的一家竞争者的产品叫“热情香水”，对方向法院起诉。最后“伊丽莎白·泰勒热情”连锁店不得不改弦更张，重新命名，原先的广告促销活动也付之东流了。

（2）该零售店店名是否在允许注册的范围以内，有的零售店店名虽然不构成侵权行为，但仍无法注册，难以得到法律的有效保护。如1915年以前德国商标法规定仅有数字内容的商店名称是不可能注册登记的。零售店经营者应向有关部门或专家咨询，询问该零售店名是否在商标法许可注册的范围内，以便采取相应的对策。

想一想

请举几个产品名称或门店名称设计比较好的例子。

（二）门店店名字体设计

连锁门店店名字体是其店面识别系统的构成要素之一，它是将企业经营活动中的规模、价值观念、经营理念，通过可读性、说明性、鲜明性、独特性的组合字体，在目标市场上进行传播，以达到识别的目的。

1. 店名字体特征。

（1）识别性。店名字体首先要有一定的识别性，即通过一定的造型体现出独特的风格，反映企业的营销文化和经营理念，向目标市场传达企业经营活动的独具特点与文化附加值，达到消费者识别企业及其自有品牌的目的。

（2）造型性。造型因素是决定店名字体是否成功的关键，店名字体通过一定的形态特征传达超级市场经营者的个性特征，使消费者感觉到美，因此要在遵守造型原则和规则的条件下，求新求异，成为企业店面标志的代表。

（3）易读性。店名字体要简洁、易读，传播的信息内容使人一目了然。

（4）系统性。店名字体是店面识别系统的构成要素，它的风格应该与店面识别系统中的其他要素的风格相一致，与其他要素共同体现超级市场企业的经营理念和经营特征；另一方面，店名字体自身又是一个小系统，内部字与字之间，不论是大小还是造型都要符合统一的要求，要符合美的法则，要互相补充、互相配合。

2. 店名字体的性格属性。连锁门店店名字体的性格属性一般可分为如下几种：

（1）粗犷、豪放：方饰线体，新魏碑等。

（2）庄重、典雅：古罗马体，卡洛林体，仿宋，黑体。

（3）潇洒、飘逸：意大利斜体，行书等。

（4）纤巧、秀丽：结构型，草书体，隶书等。

（5）古拙、稚气：正圆形的罗马体。

3. 店名字体设计的具体要求。连锁店铺经营者在设计企业店名字体时，必须注意以下几点：

（1）字体一定要与商店经营属性相吻合。要根据商店经营商品的属性，选择恰当的字体，切勿滥用。

（2）要有美感，使视觉舒适。店名字体的结构、造型要符合美学原则，消费者看后要有美的感觉。只有这样才能留下一定的印象。

（3）易于阅读，便于识认。如果消费者在猜测中阅读，其效果是可想而知的。

当然，现在一些店铺没有做到前两点，将会产生两个问题，一是该店铺将拓宽自己的经营范围和行业范围；二是营销成本将会增加。

相关链接

优衣库的店名设计

英文名“UNIQLO”是 Unique（独一无二）和 Clothing（服装）这两个词的缩写，说出了其“低价良品、品质保证”的经营理念。

三、连锁门店店标的设计

店标是指商品店面标识系统中可以被识别，但不能用语言表达的部分，是店面标识的图形记号。店标是一种“视觉语言”，它通过一定的图案、颜色来向消费者传输某种信息，以达到识别商店、促进销售的目的。

店标与商店名称都是构成完整的商店标识系统的要素。店标自身能够创造商店认知、商店联想和消费者的商店偏好，进而影响商店体现出的质量与顾客的商店忠诚度。

（一）店标的作用

1. 店标能够引发消费者产生商店联想。尤其能使消费者产生有关商店经营商品类别或属性的联想。

2. 店标能够促使消费者产生喜爱的感觉。风格独特的标识能够刺激消费者产生联想，从而对该商店产生好的印象。

3. 店标是公众识别商店的指示器。风格独特的店标是帮助消费者记忆的利器。

（二）店标的设计原则

1. 简洁鲜明原则。店标在设计上其图案与名称应简洁醒目，易于认知，易于理解和记忆。同时还要求设计风格特色鲜明、新颖，使标识具有独特的面貌和出奇制胜的视觉效果，易于捕捉消费者的视觉，以引起注意，产生强烈的感染力。

2. 独特新颖原则。店标是用来表达企业的独特个性，又是以此为独特标记，要让消费者识别出独特的品质、风格和经营理念。因此，在设计上必须别出心裁，使标识富有特色、个性显著，使消费者看后能留下耳目一新的感觉。

3. 准确相符原则。准确相符是指超级市场店标的寓意要准确，商店名称与标识要相符。超级市场店标要巧妙地赋予寓意，形象地暗示，耐人寻味，这样才有利于扩大商店的知名度。

4. 优美精致原则。优美精致原则是指店标造型要符合美学原理，要注意造型的均衡性，使图形给人一种整体优美、强势的感觉，保持视觉上的均衡。并在线、形、大小等方面作造型处理，使图形能兼具动感及静态美。

5. 稳定适时原则。店标要为消费者熟知和信任，就必须长期使用，长期宣传，在消费者的心目中扎下根。但也要不断改进，以适应市场环境变化的需要。

相关知识

优衣库的店标设计

店标是一种“视觉语言”，是公众识别商店的指示器。优衣库的店标运用了名称性标识，直接把商店的名称用文字表现出来。同招牌一样，优衣库的店标同样用了简洁鲜明的红底白字，强烈的反差产生强烈的感染力，易于捕捉消费者的视觉，引起其注意（见图 1-1）。

图 1-1 优衣库的店标

（三）店标的种类

店面标志，按其构成主要有三种类型：

1. 文字标志。它是由各种文字、拼音字母等单独构成。这种类型的标志发音清晰，具有易呼易记的特点，适用于多种传播方式。

2. 图案标志。是指无任何文字，单独用图形构成的标志，用图案表示的标志形象生动，色彩明快，而且不受语言的限制，易于识别。但是，由于图案标志没有标志名称，不便呼叫，因此表意不如文字标志准确。

3. 组合标志。是指采用各种文字、图形、拼音字母等交叉组合而成的标志。这种标志利用和发挥了文字标志和图案标志的特点，图文并茂，形象生动，引人注目，便于识别，易于被广大消费者所接受。

四、连锁门店招牌的设计

招牌是展示卖场名称的载体，是吸引消费者注意力的焦点。在繁华的商业区里，消费者往往首先浏览的是大大小小、各式各样的商店招牌，寻找实现自己购买目标或值得逛游的商业服务场所。因此，具有高度概括力和强烈吸引力的商店招牌对消费者的视觉刺激和心理影响是很重要的。

（一）门店招牌的种类

1. 屋顶招牌。为了使消费者从远处就能看见连锁商店，可以在屋顶上竖一个广告牌，用来宣传自己的商店。

2. 栏架招牌。即装在连锁门店的正面的招牌，可以用来表示业务经营范围、商店名、商品名、商标名等。它是所有招牌中最重要的招牌，所以也可以采用投光照明、暗藏照明或霓虹灯照明来使其更引人注目。

3. 侧翼招牌。此种招牌一般可位于连锁商店的两侧，其显示的内容是给两侧行人所看。它可用来表示连锁商店店名，也可用来表示连锁商店的经营方针、经营范围和商店广告。这种招牌一般以灯箱或霓虹灯为主。

4. 路边招牌。这是一种放在店前人行道上的招牌，用来增加商店对行人的吸引力。这种招牌可以是企业的吉祥物、人物招牌，也可以是一个商品模型或一架自动售货机。

5. 墙壁招牌。连锁商店的墙壁是很夺目的，利用它来做招牌就是墙壁招牌，一般可以用来书写店名。

6. 垂吊招牌。即悬挂在连锁商店正面或侧面墙上的招牌，其作用基本上与栏架招牌一样。

7. 遮阳篷招牌。该种招牌一般由厂商提供，大都是商品广告。遮阳篷招牌对连锁店来说是视觉应用设计的一部分，以增强顾客的统一识别感。

相关知识

超级市场招牌的类型

广告塔，即在超级市场的建筑顶部竖立广告牌，以吸引消费者，宣传自己的店铺。

横置招牌，即装在超级市场店下面的招牌，这是超级市场的主力招牌。

壁面招牌，即放置在超级市场下面两侧的墙壁上，把经营的内容传达给过往行人的招牌。

立式招牌，即放置在超级市场门口的人行道上的招牌，用来增强超级市场对行人的吸引力。

遮幕式招牌，即在超级市场遮阳篷上施以文字、图案，使其成为超级市场招牌。

（二）招牌的设计原则

为了使消费者便于识别，不管店标是用文字来表达，还是用图案或符号来表示，招牌设计的基本原则是：

1. 色彩运用要温馨明亮、醒目突出。消费者对于招牌的识别往往是先从色彩开始再过渡到内容的。所以招牌的色彩在客观上起着吸引消费者的巨大作用。因此，要求色彩选择上应做到温馨明亮，而且醒目突出，使消费者过目不忘。一般应采用暖色或中色调颜色，如红、黄、橙、绿等色，同时还要注意各色彩之间的恰当搭配。

2. 内容表达要做到简洁突出。招牌的内容必须做到简明扼要，让消费者容易记住，这样才能达到良好交流的目的。同时，字的大小要考虑中远距离的传达效果，具有良好的可视度及传播效果。

3. 材质选择要耐久、耐用。在各种材质的选择中，要注意充分展示全天候的、不同的气候环境中的视觉识别效果，使其发挥更大的效能。这就要求招牌必须使用耐久、耐用，而且具有抗风等坚固材料。

五、连锁门店橱窗的设计

橱窗是门店的“眼睛”，店面这张脸是否迷人，“眼睛”具有举足轻重的作用。一个店铺的陈列设计，重点在于橱窗设计，而橱窗设计的重点，就在于怎样做出有创意的橱窗。消费者在进入商店之前，都要有意无意地浏览橱窗，所以，橱窗的设计与宣传对消费者购买情绪有重要影响。

橱窗的设计，首先要突出商品的特性，同时又能使橱窗布置和商品介绍符合消费者的一般心理行为，即让消费者看后有美感、舒适感，对商品有好感和向往心情。好的橱窗布置既可起到介绍商品，指导消费，促进销售的作用，又可成为商店门前吸引过往行人的艺术佳作。零售企业卖场需要决定橱窗的数目、大小、形状、颜色和橱窗的主题以及每年改变的频率。

橱窗设计要遵守三个原则：一是以别出心裁的设计吸引顾客，切忌平面化，努力追求动感和文化艺术色彩；二是可通过一些生活化场景使顾客感到亲切自然，进而产生共鸣；三是努力给顾客留下深刻的印象，通过本店所经营的橱窗巧妙的展示，使顾客过目不忘，印入脑海。

（一）橱窗的布置方式

橱窗的布置方式多种多样，主要有以下几种：

1. 综合式橱窗布置。这种橱窗将商店中具有代表性、类型不同的商品陈列在一起，以介绍商店的经营范围，通常为小型商店所采用。这种展示需要注重划分主次，使各类商品能有序地展现在顾客面前。这种橱窗布置由于商品之间差异较大，设计时一定要谨慎，否则就给人一种“什锦粥”的感觉。其中又可以分为横向橱窗布置、纵向橱窗布置、单元橱窗布置。

2. 系统式橱窗布置。大中型店铺橱窗面积较大，可以按照商品的类别、性能、材料、用途等因素，分别组合陈列在一个橱窗内。

3. 专题式橱窗布置。它是以一个广告专题为中心，围绕某一个特定的事情，组织不同品牌或同一品牌不同类型的商品进行陈列，向媒体大众传输一个诉求主题。例如，绿色食品陈列、丝绸之路陈列等。又可分为：节日陈列——以庆祝某一个节日为主题组成节日橱窗专题；事件陈列——以社会上某项活动为主题，将关联商品组合起来的橱窗；场景陈列——根据商品用途，把有关联性的多种商品在橱窗中设置成特定场景，以诱发顾客的购买行为。

4. 特定式橱窗布置。运用不同的艺术形式和处理方法，在一个橱窗内集中介绍某一零售店的产品。例如，单一零售店商品特写陈列和商品模型特写陈列等，这类陈列适用于新产品、特色商品的广告宣传。

5. 季节性橱窗陈列。根据季节变化把应季商品集中进行陈列，如冬末春初的羊毛衫、风衣展示，春末夏初的夏装、凉鞋、草帽展示。这种手法满足了顾客应季购买的心理特点，用于扩大销售。但季节性陈列必须在季节到来之前一个月预先陈列出来，向顾客介绍，才能起到应季宣传的作用。

想一想

橱窗主要选择什么样的商品为陈列对象？

相关知识

优衣库的橱窗设计

由于优衣库经营的商品具有季节性和灵活性，通常通过排列的顺序、层次来表达特定的主题，营造气氛，使整个陈列成为一幅具有较高艺术品位的立体画；优衣库经常运用场景化设计、系列化设计、专题式设计来吸引消费者的眼球。

（二）橱窗设计的基本原则

橱窗是卖场中的有机组成部分，它不是孤立的。在构思橱窗的设计思路前必须要把橱窗放在整个卖场中去考虑。另外，橱窗的观看对象是顾客，设计时必须要从顾客的角度去设计规划橱窗里的每一个细节。

1. 考虑顾客的行走视线。虽然橱窗是静止的，但顾客却是在行走和运动的。因此，橱窗的设计不仅要考虑顾客的静止的观赏角度和最佳视线高度，还要考虑橱窗自远至近的视觉效果，以及穿过橱窗前的“移步即景”的效果。为了顾客在最远的地方就可以看到橱窗的效果，我们不仅在橱窗的创意上做到与众不同，主题要简洁，在夜晚还要适当地加大橱窗里的灯光亮度，一般橱窗中灯光亮度要比店堂中提高 50% ~ 100%，照度要达到 1 200 ~ 2 500Lx。另外，顾客在街上的行走路线一般是靠右行的，通过专卖店时，一般是从商店的右侧穿过店面。因此，我们在设计时，不仅要考虑顾客正面站在橱窗前的展示效果，也要考虑顾客侧向通过橱窗所看到的效果。

2. 橱窗和卖场要形成一个整体。橱窗是卖场的一个部分，在布局上要和卖场的整体陈列风格相吻合，形成一个整体，就如前面把卖场比喻成一本书一样，封面的设计风格必须和内页的版式要协调。特别是通透式的橱窗不仅要考虑和整个卖场的风格相协调，更要考虑和橱窗最靠近的几组货架的色彩协调性。在实际的应用中，有许多陈列师在陈列橱窗时，却往往会忘了卖场里陈列风格。结果我们常常看到这样的景象：橱窗的设计非常简洁，而里面却非常繁复。或外面非常现代，里面却设计得很古典。

3. 要和卖场中的营销活动相呼应。橱窗从另一角度看，也如同一个电视剧的预告，它告知的是一个大概的商业信息，传递卖场内的销售信息，这种信息的传递应该和店铺中的活动相呼应。如橱窗里是“新装上市”的主题，店堂里陈列的主题也要以新装为主，并储备相应的新装数量，以配合销售的需要。

4. 主题要简洁鲜明，风格要突出。我们不仅仅要把橱窗放在自己的店铺中考虑，还要把橱窗放大整条街上去考虑。在整条街道上，其实你的橱窗只占小小的一段，如同一个影片中的一段，稍纵即逝。顾客在你的橱窗前停留也就是短短的一段时间。因此，橱窗的主题一定要主题鲜明，要用最简洁的陈列方式告知顾客你所要表达的主题。

（三）橱窗设计的表现手法

1. 直接展示。道具、背景减少到最少，让商品自己说话。运用陈列技巧，通过对商品的折、拉、叠、挂、堆，充分展现商品自身的形态、质地、色彩、样式等。

2. 寓意与联想。寓意与联想可以运用部分象形形式，以某一环境、某一情节、某一物件、某一图形、某一人物的形态与情态，唤起消费者的种种联想，产生心灵上的某种沟通与共鸣，以表现商品的种种特性。

寓意与联想也可以用抽象几何道具通过平面的、立体的、色彩的表现来实现。生活中两种完全不同的物质，完全不同的形态和情形，由于内在的美的相同，也能引起人们相同的心理共鸣。橱窗内的抽象形态同样加强人们对商品个性内涵的感受，不仅能创造出一种崭新的视觉空间，而且具有强烈的时代气息。

3. 夸张与幽默。合理的夸张将商品的特点和个性中美的因素明显夸大，强调事物的实质，给人以新颖奇特的心理感受。

4. 广告语言的运用。在以黑夜为背景的街道上橱窗还可以展现另一种舞台魔术，从黎明初晓，到夜深人静……晨星退去，时间的推移、光线的变化映衬出橱窗无尽的魅力。

和京城的商业橱窗相比，巴黎街头的橱窗设计异彩纷呈。蒙恬大道被喻为全世界十大名街之一，是以香榭里舍为中心，各大品牌或是高贵奢华、或是前卫大胆、或是充满温馨童趣的橱窗布置映射出的一条辉煌大道，充分展现了城市的魅力。

（四）橱窗设计的注意事项

1. 橱窗横度中心线最好能与顾客的视平线相等，那么，整个橱窗内所陈列的商品都在顾客视野中。

2. 在橱窗设计中，必须考虑防尘、防热、防淋、防晒、防风、防盗等，要采取相关的措施。

3. 不能影响店面外观造型，橱窗建筑设计规模应与商店整体规模相适应。

4. 橱窗陈列的商品必须是本商店出售的，而且是最畅销的商品。

5. 橱窗陈列季节性商品必须在季节到来之前一个月预先陈列出来向顾客介绍，这样才能起到应季宣传的作用。

6. 陈列商品时，应先确定主题，无论是多种多类或是同种不同类的商品，均应系统地分门别类依主题陈列，使人一目了然地看到所宣传介绍的商品内容，千万不可乱堆乱摆分散消费者注意力。

7. 橱窗布置应尽量少用商品作衬托、装潢或铺底，除根据橱窗面积注意色彩调和、高低疏密均匀外，商品数量不宜过多或过少。要做到使顾客从远处近处、正面侧面都能看到商品全貌。富有经营特色的商品应陈列在最引人注目的橱窗里。

8. 容易液化变质的商品如食品糖果之类，以及日光照晒下容易损坏的商品，最好用其模型代替或加以适当的包装。

9. 橱窗应经常打扫，保持清洁，特别是食品橱窗。肮脏的橱窗玻璃，会给顾客不好的印象，引起顾客对商品的怀疑或反感从而失去购买的兴趣。

10. 橱窗陈列需勤加更换，尤其是有时间性的宣传以及陈列容易变质的商品要特别注意。每个橱窗在更换或布置时，停止对外宣传时间，一般必须在当天内完成。

相关知识

商店橱窗的制作要求

1. 背景要求。背景是橱窗广告制作的空间，对背景的要求，类似室内布置的四壁。形状上，一般要求大而完整、单纯，避免小而复杂的繁琐装饰。颜色上，尽量用明度高、纯度低的统一色调，即明快的调和色（如粉、绿、天蓝等色）。如果广告宣传商品的色彩淡而一致，也可用深颜色作背景（如黑色）。总之，背景颜色的基本要求是突出商品，而不要喧宾夺主。

2. 道具要求。道具包括布置商品的支架等附加物和商品本身。支架的摆放越隐蔽越好。现在常用有机和无机玻璃材料作支架。如果是服装用道具模特，其裸露部分如头脸、手臂、腿等部位的颜色和形状，也不一定同真人一样，可以是简单的球体、灰白的色彩，或者干脆不用头脸，这样反而比真人似的模特更能突出服装特色，更能突出服装本身。

商品的摆放要讲究大小对比和色彩对比，其构图及背景色彩，都可以先在纸上画出平面或立体效果样，以突出广告商品为原则，同时注意形式上的美感。

商品名称、企业名称或简捷的广告用语，可以安排在台架上，亦可悬挂起来或直接粘贴在橱窗玻璃等突出的部位。一个橱窗最好只做某一厂家的某一类产品广告。

3. 灯光要求。光和色是密不可分的，按舞台灯光设计的方法，为橱窗配上适当的顶灯和角灯，不但能起到一定的照明作用，而且还能使橱窗原有的色彩产生戏剧性的变化，给人以新鲜感。对灯光的一般要求是光源隐蔽，色彩柔和，避免使用过于鲜艳、复杂的色光。尽可能在反映商品本来面目的基础上，给人以良好的心理印象。例如，食品橱窗广告，用橙黄色的暖色光，更能增强人们对所做广告的食品的食欲。而家用电器橱窗陈列，则用蓝、白等冷色光，能给人一种精密性和贵重的心理感觉。

值得注意的是，现代橱窗陈列的布置更加强调其立体空间感和空间布置的肌理对比。例如，由于商品的摆放多集中于橱窗的中下部分，上部空间往往利用不足，此时便可以利用悬挂装饰物的办法增加其空间感。另外，装饰物、背景和橱窗底面的材料也应充分讲求与广告商品的肌理对比。例如，电冰箱橱窗陈列应以皮、毛类材料作背景，颗粒材料作底面，更能突出电器产品表面的金属质地感。

案例

星巴克的店面设计

星巴克在上海的每一家店面的设计都是由美国方面完成的。据了解，在星巴克的美国总部，有一个专门的设计室，拥有一批专业的设计师和艺术家，专门设计全世界开设的星巴克门店。他们在设计每个门店的时候，都会依据当地商圈的特色，然后去思考如何把星巴克融入其中。所以，星巴克的每一家门店，在品牌统一的基础上，又尽量发挥了个性特色。这与麦当劳等连锁品牌强调所有门店的 VI 高度统一截然不同。

在设计上，星巴克强调每栋建筑物都有自己的风格，要让星巴克融合到原来的建筑物中去，而不去破坏建筑物原来的设计。每次增加一家新店，他们就用数码相机把店铺的内景和周围环境拍下来，将照片传到美国总部，请他们帮助设计，再发回去找施工队。只有这样，星巴克才能做到原汁原味。

例如，上海星巴克设定以年轻消费者为主，因此在拓展新店时，他们费尽心思去找寻具有特色的店址，并结合当地景观进行设计。位于城隍庙商场的星巴克，外观就像一座现代化的庙；而濒临黄浦江的滨江分店，则表现花园玻璃帷幕和宫殿般的华丽。夜晚时分，人们可以悠闲地坐在江边，边欣赏外滩美景，边品尝香浓的咖啡。

◆ 案例分析

A超市集团总店位于高校区附近，其5～10公里内的潜在商圈客层构成如下：居民占70%、高校学生占30%；然而根据顾客调查和店长现场观察，在该卖场消费购物的顾客中学生占60%以上，居民不足40%。

问题：这些数据表明什么？商品结构到底应如何倾斜？应该选择哪类客层为主流目标顾客？

【分析提示】

卖场设计与地域消费者的需求有着直接而密切的关系。只有对商圈内消费者的生活方式、购买习惯、价值观念有充分的了解，才能创造出针对商圈顾客需求的带有生活提案的卖场设计。

任务二
门店内部设计

任务描述

张强在学习完门店外观设计的相关知识后，开始上岗了。门店外观设计得很好，吸引了很多消费者进店来，但真正购买商品的消费者不多，门店的客单价仍然很低，销售业绩提升幅度不大，他开始思考：我们的门店外观设计得比较合理，为什么顾客购买率低下？门店内部设计又有哪些技巧可以运用？

一、连锁门店出入口设计

在卖场设计中第一关便是出入口的设置。招牌漂亮只能吸引顾客的目光，而入口开阔才能吸引顾客进店。入口选择的好坏是决定零售店客流量的关键。不管什么样的商店出入口都要易于出入。商店的出入口设计应考虑商店规模、客流量大小、经营商品的特点、所处地理位置及安全管理等因素，既要便于顾客出入，又要便于商店管理。一般情况下，大型商场的出入口可以安置在中央，小型门市的进出位置设置在中央是不妥当的，因为店堂狭小，直接影响了店内实际使用面积和顾客的自由流通。小店的进出口，不是设在左侧就是右侧，这样比较合理。

（一）连锁门店的入口设计

零售店铺卖场入口要设在顾客流量大、交通方便的一边，通常入口较宽，出口相对窄一些，入口比出口大约宽1/3。根据出入口的位置来设计卖场通道，设计顾客流动方向。零售店铺的入口与卖场内部配置关系密切，在布局时，应以入口设计为先。在入口处为顾客购物配置提篮和手推车，一般按每10人1~3辆（个）的标准配置。合理的卖场入口设计如图1-2所示。

另外，在零售店铺的卖场内，入口的地方最好陈列对顾客具有较强吸引力的商品，不仅可以发挥招徕作用，而且能够增强卖场对顾客的吸引力。

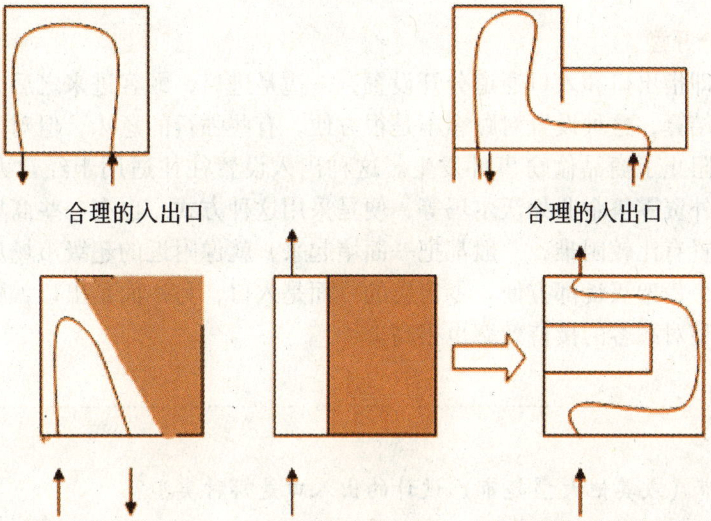

图1-2　卖场入口设计图

（二）连锁门店的出口设计

卖场的出口必须与入口分开，出口通道宽应大于1.5米。出口处设置收款台，按每小时通过500~600人为标准来设置一台收款台。出口附近可以设置一些单位价格不高的商品，如口香糖、图书报刊、饼干、饮料等，供排队付款的顾客选购。

（三）连锁门店的出入口设计类型

1. 封闭型。此类设计的入口尽可能小些，面向大街的一面，要用陈列橱窗或有色玻璃遮蔽起来。顾客在陈列橱窗前大致品评之后，进入零售店内部，可以安静地挑选商品。在以经营宝石、金银器等商品为主的高级商店，因为不能随便把顾客引进店内，又要顾客安静、愉快地选购商品，所以这种类型是很适用的。这些零售店大都店面装饰豪华，橱窗陈列讲究，从店面入口即可给顾客留下深刻印象，又可使到这里买东西的顾客具有与一般大众不同的优越感。

2. 半开型。入口稍微小一些，从大街上一眼就看清零售店内部。倾斜配置橱窗，使橱窗对顾客具有吸引力，尽可能无阻碍地把顾客引导到店内。在经营化妆品、服装、装饰品等的中级商店，这种类型比较适合。购买这类商品的顾客，一般都是从外边看到橱窗，对零售店经营的商品发生了兴趣，才进入店，因而开放度不要求很高，顾客在零售店内就可以安静挑选商品。

3. 全开型。是把商品的前面，面向马路一边全开放的类型，使顾客从街上很容易看到零售店内部和商品。顾客出入商店没有任何阻碍，可以自由地出入。出售食品、水果、蔬菜、鲜鱼等副食品商店，因为是经营大众化的消费商品，所以很多都用这种类型。这种类型，前面很少设置障碍物，在零售店内要设置橱窗，前面的柜台要低些。不然，不要把商店内堵塞得很满，影响顾客选购商品。店前不要放自行车、摩托车等，不要把门口堵了，影响顾客出入。

（四）出入分开型

出入分开型即指出口和入口通道分开设置，一边是进口，顾客进来之后，必须走完全商场才能到出口处结算，这种设置对顾客不是很方便，有些强行的意味，但对商家管理却是非常有利，有效地阻止了商品偷窃事件发生。这种出入设置往往适用于经营大众化商品的商店。一些著名的外资零售企业如沃尔玛等，便是采用这种方式。也有一些商场，由于商品陈列和营业厅的配置有比较困难，一般都把一面堵起来，就像附近的超级市场那样，店内可以自由走动，到各个货架买货都方便。零售店的一面是入口，另一面是出口，顾客出入商店也很自由，这种类型对顾客的接待效率也很高。

想一想

大润发超市（或其他大型超市）设计的出入口是哪种类型？

二、连锁门店卖场通道设计

良好的通道设置，能引导顾客按照设计的自然走向，走向卖场的每一个角落，接触所有商品，使卖场空间得到最有效的利用。卖场的通道划分为主通道与副通道，主通道是诱导顾客行走的主线，而副通道是指顾客在店内移动的支流。卖场的主通道与副通道如图 1－3 所示。卖场内主副通道的设置不是根据顾客的随意走动来设计的，而是根据卖场内商品的配置位置与陈列来设计的。典型的消费者购物顺序通常为：蔬果——畜产——水产——冷冻——调味品——糖果饼干——饮料——面包牛奶——日用百货。

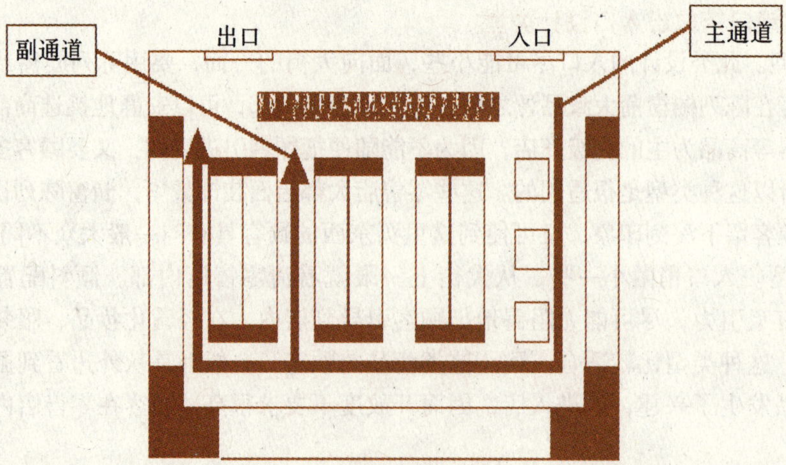

图 1－3　卖场主通道与副通道

（一）连锁店卖场通道的类型

连锁企业卖场通道可分为直线通道和回型通道两种类型。

1. 直线通道。直线通道也被称为单向通道。这种通道的起点是门店的入口，终点是门店的收款台。顾客依照货架排列的方向单向购物，以商品陈列不重复、顾客不回头为设计特点，它使顾客在最短的线路内完成商品购买行为，具体如图 1－4 所示。

图 1－4　连锁门店直线式通道

2. 回型通道。又称环型通道，通道布局以流畅的圆形或椭圆形按从右到左的方向环绕店铺的整个卖场，使顾客依次浏览商品，购买商品。在实际运用中，回型通道又分为大回型和小回型两种线路模型。

（1）小回型通道。它适用于营业面积在 1 600 平方米以下的连锁门店卖场。顾客进入卖场，沿一侧前行，不必走到头就可以很容易地进入中间货位，具体如图 1－5 所示。

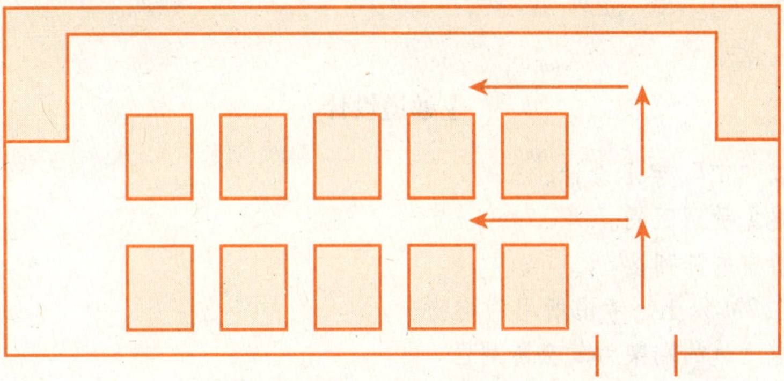

图 1－5　小回型通道

（2）大回型通道。这种通道适合营业面积在 1 600 平方米以上的连锁门店卖场。顾客进入卖场后，从一边沿四周回型浏览后再进入中间的货架。卖场内一侧的货位一通到底，中间没有穿行的路口，具体如图 1－6 所示。

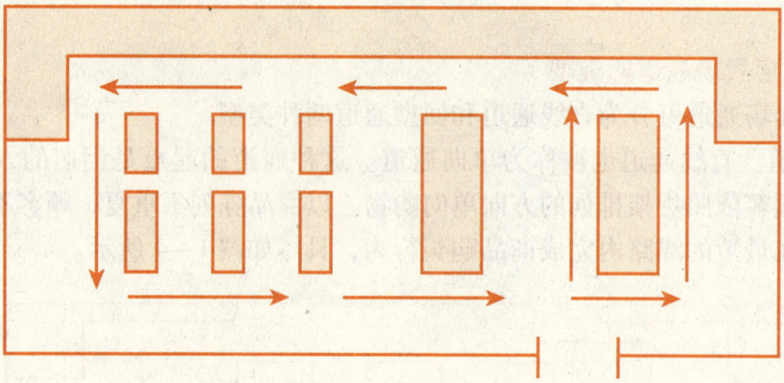

图1-6 大回型通道

（二）连锁门店卖场通道设计要求

1. 足够宽。通道宽度很有讲究，但各有不同的设计。所谓足够的宽，即要保证顾客提着购物筐或推着购物车，能与同样的顾客并肩而行或顺利地擦肩而过。在设计零售店铺卖场的通道时，应注意通道要有一定的宽度。一般来讲，营业面积在600平方米以上的门店，卖场通道的宽度要在2米以上，副通道的宽度要在1.2～1.5米之间，最小的通道宽度不能小于90厘米，即两个成年人能够同向或逆向通过（成年人的平均肩宽为45厘米）。但也有人说东方人的身宽以60厘米较为适宜，所以卖场通道的宽度与通行人数有关：2人通过通道宽度不小于120厘米；3人通过通道宽度不小于150厘米；4人通过通道宽度在180～240厘米之间。而收银台前的通道要适当宽些，一般要在2米以上，因为收银台最容易形成顾客排队的现象，而这时顾客手中又都提着购物筐或推着购物车，所以需要大一点的空间。

相关知识

主通道设计

1. 一般以“凹”字形设计。
2. 视线避免受到阻隔。
3. 通过所有的陈列区。
4. 宽度在2M以上，考虑所用的购物车。
5. 主通道两边的端架为黄金陈列区。

副通道设计

1. 副通道两端的陈列与中间的陈列无死区设计。
2. 延长副通道以增加客户滞留时间。
3. 网化副通道以增加客户滞留时间。
4. 宽度在1.2～1.5M之间，最窄宽度超过0.9M。
5. 收银台前通道要超过2M。

相关知识

超市通道宽度设定值

不同规模超市通道宽度基本设定值如表 1－1 所示。

表 1－1　　超市通道宽度设定值表

单层卖场面积（平方米）	主通道宽度（米）	副通道宽度（米）
300	1.8	1.3
1 000	2.1	1.4
1 500	2.7	1.5
2 500	3.0	1.6
6 000	4.0	3.0

2. 笔直。通道要尽可能避免迷宫式通道，要尽可能地进行笔直的单向通道设计。在顾客购物过程中尽可能依货架排列方式，将商品以不重复、顾客不回头走的设计方式布局。

3. 平坦。通道地面应保持平坦。处于同一层面上，有些门店由两个建筑物改造连接起来，通道途中要上或下几个楼梯，有“中二层”、“加三层”之类的情况，令顾客眼花缭乱，不知何去何从，显然不利于门店的商品销售。

4. 少拐角。事实上一侧直线进入，沿同一直线从另一侧出来的店铺并不多见。这里的少拐角处是指拐角尽可能少，即通道途中可拐弯的地方和拐的方向要少。有时需要借助于连续展开不间断的商品陈列线来调节。如美国连锁超市在 20 世纪 80 年代形成了标准长度为 18～24 米的商品陈列线，日本超市的商品陈列线相对较短，一般为 12～13 米。这种陈列线长短的差异，反映了不同规模面积的超市在布局上的要求。

5. 通道上的照明比卖场明亮。通常通道上的照度起码要达到 1000 勒克斯；尤其是主通道，相对空间比较大，是客流量最大、利用率最高的地方。要充分考虑到顾客走动的舒适性和非拥挤感。

6. 没有障碍物。通道是用来诱导顾客多走、多看、多买商品的。通道应避免“死角”。“死角”就是顾客不易到达的地方或者顾客必须折回才能到达其他货位的地方。顾客光顾“死角”货位的次数明显少于其他地方，非常不利于商品销售。在通道内不能陈设、摆放一些与陈列商品或特别促销无关的器具或设备，以免阻断卖场的通道，损害购物环境的形象。

7. 卖场主通道、次通道和门店的规模呈正比。

拓展阅读

连锁门店卖场布局中的磁石点理论

所谓磁石，是指连锁门店卖场中最能吸引顾客注意力的地方，磁石点就是顾客的注意点，要创造这种吸引力是需要依靠商品的配置技巧来完成的。在商品配置中运用磁石理论的意义是在卖场中最能吸引顾客注意力的地方，配置合适的商品以促进销售，并且这种配置能引导顾客逛完整个卖场，达到增加顾客冲动性购买比重的目的。

卖场磁石点通常有5个，即第一磁石点、第二磁石点、第三磁石点、第四磁石点以及第五磁石点。在卖场中，应该按不同的磁石点来配置相应的商品，如图1-7所示。

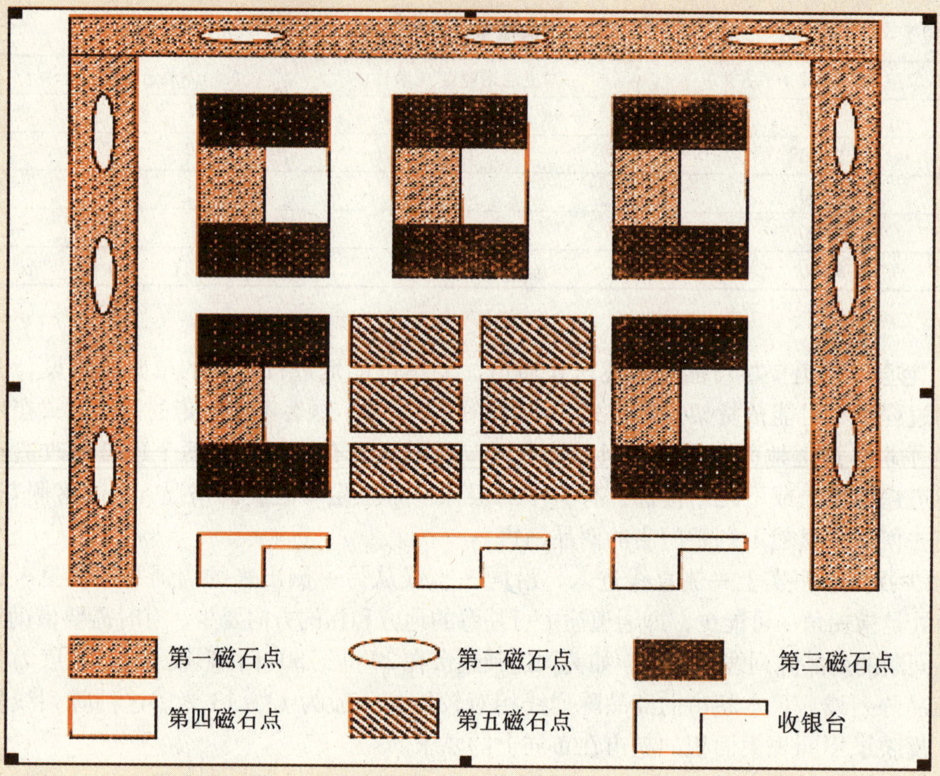

图1-7 连锁门店磁石点

1. 第一磁石点（展示主力商品）。第一磁石点位于卖场中主通道的两侧，是顾客的必经之地，也是商品销售最主要的地方。此处配置的商品主要有以下三种：①主力商品，也是门店重点管理的商品。②购买频率高的商品，消费量大、消费频率高的商品是绝大多数消费者随时要使用的，也是时常要购买的，所以将其配置于第一磁石点的位置，以增加其销售量。③采购力强的商品。例如，蔬菜、肉类、日用品等应放在第一磁石点内，可以增加销售量。

2. 第二磁石点（展示观感强的商品）。主通道末端、电梯出口、通道拐角等能诱导顾客在店内购物的位置，称为卖场的第二磁石点。经验表明，凡是对卖场第二磁石点重视的商家，其经营效果大都是非常出色的。在陈列内容上，更注重店内主力商品的宣传以求更好地推动销售。通道的拐角处及主通道尽头位置，对于有效地诱导顾客流动起着关键的作用。因此，国外许多大型超市都力求突出在此位置的磁石商品的吸引力，由于第二磁石点商品有诱导消费者走到卖场最里面的任务，因此在此应配置的商品有以下三种：

（1）最新的商品。消费者总是不断追求新奇。十年不变的商品，即使质量再好，价格再便宜也难以出售。将新商品配置于第二磁石点的位置，必会吸引消费者走入卖场最里面。

（2）具有季节感的时令商品。具有季节感的商品必定是最富有变化的。因此，门店可借助季节的变化做布置，以吸引消费者的注意。

（3）明亮、华丽的商品。明亮、华丽的商品通常也是流行、时尚的商品。

由于第二磁石点的位置都较暗，所以应配置较华丽的商品来提升亮度。第二磁石点的商品需要以最显眼的方式突出表现，让顾客一眼就能辨别出其与众不同的特点。同时，第二磁石点上的商品应根据需要，间隔一定时间就进行调整，以保证其具有基本特征。

3. 第三磁石点（展示端架商品）。第三磁石点指的是店中央陈列货架两头的端架位置。端架是卖场中顾客接触频率最高的地方，其中一头的端架又对着入口，因此配置在第三磁石点的商品要能刺激顾客，在此应配置的商品主要有以下5种：①特价品；②高利润的商品；③季节商品；④购买频率较高的商品；⑤促销商品。

端架商品，可视其为临时卖场。端架需经常变化（一周最少两次），以刺激顾客来店采购。值得特别提出的是，由于我国目前有一些超级市场根本不重视端架商品的配置，因此失去了很多盈利的机会。而很多超级市场选择的货架是半圆形的，无法进行端架商品的重点配置，应积极加以改进。

4. 第四磁石点（展示单项商品）。第四磁石点通常指的是卖场中副通道的两侧，是充实卖场各个有效空间的地点。这是一个需要在长长的陈列线中引起顾客注意的位置，因此在商品的配置上必须以单项商品来规划，即以商品的单个类别来配置。根据商品的陈列特点和促销要求，此处应对顾客做出刻意的表达和诉求，在此应配置的商品有以下3种：①热门商品；②有意大量陈列的商品；③广告宣传的商品等。

5. 第五磁石点（展示促销品）。第五磁石点位于收银台前的中间卖场，是各门店按总部安排，根据各种节日组织大型展销、特卖活动的非固定卖场，以堆头为主。其目的在于通过多品种、大量的陈列方式，造成一定程度的顾客集中，从而烘托出门店气氛。同时，展销主题的不断变化，也给消费者带来新鲜感，从而达到促销的目的。

大卖场属敞开式的销售方式，它的主要优点是：消费者可充分享受购物自由的乐趣，任意逗留，接触商品，从容挑选，有满足感，刺激了消费者的购买欲望，从而提高了销售效果。该卖场通过运用磁石理论来配置卖场内的商品，有效地吸引了顾客的注意力，引导顾客逛完整个卖场，增加顾客冲动性购买率，提升了销售额。

资料来源：根据相关网络资料整理。

三、连锁门店卖场货架设计

货架是门店用来摆放商品的重要设施，也是构成卖场布局的重要因素。它包括门市货架和仓储货架两种，其制作材料有木材、镀铬铁架、玻璃、大理石等。门市货架，主要用于门店的商品摆放，它的设置要根据商品小包装的实物形态确定，要符合商品陈列和方便销售。仓储货架主要用于库房储存商品，其规格要同商品原包装的箱、盒、件等相适应，便于按类存放和提取。

（一）货架的规格

货架的设置规格，要根据门店的大小和所经营商品的不同而有所区别。一般来说，货架的高度为180~190厘米，宽为40~70厘米，深度为40~50厘米，而现代零售企业的货架形式越来越多样，但不管选用何种尺寸，各门店的货架应保持基本一致。

货架的规格还应考虑人的正常视觉范围和视觉规律。人的正常视觉有效高度范围为从地面向上30~230厘米，通常地面以上60~164厘米为商品的重点陈列空间，160~200厘米为商品的展示陈列空间。

对隔绝式销售的柜台来说，其对应的货架上面有3~4层，下面大多设几个拉门，可以储藏很多商品或一些必要的包装材料等物品，为现场销售提供方便。

对于敞开式售货的门店来说，顾客识别和选取商品的有效范围为地面以上60~200厘米，一般顾客选取商品的有效范围为地面以上90~150厘米。从高度来看，60厘米以下是难以吸引顾客注视的部分，因而有的门店将其作为商品库存空间。

（二）货架布局的类型

1. 格子式布局。格子式布局是传统的门店布局形式，商品陈列货架与顾客通道都呈矩形布置，而且主通道与副通道宽度保持一致，所有货架相互呈并行或直角排列。这种布局在国内外超级市场中常可以看到，格子式布局的直走道和90度的转弯，可以使顾客以统一方向有秩序地移动下去。格子式布局的基本形式如图1-8所示。这种规则化布置，一般采用标准化货架，使顾客易于寻找货位。但这种布局容易使顾客的自由浏览受到限制。麦德龙福州商场的货位分布就是典型的格子式布局，如图1-9所示。

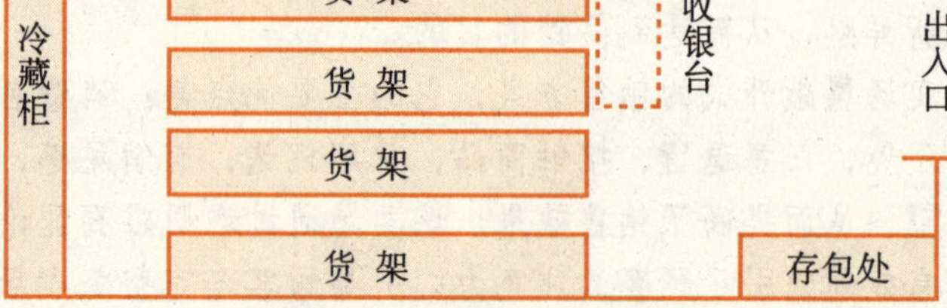

图1-8　格子式布局基本形式

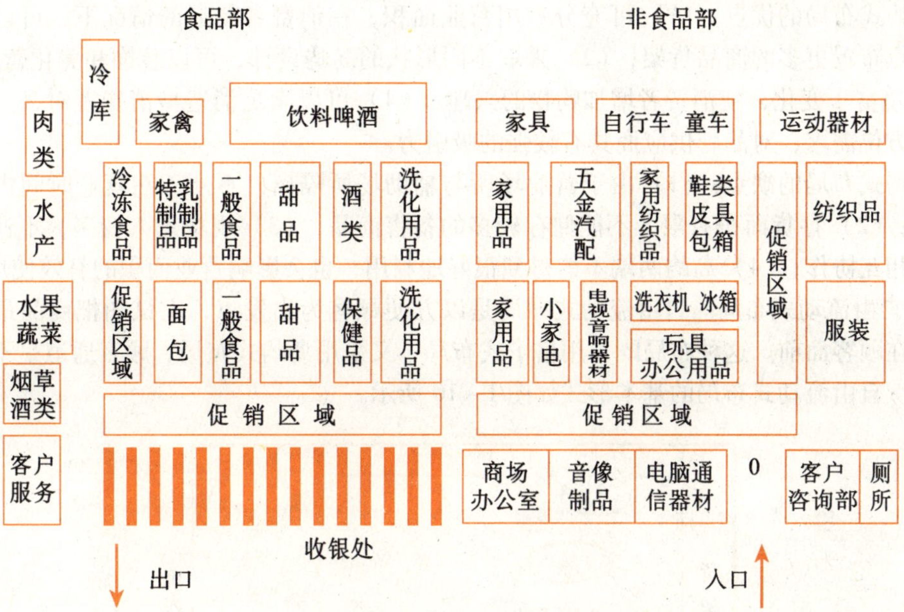

图1-9 麦德龙福州商场的货位分布图

格子式布局的优点：（1）走道依据客流量需要而设计，可以充分利用卖场空间；（2）由于商品货架的规范化安置，顾客可轻易识别商品类别及分布特点，便于选购；（3）易于采用标准化货架，可节约成本；（4）有利于营业员与顾客之间的愉快合作，简化商品管理及安全保卫工作。

格子式布局的缺点：（1）气氛比较冷淡、单调；（2）当拥挤时，易使顾客产生被催促的不良感觉；（3）室内装饰方面创造力有限。

多数杂货店、折扣店和药店采用格子式布局。在格子式布局中，柜台和附属品之间互为直角，这种布局设计让客户通过入口进店，并经过尽可能多的商品后从出口出店。

想一想

格子式布局特点？

2. 岛屿式布局。岛屿式布局是在营业场所中间布置各不相连的岛屿形式的货架，在货架上陈列商品。这种形式一般用于百货商店或专卖店，主要陈列体积较小的商品，有时也作为格子式布局的补充。现在国内的百货商店在不断改革经营手法，如引入各种品牌专卖店，形成“店中店”形式。岛屿式布局有时也被演绎成“店中店”的布局形式，而被广泛地使用，使其更符合顾客的购物需求。例如，当顾客购买某一品牌的西装、衬衣和领带时，以前需要走几个柜台，现在采用“店中店”布局，在一个店内即可买齐。

开架式销售常采用这种形式。它能创造出活跃、温馨的气氛，顾客四处浏览无拘无束，从而增加了随意购买的机会。货位可以位于商店的任何地方，但是，顾客寻找货位会不够方便，因此这种布局方式要求零售超市的规模不要太大。

岛屿式布局的优点：(1) 可充分利用营业面积，在消费者畅通的情况下，可以利用建筑物特点布置更多的商品货架；(2) 采取不同形状的岛屿设计，可以装饰和美化营业场所；(3) 环境富于变化，使消费者增加购物的兴趣；(4) 可以满足消遣型消费者对某一品牌商品的全方位需求，对品牌供应商具有较强的吸引力。

岛屿式布局的缺点：(1) 由于营业场所与辅助场所隔离，不便于在营业时间内临时补充商品；(2) 存货面积有限，不能储存较多的备售商品；(3) 现场用人较多，不便于柜组营业员相互协作；(4) 岛屿两端不能得到很好地利用，也会影响营业面积的有效使用。

3. 自由流动式布局。自由流动式布局是以方便顾客为出发点，它试图把商品最大限度地展现在顾客面前。这种布局既采用格子式布局，又采用岛屿式布局，顾客通道呈不规则路线分布。自由流动式布局的基本形式如图 1－10 所示。

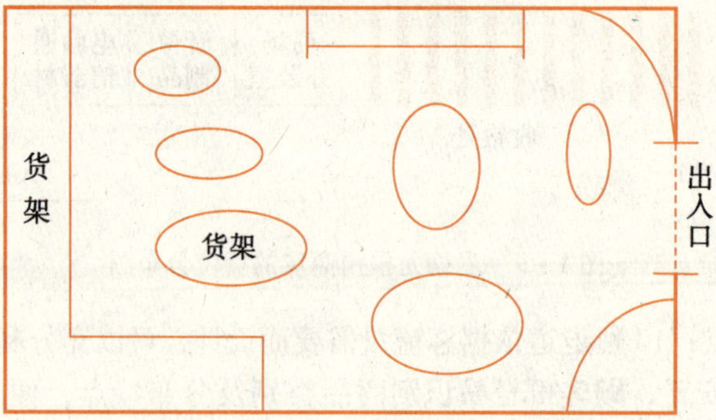

图 1－10　自由流动式布局基本形式

自由流动式布局的优点：(1) 货位十分灵活，顾客可以随意穿行于各个货架或柜台；(2) 卖场气氛较为融洽，可促使顾客产生冲动性购买；(3) 便于顾客自由浏览，不会产生急迫感，增加顾客的滞留时间和购物机会。

自由流动式布局的缺点：(1) 顾客不容易寻找出口；(2) 顾客拥挤在某一柜台，不利于分散客流；(3) 不能充分利用卖场，浪费场地面积。

这种布局方便了顾客，但对门店的管理要求却很高，尤其是商品安全的问题。专卖店、精品店和礼品店可以考虑采用自由流动式布局。在这种布局中，货架和商店分门别类，或者商品陈列在自由取位的货架，为顾客创造了一个无结构特点的购物通道。陈列商品的货架可能具有不规则的形状，如半圆形或弧形等。这会鼓励顾客寻找商品，并在他们感兴趣的商品前逗留。

想一想

自由流动式布局特点？

4. 斜线式布局。这种布局形式可让顾客看到更多的商品，使得门店卖场的气氛比较活跃，顾客的流动不受拘束，但斜线式布局不能充分利用卖场的面积。

还有两种常见的布局是基本布局的变形：一种是标准布局，有入口、柜台、收银区和出口，顾客进出很频繁的地方（如快餐店）常常采用这种标准布局；另一种是精品布局，它是以自由流动式布局为基础，将来自某个设计者或制造商的商品分组陈列，每一组都以特定类型的顾客为目标。精品布局被很多零售店（如五金商店及一些杂货店）运用得很成功。

相关知识

收款台的配置与设计

零售店铺收款台的数量应以满足顾客在购物高峰时能够迅速付款结算为出发点。

1. 每千平方米卖场设有的收银台不少于5个。
2. 收银通道的宽度一般设计为1～1.2米。
3. 收银通道长度一般为6米。

大量调查表明，顾客等待付款结算的时间不能超过8分钟，否则就会产生烦躁的情绪。可设置“黄金通道”，专门为不超过3件单品的顾客服务，以加速顾客缴款的速度。

相关知识

通风设施配置

通风来源可以分自然通风和机械通风。一般小型零售店铺多采用这种通风方式。而有条件的现代化大中型零售店铺，在建造之初就普遍采取紫外线灯光杀菌设施和空气调节设备，用来改善零售店铺内部的环境质量，为顾客提供舒适、清洁的购物环境。

四、连锁门店内部装饰设计

连锁门店卖场内部装饰是指卖场内部环境，一旦顾客置身于卖场中，卖场内部装饰的诸多要素，就会影响他们对门店的感知。因此，卖场的内部装饰规划尤为重要，在卖场内部装饰规划中，要特别注意卖场地面、墙壁与天花板、色彩与照明、声音与气味的规划设计。

（一）连锁门店卖场地面的设计

卖场地面设计，既要遵循总部统一规划，又要在材料和风格的选择上符合业态本身的特性要求，不可千篇一律。我国95%的超市采用树脂材料做地面，而94%的百货公司却使用地毯。LensCrafters（美国一家光学仪器连锁店）采用在枫木地板上铺上蓝色地毯，营造出一种更加轻柔、温暖的风格，用他们的话来说，“就是为了创造友好的购物环境”。

卖场内的地面是门店基本装潢设施中和顾客接触最直接、最频繁的地方，要十分注意其带给顾客的良好触觉印象，还要顾及商品陈列与它的配合效果。

地面在图形设计上有刚、柔两种选择。以正方形、矩形、多角形等直线条组合为特征的图案，带有阳刚之气，比较适合经营男性商品的零售卖场使用；而圆形、椭圆形、扇形和几何曲线形等以曲线组合为特征的图案，带有柔和之气，比较适合经营女性商品的零售卖场使用。

地面的装饰材料，一般有瓷砖、塑胶地砖、石材、木地板以及水泥等，可根据需要选用。主要考虑的因素是零售卖场形象设计的需要、材料的费用大小、材料的优缺点等几个因素。

（二）连锁门店卖场的墙壁和天花板设计

大型卖场内的墙壁设计装潢的总体要求是坚固、廉价、美观，使用的材质一般为灰泥，灰泥上再涂上涂料或进行墙面喷塑。这是因为大型卖场的壁面绝大多数被陈列的货架和物品遮挡，相比高档服装、电器连锁门店而言，大型卖场商品陈列与壁面配合的效果要求要低得多，所以大型卖场的壁面装潢应尽可能节约一些，但材料必须坚固，主要是因为大型卖场经营冷冻食品，产生的水汽对墙壁有侵蚀作用。而对于高档连锁门店，则应该在墙面上下一定的工夫，重点考虑装饰材料的色彩。

天花板的作用不仅仅是把卖场的梁、管道和电线等遮蔽起来，更重要的是创造美感，创造良好的购物环境。卖场的天花板力求简洁，在形状的设计上通常采用的是平面天花板，也可以简便地设计成垂吊型或全面通风型天花板。天花板的高度根据卖场的营业面积确定，如果天花板做得太高，顾客就无法在心平气和的气氛下购物；但做得太低，虽然可以使顾客在购物时感到亲切，但也会产生一种压抑感，无法享受视觉上和行动上舒适和自由浏览的乐趣，所以合适的天花板高度对卖场环境是非常重要的。

天花板的设计装潢除了要考虑形式和高度之外，还必须将其与卖场其他相关的设施设备结合起来，如卖场的照明设备、空调机、监控设备、警报装备、灭火器的位置等。

（三）连锁门店照明和色彩设计

1. 照明设计。卖场内部照明一般分为三种：

（1）基本照明。采用天花板上配置荧光灯为主，以保持整个门店的均匀亮度。设计门店的基本照明时，若以店内照度为准，并设它等于1，则其他各部分应取不同比例，大约店前照度为其1/10，主要是消费者有一个短暂视觉适应过程，并引导消费者入店；店内正面照度为其2.5倍，以展示商品；橱窗照度为其3倍以突出橱窗内的商品。

（2）重点照明。也称商品照明，是对商品及陈列商品的货架进行照明，以方便商品的选购。一般采用聚光灯、探照灯等进行定向照明，亮度为基本照明的4～5倍。此外，应根据商品种类、形状、性能采用不同的照射角度。

（3）装饰照明。装饰照明是作为门店装饰空间层次而使用的照明，主要采用彩灯、壁灯、吊灯、挂灯和霓虹灯等照明设备。例如，有选择地在商品货架上方设置霓虹灯广告牌，能产生强烈的光照和绚丽的色彩，烘托出购物气氛；营业厅中小格局式的店中店内部装饰各种彩灯、壁灯等，也会给消费者赏心悦目的感受。

门店照明设备规划与效果，如图1－11所示。

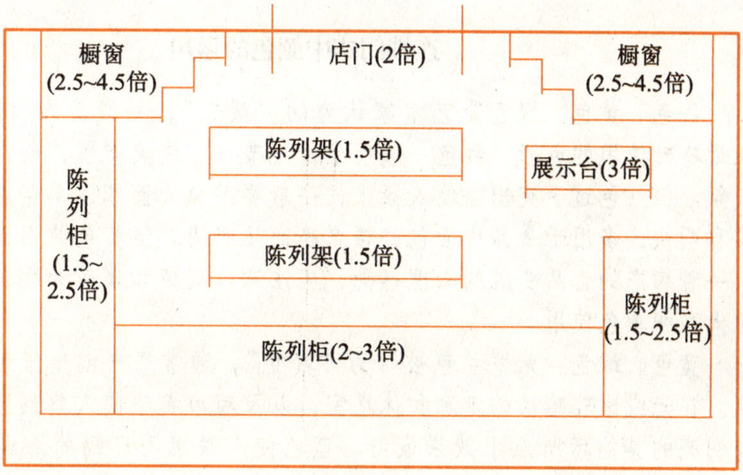

注：假设店内平均照明度为1，超过1表示尤应特别加强照明之处。

图 1－11　门店照明设备规划与效果

案例

风味点心商店扭亏为盈的技巧

美国新泽西州有一家专营风味点心的商店，开业后一直生意清淡，经过一段时间的观察，老板意识到其中出了一些问题。由于店内的光线太暗，刚出炉的点心尽管很新鲜，但摆在柜台上却给人一种似要霉变的感觉。于是他命人将店前的砖墙拆掉，改装成大玻璃窗，这样，自然的阳光就会直射进店，再加上在柜台的内角上装了 4 个射灯，照得点心十分新鲜诱人，自然也就吸引了大量的顾客。

2. 色彩设计。色彩可以对消费者的心情产生影响和冲击。从视觉上讲，彩色比黑白色更能刺激视觉神经，因而更能引起消费者的注意。彩色能把商品的色彩、质感、量感等表现得极近真实，因而也就增强了顾客对销售商品的信任感。不同的色彩会给人以不同的感觉，因此在色彩设计时应注意色彩设计的变化与和谐的统一，以及与连锁企业“标准色”的配合。一般有以下几种方式：

（1）对比手法。充分利用标准色，与其他同类商店形成明显区别，并形成自己的风格，便于消费者识别。

（2）与商品本身特征相结合，利用色彩变化，衬托商品。不同颜色所产生的视觉刺激和心理效应不同。例如，红色、橙色、黄色等暖色比较显眼，容易引起人们的注意，常被用来表现兴奋、快乐的情感；而白色、蓝色、绿色等冷色不太显眼，用以表达宁静、安详的气氛。根据商品的特性恰当进行配色将直接影响购买者的购物感受。

（3）根据季节性变化，调节门店环境的色彩变化。例如，春季调配嫩绿等冷色，给人们以春意盎然、万物更新的感觉；夏季调配淡蓝色等偏冷色，给人以凉爽宜人的感觉；冬季则可调配浅橘红色等暖色调，给人以温暖舒适的感觉。

（4）根据不同年龄段的人对色彩的不同偏好，对相应商品的陈列环境进行色彩设计。

拓展阅读

连锁门店中颜色的运用

红色、黄色、橙色是艺术家认为的“暖色”，一般是在有温情、热情、亲近感时使用的色彩。红色一般用于传统节日、庆典布置，创造吉祥欢乐的气氛。但红色过于突出会使人紧张，一般要避免大面积、单色调使用。黄色柔和明快，多用于食品中面包、糕点等商品照明。但黄色使用面积过大会给人一种病态的食品变脏的心理感受，应注意以明黄和淡黄为主色调，同时避免大面积单色使用。

蓝色、绿色、紫罗兰色被认为“冷色”，通常用来创造雅致、洁净的气氛。在光线比较暗淡的走廊和休息室，以及超市希望使人感到比较舒畅、比较明亮的其他场所应用效果最好。蓝色使人联想到辽阔的海洋和广阔的天空，给人以深邃开阔的心理感受，多用于旅游商品销售。绿色是“生命色”，给人以充满活力之感，表现生机盎然的大自然，多用于生鲜区的蔬果部门。

黑色是一种消极性色彩，沉重压抑，多在配色中使用。

（三）连锁门店声音和气味设计

气味与声音会影响顾客的情绪，影响氛围的形成。百货商场的卖场利用一系列芳香的气味，可以营造出高雅富贵的氛围，刺激顾客购物欲望的形成，超级市场的卖场利用节奏舒缓的音乐，可以使顾客感觉到更加温馨，行走得更慢，在舒适的环境中自由自在地选购所需要的商品。

1. 声音设计。音乐的运用目的是为消费者创造轻松、愉快的购物环境，解除顾客和营业员的疲劳感，使顾客在优美的乐曲中漫步于营业厅内，观赏和挑选商品。音乐非常有益于商品的促销，如果一家零售卖场在入口处播放悦耳的音乐，保证门外的顾客会鱼贯而入。但不同的音乐会达到不同的效果。一项调查结果显示：在零售卖场里播放柔和、舒缓的音乐，会使销售额增加40%，而快节奏的音乐会使顾客在卖场里流连的时间缩短，购买的商品减少，所以在闭店前卖场一般都播放快节奏的音乐，促使顾客尽快离开。

音乐应用中应注意选择恰当的乐曲。在使用的时间和音量上，一般来说间断使用，并且在营业不太紧张的时间内运用。音量应以顾客和售货员隐约听到为宜。

2. 气味设计。卖场的气味设计至关重要，好的气味设计会营造出良好的卖场氛围，令顾客心情愉快，有效地促进购买行为的形成。

人们的味蕾会对某些气味做出反应，以致可以只是凭借嗅觉就可嗅出某些商品的滋味。例如巧克力、新鲜面包、橘子、玉米花和咖啡等等。气味对增进人们的愉快心情也是会有帮助的。化妆品的香味，饼干、糖果味，奶糖和硬果味，烟草味，均是与这些商品协调的，对促进顾客的购买是有帮助的。

在卖场气味设计中特别要注意香型香味的选择，一般而言，在卖场中应选择清香型的香水，使卖场空间留有清新淡雅的低密度香味，而香水的香味过于浓烈，会使人厌恶，引起顾客反感，使顾客不愿在卖场久留。

案例

乐天利败因之一——不当店铺设计

乐天利是由韩国乐天利集团创立的餐饮品牌，于1994年进入中国，在哈尔滨和北京先后共开了9家快餐连锁店，并曾以红豆冰山风靡中国。

在哈尔滨的中央大街，既有乐天利快餐店，也有麦当劳。这两家快餐店经营的产品内容几乎一样，而且门面设计也都很鲜艳，店内面积和设计也差不多。但是，两者生意的兴隆程度却截然不同：

麦当劳的顾客从早到晚总是川流不息、人满为患，员工们总是忙忙碌碌地收拾餐桌、擦洗地面；而乐天利店里却始终是冷冷清清，顾客寥寥无几，只有许多员工静静站立，等候顾客光临。

最终，乐天利不得不在2003年退出了中国市场。

那么，是什么导致乐天利败走中国呢？

乐天利和肯德基、麦当劳相比，无论是食品口味还是餐厅装饰上都差别不大，经营状况却有天壤之别，原因很多，但其中重要一点就是，不同的店铺设计使顾客感受不同：

一个是商业场所，一个是“家”。

去过麦当劳的人大多都会有这么一种感受：在那里，人们不仅仅是为了吃一块汉堡，喝一杯咖啡——这些东西在外面的便利店随处可以买到。在麦当劳，人们更多的是去寻求一种精神上完全放松、休闲的感觉。

一位消费者说：“我一般喜欢下班后，或者周末，带着孩子来这个地方，因为我觉得在这里就像在家里一样，摆脱了上班时的压力，和孩子尽情地玩耍、说笑，很轻松。”

那么，这种“家”一般的感觉，麦当劳是怎样给予消费者的呢？乐天利又是在哪些地方做得不够呢？

1. 门面设计。麦当劳金黄色的“M”标识全球统一，早已为人们所熟识，其亲和力在消费者的心目中也已根深蒂固。作为麦当劳竞争对手的乐天利，却显然缺乏设计水准：店的门面很狭窄，门前虽然摆放了一个孩子们喜爱的米老鼠，但其店门过于狭窄的设计却总让大多数普通人有一种类似于一般酒吧，不愿“只身深入”。

2. 墙面设计。麦当劳店内的墙面上，挂有各种各样的卡通、乐园类图画，还有五颜六色的小旗帜、剪图、绿树、红花等，随意而挂，烘托出一种无拘无束的乐园氛围；乐天利也有各种小剪图挂在店内，但数量很少，店内四壁除了一些墙灯外，几乎没有其他设计，给人感觉庄重、传统。

3. 提示语。麦当劳墙上的提示语是：“请您妥善保管好自己的贵重物品。”

乐天利的提示语则是：“贵重物品请妥善保管，丢失概不负责！”和“偷窃者送法办”。可以看出，麦当劳的提示语轻柔，乐天利则显得生硬，无形中把消费者推到了自己的对立面。

4. 桌椅摆放。麦当劳的桌椅摆放大体上比较随意，尤其是在不同的角落也巧妙地做到了因地制宜；而乐天利的桌椅则摆放得整整齐齐，与一般餐馆的桌椅摆放没太大差别，这在无形中容易给来客一种商业场所的心理定型。

5. 洗手间。麦当劳让顾客随时随地感受到温馨，轻松无处不在。笔者发现，在中央大街麦当劳分店的洗手间墙面上，也贴着“开心一刻”的幽默与笑话，而乐天利似乎根本就想不到这一点。

6. 其他。为了照顾到顾客的各种闲情逸致，麦当劳还在店内专门设有报纸栏，以便有兴趣的消费者阅读。又备有小推车，以便使带着还不会走路的小孩前来光顾的顾客能够更方便，胜似在家一般。

麦当劳在“希望工程捐款箱”上的标语是：“麦当劳与您共献爱心!”箱上设计着麦当劳的“M”标识。这些都无形中提升了麦当劳的亲切形象。在乐天利，我们则看不到这些。

不难看出，麦当劳的所有设计都是围绕随意、轻松、温馨的原则灵活展开的，因为他们意识到快餐店更重要的是一种休闲与放松的场所。

而乐天利则没有这样的意识，设计上也就不可能摆脱传统餐饮店的设计框架。对此，从孩子们的表现中可窥一斑：在麦当劳，小孩子四处玩跑，犹如在公园里一般，有的小孩甚至把作业拿到这里来做了；在乐天利，小孩子则是老老实实地坐在大人旁边吃着汉堡。

这就是差别，也许这就是败因。

资料来源：王吉方：《连锁经营管理：理论·实务·案例（第3版）》，首都经济贸易大学出版社2013年版。

◆ 案例分析

有一次，去逛一家商场，刚到门口就听见一个女孩在告诉同伴：“你要有思想准备呀，一进这家商场就感觉太凉；而对面的华普呢，又太热。逛两家店时，就好像走在两个季节中。”可见，我们的门店也许注意了店面的装饰，备齐了各种商品，但如果没有考虑到店内的温度，就可能会直接影响到消费者的身体状况，情绪反应，进而直接影响到购买情况。

【分析提示】

门店是消费者购物的场所，需保持销售现场光线充足、色彩协调、温度适宜。为消费者创造一个舒适的购物环境，营造良好的购物氛围，不仅有利于提高门店的营业效率和营业设施的使用率，还有利于满足顾客精神上的需求，乐于进店购物、消遣。

思考与训练

一、不定项选择题

1. 对于目前普遍使用的长165厘米、宽100厘米的陈列货架，最佳的陈列段位是（　　）。

A. 上段　　B. 黄金段

C. 中段　　D. 下段

2. 在超市建筑的顶部所树立的广告牌一般是（　　）。

A. 横置招牌　　B. 立式招牌

C. 遮幕式招牌　　D. 广告塔

3. 超市通道的设计应保持足够的宽度，如果某超市的卖场面积为1500平方米左右，则其主通道的宽度可设计为（　　）。

A. 1.5～1.8米　　B. 1.8～2.1米

C. 2.0～2.7米　　D. 2.0～3.0米

4. 小型平板货架（高度为1.6米左右）一般适用于（　　）。

A. 便利店　　B. 大型综合超市

C. 仓储式商场　　D. 传统食品超市

5. 连锁企业门店货架布局的类型有（　　）。

A. 格子式布局　　B. 岛屿式布局

C. 自由流动式布局　　D. 斜线式布局

6. 卖场内部照明一般分为（　　）。

A. 基本照明　　B. 重点照明

C. 装饰照明　　D. 商品照明

二、简答题

1. 简述连锁企业卖场布局的原则。

2. 简述连锁企业卖场布局中的磁石点理论。

3. 简述通道设计时应注意的问题。

三、案例分析题

案例一：某顾客购物流动线

性别：女　年龄：40岁　职业：保险公司职员

该顾客动线：一楼入口——乘电梯——二楼——左转——化妆品区——继续向左直走——纸品区——下楼——食品区入口处——右转——糕点区——直走——饮品区——2次右转——休闲食品区——左转——直走——收银排队。

问题：结合该顾客流动线，门店卖场该如何合理布局？

案例二：Frederick 商店的香味

好莱坞经销女士内衣的零售商 Frederick 商店几年前引进了一种浓郁的花香——类似于在 Victoria's Secret 商店成功运用的那种香气。然而，几乎就在同时，Frederick 商店的销售额就下降了，接着，各连锁分店纷纷放弃了这种香气。

Victoria's Secret 商店的销售目标是那些在轻柔灯光下的女性购买者，浓郁的花香在那里闻起来感觉很好。而招来麻烦的 Frederick 商店吸引的是为女性购物的男士。在这种氛围中，浓郁的花香起到了相反的作用。这种气味令男性顾客不悦。

问题：Frederick 商店的香味失败的原因？

案例三：大润发与家乐福的卖场布局

（一）大润发

大润发超市背景

大润发（RT－MART）是由中国台湾润泰集团于 1997 年创立的超市品牌，具体由大润发流通事业股份有限公司负责经营。截至 2008 年，大润发在大陆开设有 101 家店，年实现销售额 335.67 亿元，在 2008 年中国连锁百强榜上排名第七，在外资连锁零售企业中排名第二，仅次于家乐福。

大润发 1997 年成立上海大润发有限公司，开始开辟大陆市场。大陆大润发分为 6 个区，华东区（总公司在上海）、华北区（总公司在济南）华南区（总公司在广州）、华中区（总公司在武汉）、东北区（总公司在长春）、西北区（总公司在西安）大润发进入内地的前 7 年，只开了 47 家门店，随着对市场的充分了解和熟悉，后面的 3 年，共计开了 50 多家门店。

与家乐福、沃尔玛门店投资主要集中于重点城市不同，大润发除了看到大城市的潜力，更看到许多二、三线城市也需要大卖场的现实需求，因此开店不局限在大城市，开始到更多的地级、县级城市去攻城略地。大润发中国大陆区 CEO 黄明端表示，从 2009 年起，大润发将以倍数增长的速度在内地布局。到 2010 年 5 月份大润发已经在中国大陆开了 120 家门店，5 月华北区又有 2 家门店开业，北京店和天津二店。

大润发经营理念

"新鲜、便宜、舒适、便利"

专业服务，领导商圈，成为值得信赖的大卖场（见图 1－11、图 1－12）。

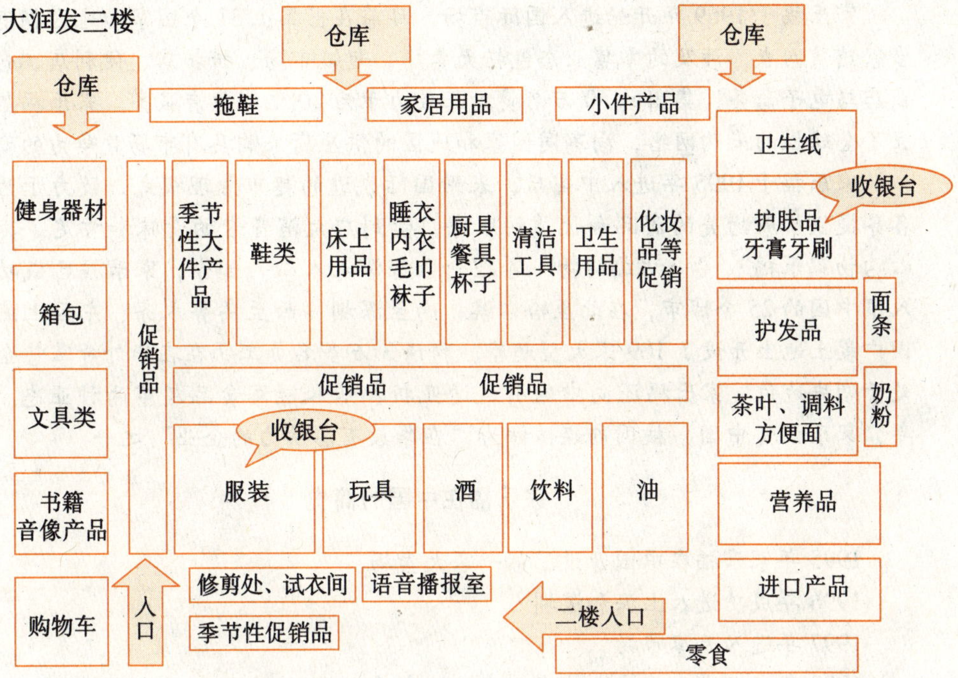

图1-11

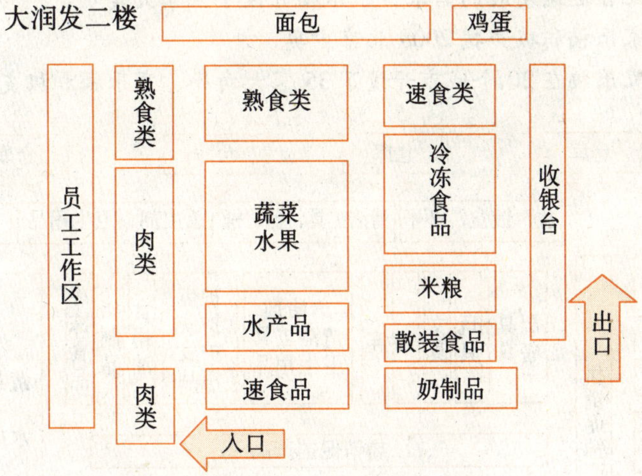

图 1－12　大润发卖场布局

（二）家乐福

家乐福集团背景

法国家乐福集团成立于1959年，是大型超级市场（Hypermarket）概念的创始者，于1963年在法国开设了世界上第一家大型超市，1999年8月30日家乐福兼并普罗莫代斯组成世界第二大零售集团。如今家乐福已发展成为欧洲最大、全球第二大的零售商。

家乐福于1969年开始进入国际市场，目前在世界上31个国家和地区拥有一万多家销售网点，涉及的零售业态包括大卖场、超级市场、折扣店、便利店、仓储式商店与电子商务，集团的50万名员工正致力于为20亿消费者服务。家乐福集团建立了全球性的采购网络，向不同国家和地区的供应商采购具有市场竞争力的商品。

家乐福于1995年进入中国后，采用国际先进的超市管理模式，致力于为社会各界提供价廉物美的商品和优质的服务，受到广大消费者的青睐和肯定，其“开心购物家乐福”、“一站式购物”等理念已经深入人心。如今，家乐福已成功地进入了中国的25个城市，在北至哈尔滨、南至深圳、西至乌鲁木齐、东至上海的中国广袤土地上开设了109家大型超市，聘请3万多名员工。在在华外资零售企业中处于领先地位。家乐福还向中国引进迪亚折扣店和冠军食品超市两种业态。2004年，家乐福（中国）被国内媒体评为“在华最有影响力的企业”之一。

家乐福在中国的简史

1995年家乐福在中国开设了第一家大卖场

1996年成功进入上海和深圳

1997年进入天津市场

1998年成功进入重庆、珠海、武汉、东莞

2000年配合迅速发展的需求，家乐福开设了五家大卖场

2001年家乐福积极声援2008北京申奥

2002年家乐福在20个城市开设了35家大卖场、家乐福积极支持上海申博

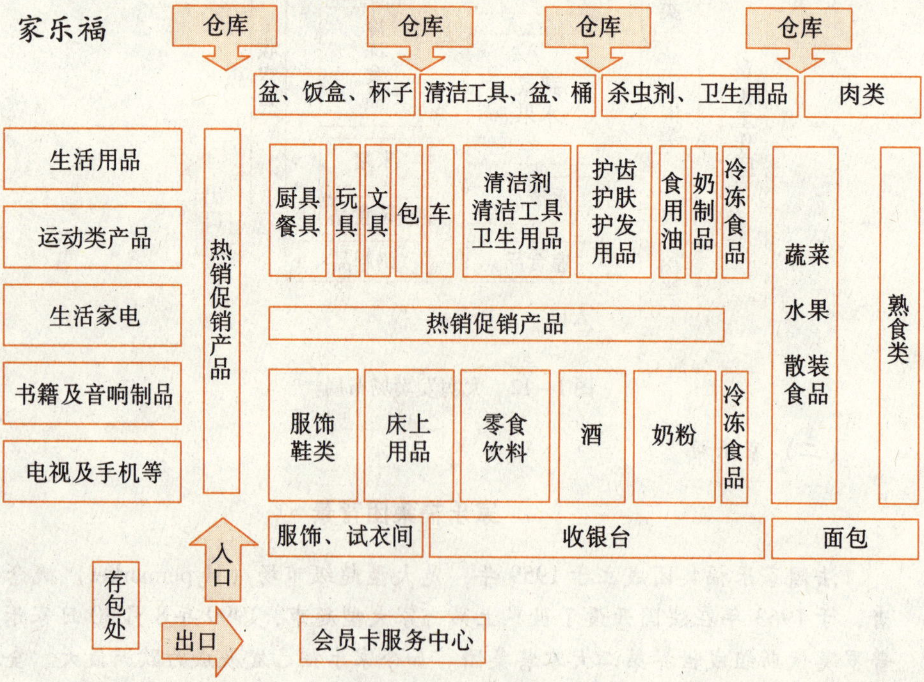

图1-13 家乐福卖场布局

2003 年家乐福在杭州开设了第 40 家分店、迪亚折扣店进入上海和北京

2004 年冠军超市在中国开设第一家分店

2005 年家乐福在中国重庆开设第 60 家分店

2007 年家乐福在中国新增门店 19 家

2009 年新开门店 18 家，截至 2010 年 1 月 20 日家乐福中国内地门店总计 157 家

2010 年，家乐福中国区总裁兼 CEO 罗国伟宣布已经成功收购河北保龙仓商业连锁经营有限公司

问题：大润发、家乐福各自卖场布局有何特点？试比较大润发与家乐福卖场布局的异同？大润发、家乐福卖场布局给予我们什么启示？

四、实践实训

项目实训一

【任务】五大磁石点规划。

【目的】熟知磁石理论，掌握运用磁石理论配置商品的技巧。

【要求】

(1) 分组，4～6 人为一组，对学校超市五大磁石点的位置进行商品配置演练。

(2) 讨论分析每组运用了哪些步骤和技巧。

(3) 评定每个小组的成绩，教师总结（自评 20 分，他评 30 分，教师评分 50 分）。

项目实训二

【任务】卖场布局调查分析。

【目的】通过实训，了解、认识卖场布局的要求和技术。

【要求】

(1) 分组，4～6 人为一组，找一家连锁超市，观察其卖场布局，主要观察其卖场前方、中央、后方设施的布局，内部环境布局、外观布局。

(2) 做出卖场布局平面图，分析卖场布局的特点及存在的问题，写出调查报告。

(3) 评定每个小组的成绩，教师总结（自评 20 分，他评 30 分，教师评分 50 分）。

项目二
2 门店商品陈列管理

学习目标

知识目标 了解和掌握商品配置的方法；掌握商品陈列的原则及方法；掌握生鲜商品陈列的方法。

能力目标 能够对卖场中的商品进行合理的配置；能够根据商品的不同、陈列道具的不同进行商品陈列，会进行生鲜商品的陈列，并会对商品陈列进行维护。

职业素养 树立正确的商品陈列管理意识，能够与团队进行很好的沟通，共同设计商品陈列的方法。

引导案例

家乐福商品的陈列

当把货架的位置确定了以后，接下来的问题就是如何把商品放上去？一个1万平方米的超市，商品可能有2万个品种，对顾客而言已经是很丰富了，但为什么卖场的销售业绩还是不尽如人意？为什么门店的客单价会很低？这是因为门店的商品结构不合理。比如说塑料盒，只有十几元钱的，没有七八元钱、五六元钱的，这就导致商品结构不合理。顾客进来了以后，他还是买不到合适的商品。只有丰富的品种数是不够的。经验表明，每一个分类下的单品数，如果没有一个高、中、低价位的组合，卖场会损失掉80%的顾客。

尤其是在中小城市开店的时候，应该特别侧重于百货和纺织品的经营。因为当地的百货商场，在非食品类的经营上都不是很健全，而且价位很高，所以在这里的卖场中摆放百货和纺织品可能会卖得特别火。

家乐福在河北涿州开了一家店，其中第三层是非食品区，包括百货、家电和纺织品，结果第三层的客流量是最多的，因为当地老百姓在百货商场里购买的非食品都是一些中、高价位的，品种数也满足不了需求，所以家乐福涿州店的非食品放在较高层依然销售火爆。

资料来源：丁兴良：《营销创新无处不大》，《中小企业管理与创新》，2013 年第 3 期。

讨论：

家乐福河北涿州门店商品的配置给予我们什么启示？

任务一
商品配置

任务描述

李子木从某高校连锁经营管理专业毕业后，成功地应聘到某零售企业运营部，初入职场的他对未来的职业生涯充满信心，但同时也存在一些担忧：培训师说过一个门店经营得好坏取决于门店商品的合理配置、商品陈列技巧的灵活运用等，他开始考虑该如何根据门店顾客的需求来合理地配置门店的商品呢？

一、卖场内的商品配置

商品配置要解决两个方面的问题：一是确定各类商品按什么样的结构比例在连锁卖场中进行展示陈列，即对各类商品进行面积分配的问题；二是每种商品应配置在卖场中的什么位置。可以说，商品配置是一个承上启下的关键环节和重要工作，它是卖场布局工作的进一步细化，是商品陈列工作的指导。超级市场的商品配置是关系到超市经营成败的关键环节，商品如配置不当，会造成顾客想要的商品没有，不想要的商品太多，不仅空占了陈列货架，也积压了资金，导致经营失利。连锁门店卖场商品的配置可以从以下几个方面入手：

（一）商品品种的配置

1. 商品的分类。超级市场以满足消费者对基本生活用品一次性购足需要为经营宗旨，是一种经营品项较多的零售业态。对品种繁多的商品进行分类，是超市科学化、规范化管理的需要，有利于将商品分门别类进行采购、配送、销售、库存、核算，提高管理效率和经济效益。超市公司可以在商品分类基础上，根据目标顾客的需要，选择并形成有特色的商品组合，体现自身的个性化经营特色，求得超市经营的成功。

商品分类可以根据不同的目的，按不同的分类标准来进行。如商品群分类，就是按不同类别商品在卖场销售中的比重与作用来划分的，其目的是通过经营单位或经营区域的组合，促进卖场整体销售业绩。而在超级市场实际商品管理中，商品分类一般采用综合分类标准，将所有商品划分成大分类、中分类、小分类和单品四个层次（见表2-1），目的是为了便于管理，提高管理效率。虽然超市各种业态经营品种存在较大差异，但商品分类都包括上述四个层次，且每个层次的分类标准也基本相同。

（1）大分类。大分类是超级市场最粗线条的分类。大分类的主要标准是商品特征，如畜产、水产、果菜、日配加工食品、一般食品、日用杂货、日用百货、家用电器等。为了便于管理，超级市场的大分类一般以不超过10个为宜。

相关知识

一般零售商品的基本分类

表2-1　一般零售商品的基本分类

大分类	中分类		小分类		单品
畜产	功能用途	鸡肉、猪肉、牛肉……	功能用途	鸡腿、鸡翅膀、鸡胸脯	
	制造方法	熟肉制品……	功能用途	咸肉、薰肉、火腿肠……	
果菜	商品产地	国产水果 进口水果			
日配加工食品	功能用途	牛奶、冰品、豆制品、冷冻食品……			
一般食品	功能用途	饮料……	包装规格	盒装饮料、听装饮料瓶、装饮料……	上海申美饮料有限公司：355ML 听装可口可乐2L瓶装可口可乐……
糖果饼干	功能用途	饼干……	商品口味	甜味饼干、咸味饼干、奶味饼干、果味饼干……	
日用百货	功能用途	鞋……	商品成分	皮鞋、人造革鞋、布鞋、塑料鞋……	

（2）中分类。中分类是大分类中细分出来的类别。其分类标准主要有：

①按商品功能与用途划分。如日配品这个大分类下，可分出牛奶、豆制品、冰品、冷冻食品等中分类。

②按商品制造方法划分。如畜产品这个大分类下，可细分出熟肉制品的中分类，包括咸肉、熏肉、火腿、香肠等。

③按商品产地划分。如水果蔬菜这个大分类下，可细分出国产水果与进口水果的中分类。

（3）小分类。小分类是中分类中进一步细分出来的类别。主要分类标准有：

①按功能用途划分。如"畜产"大分类中、"猪肉"中分类下，可进一步细分出"排骨"、"肉米"、"里脊肉"等小分类。

②按规格包装划分。如“一般食品”大分类中、“饮料”中分类下，可进一步细分出“听装饮料”、“瓶装饮料”、“盒装饮料”等小分类。

③按商品成分分类。如“日用百货”大分类中、“鞋”中分类下，可进一步细分出“皮鞋”、“人造革鞋”、“布鞋”、“塑料鞋”等小分类。

④按商品口味划分。如“糖果饼干”大分类中、“饼干”中分类下，可进一步细分出“甜味饼干”、“咸味饼干”、“奶油饼干”、“果味饼干”等小分类。

(4) 单品。单品是商品分类中不能进一步细分的、完整独立的商品品项。如上海申美饮料有限公司生产的“355毫升听装可口可乐”、“1.25升瓶装可口可乐”、“2升瓶装可口可乐”、“2升瓶装雪碧”，就属于四个不同单品。

需要说明的是，商品分类并没有统一固定的标准，各超市公司可根据市场和自身的实际情况对商品进行分类。但商品分类应该以方便顾客购物、方便商品组合、体现企业特点为目的。

想一想

超级市场如何进行商品群配置？

相关知识

表2-2　　一般零售商品的基本构成

基本构成	含义	划分标准	重点
大分类	卖场零售商品中构成的最粗线条划分	商品特征	为便于管理，卖场的大分类一般以不超过10个为宜
中分类	大分类商品中细分出来的类别	功能用途	关联性不高，是商品间的一个分水岭
		制造方法	
		商品产地	
小分类	中分类中进一步细分出来的类别	功能用途	
		规格包装	
		商品成分	
		商品口味	
单品	商品分类中不能进一步细分的、完整独立的商品品项		是最基本的层面

2. 卖场内的商品配置。卖场内的商品如果配置不当，会导致顾客想要的商品没有，不想要的商品太多，浪费卖场空间，积压资金，导致经营失败。要正确地配置卖场内的商品可以从以下几个方面考虑：

(1) 根据历史资料或市场调查计算商品库存比例，确定商品库存结构，即资金分配比例。

（2）根据销售数据分析消费者购买取向，从而确定各商品类别中的品种数，将每一个中分类商品安置到各自归属的大类商品配置图中。

（3）商品品种配置比例的调整，根据消费者购买比例制定的商品品种配置比例并不是固定不变的，它会随着经济形势、消费者偏好、流行趋势而改变的。因此，需要在连锁总部设置“商品配置自动统计分析信息系统”，将各分店的每日销售信息进行统计分类，定期显示出变动曲线，并制定一定日期（一般为一个月）配置比例变动的上下限红线，及时提示相关部门对发生的变化做出反应。

（4）新品种的预留空间与旧品种的序列淘汰制。

拓展阅读

便利店的商品选择策略

便利店的营业空间和规模不是很大，而且本着方便社区的经营宗旨，应该把经营的重点放在20%高利润、高销售额的主营商品上。便利店的主营商品一般是相对固定的。

确定主营商品后，便利店需要实施的一项重要商品策略就是对商品的规格进行筛选。在一般超市的货架上，往往可以看到同一种商品有好几种不同的规格，以适应消费者不同的消费需求。但是，在便利店，由于陈列空间有限，要尽量把某种商品的销售量集中在2～3种规格上，而且这样还能够以较大规模的集中订货获得较低的进货价。

此外，便利店中同一种商品的品牌不必太多，经过认真的市场调查和分析后，便利店应将某种商品确定在有限的几个知名品牌上，通过增加单位产品的销售量来保证利润额的实现。

（二）商品面积的配置

门店规模及最有效、最经济的面积确定以后，应如何分配给具体商品呢？以下介绍几种方法：

1. 陈列需要法。根据某类商品所必需的面积来确定陈列的相关面积，服装部、鞋部较适合采用此方法。

2. 根据消费支出比例。要合理地确定商品的面积分配，必须对前来门店购物的消费者的购买比例做出正确的判断与分析。下面是某一超级市场的商品面积分配的大致情况：水果与蔬菜面积15%、肉食品15%、日配品15%、一般食品10%、糖果饼干10%、调味品与南北干货10%、小百货与洗涤用品15%、其他用品10%。

假设不论什么产品品种，其每平方米所能陈列的商品项数都相同，那么为满足消费者的需求，卖场各项商品的面积配置比率应与居民消费支出的比率相同。但目前连锁门店的商品结构比与居民消费支出的结构比有很大的差异，何况各项产品因陈列方法的不同，所需的面积也有很大的差异。但是仍需以此数字为基准，进行最简单分配后再作调整，各部门面积的比例如表2－3所示。

表 2-3 商品配置面积分配表

部门	居民消费支出结构比例（%）	面积分配比例（%）
水果蔬菜	24	12~15
水产品	12	6~9
畜产品	18	12~16
日配品	9	17~22
一般食品	7	15~20
糖果饼干	7	8~12
干货	10	10~15
特许品	6	3~5
其他	7	4~6

部门的面积分配好后，应再依中分类的商品结构比例，进行中分类商品面积的分配，最后再细分至各品项，这时才完成了陈列面积的配置工作。

需要说明的是，这种面积配置没有统一的计算公式，每一地区消费水平、消费习惯都不尽相同，每个经营者必须根据自己所处区域的特点及竞争的状况做出商品面积配置的抉择。

3. 利润率法。根据消费者的购买比例以及某类商品的单位面积的利润来设计商品面积配置。零售超市和书店采用此法较为适宜。如，超市卖场内的商品面积配置就是与消费者日常支出的商品取向比例相同的。

4. 参照法。即参照当地同等规模、业绩较好的店铺的商品营业面积分配。在做卖场配置前，可以先找一家竞争对手或是某家经营得很好、可以模仿的店，先了解对方的卖场配置。例如，A 店是竞争店，它有长 100 米的冷藏、冷冻展示柜，其中蔬果 20 米、水产 15 米、畜产 20 米、日配品 25 米，接着就要考虑自己的卖场状况，如果自己的卖场较 A 店大，当然，就可以扩充上述设备，可陈列更多的商品来吸引顾客。如果自己的面积较小，则应先考虑可否缩小其他干货的比例，以增加生鲜食品的陈列面积。在超市经营里生鲜食品是否经营成功，往往也就决定了超市的成败。如果面积一样，也可探讨 A 店这样的配置是否理想，或者，如果自己有农场，则可以在果菜类方面发挥自己的特色，即相应增加果菜的配置面积，而对其他产品类别做适度的缩小或要求得更精致一点。对于其他干货类中的一般食品、糖果饼干、杂货等，均可利用此方法进行探讨。

5. 需求导向法。通过调研店铺所在商圈内消费者数量、构成、购买力、购买习惯、潜在需求等，来确定自己超市的商品面积分配。根据美国农业部的调查报告，新鲜蔬菜、水果的贩卖地点，如摆在进口处，则其营业额都较高，且新鲜蔬果是消费者每日必购之物，摆在门口，较容易吸引客人，而果菜的颜色鲜艳，可以加深客人的印象，较能表现季节感，而水果的大量陈列，可以给消费者丰富的感觉。所以绝大多数的超级市场，都将果菜类摆在入口处。而日配中的牛奶与果汁，由于购买频度高，销售单价又高，且已成为现代人生活的必需品，故多数的超市逐渐将该商品前移。而在日本，水产品通常在畜产品之前，主要也是消费习惯的不同。

6. 实践法。先开业一段时间，之后再根据实际进行营业面积分配。最简单的方法就是给销路好的商品分配更多的陈列面积。

（三）商品位置的配置

商品位置的配置应该按照消费者购买每日所需商品的顺序做出规划，也就是说，要按照消费者的购买习惯和客流走向来分配各种商品在卖场中的位置。一般来说，每个人一天的消费总是从“食”开始，可以以菜篮子为中心来设计商品配置。通常消费者在卖场购物的顺序是：蔬菜水果——畜产水产类——冷冻食品——调味品类——糖果饼干——饮料——速食品——面包牛奶——日用品。

为了配置好超级市场的商品，可以将超级市场经营的商品划分为以下商品部。

1. 面包及果菜部。这一部门常常是超级市场的高利润部门。由于顾客在购买面包时，也会购买部分蔬菜水果，所以面包和果菜品可以采用岛屿式陈列，也可以沿着超级市场的内墙设置。在许多超级市场中，设有面包和其他烘烤品的制作间，刚出炉的金黄色、热气腾腾的面包，常常让顾客爽快地掏腰包，因而现场制作已成为超级市场一个卖点。

2. 肉食品部。购买肉食品是大多数顾客光顾超级市场的主要目的之一。肉食品一般应沿着超级市场的内墙呈 U 形摆放，方便顾客一边浏览一边选购。

3. 冷冻食品部。冷冻食品主要用冷柜进行陈列，它们的摆放既可以靠近蔬菜，也可以放置在购物通道的末段，这样冷冻食品解冻的时间就最短，给顾客的携带提供了一定的便利。

4. 膨化食品部。膨化食品部包括各种饼干、方便面及各种膨化食品等。这类食品存放时间较长，只要在保质期内都可以销售。它们多被摆放在卖场的中央，用落地式的货架陈列。具体布局以纵向为主，突出不同的品牌，满足顾客求新求异的偏好。

5. 饮料部。饮料与膨化食品有相似之处，但消费者更加注重饮料的品牌。饮料的摆放也应该以落地式货架为主，货位要紧靠膨化食品部。

6. 奶制品部。超级市场中的顾客一般在其购买过程的最后阶段才购买奶制品，所以奶制品一般摆放在面包及果菜部的对面。

7. 日用品部。日用品包括洗涤用品、卫生用品和其他日用品，一般摆放在超级市场卖场的最后部分，采用落地式货架，以纵向陈列为主。顾客对这些商品有较高的品牌忠诚度，他们往往习惯于认牌购买。这类商品的各种以价格为主的促销活动，会使顾客增加购买次数和购买数量。

二、商品配置表管理

超级市场卖场内的商品陈列是用商品配置表来进行管理的。商品配置表定义是，把商品陈列的排面在货架上作最有效的分配，以书面表格规划出来。商品配置表的英文名称为 FACING，意思是把商品陈列在货架上进行十分恰当的管理，用绘图表格规划出来，以求达到有效控制商品品项，做好商品定位，适当管理商品排面，防止滞销品驱逐畅销品，使利润维持在一定水准上，实现连锁经营标准化等目的，由此可知商品配置表在连锁门店管理中具有相当的重要性。

1. 商品配置表的管理功能。

（1）有效控制商品品项。每个卖场的面积是有限的，所能陈列的商品品项也是有限的，因此应有效地控制商品的品项，这就要使用商品配置表，这样才能获得有效的控制效果，使卖场效率得以正常发挥。

（2）商品定位管理。超级市场内的商品定位，就是要确定商品在卖场中的陈列方位和在货架上的陈列位置，这是门店营业现场管理的重要工作，如不事先规划好商品配置表，无规则地进行商品陈列，就无法保证商品的有序、有效地定位陈列，而有了商品配置表，就能做好商品的定位管理。

（3）商品陈列的排面管理。商品陈列的排面管理就是规划好商品陈列的有效货架空间范围。在商品销售中有的商品销售量很大，有的则很小，因此可用商品配置表来安排商品的排面数，即根据商品销售量的多少，来决定商品的排面数。畅销商品给予较多的排面数，即占有的陈列空间大；销售量较少的商品则给予较少的排面数，所占的陈列空间也小。对滞销品则不给排面，可将其淘汰出去。商品陈列的排面管理对提高卖场的效率具有很大作用。

（4）畅销商品保护管理。在有的连锁门店中畅销商品销售速度很快，若没有商品配置表对畅销商品排布的保护管理，常常会发生这种现象，当畅销商品卖完了，又得不到及时补充时，就易出现不畅销商品甚至滞销品占据畅销商品的排面，形成了滞销品驱逐畅销品的局面。这种状况一方面会降低商店对顾客的吸引力，另一方面会使商店失去售货的机会并降低竞争力。可以说，在没有商品配置表管理的连锁门店，这种状况时常会发生，有了商品配置表管理，畅销商品的排面就会得到保护，滞销品驱逐畅销品的现象会得到有效控制和避免。

（5）商品利润的控制管理。在连锁门店销售的商品中，有高利润商品和低利润商品之分，每个经营者总是希望把利润高的商品放在好的陈列位置销售。利润高的商品销售量提高了，门店的整体盈利水平就会上升。把利润低的商品配置在差一点的位置来销售，以此来控制商品的销售品种结构，以保证商品供应的齐全性。这种商品利润控制的管理方法，需要依靠商品配置表来给予各种商品妥当、贴切的配置陈列，以达到提高商店整个利润水平的目的。

（6）连锁经营的标准化管理。连锁超市有众多的门店，达到各门店商品陈列的一致，是连锁超市标准化管理的重要内容。有了一套标准的商品配置表来进行陈列的一致管理，整个连锁体系内的陈列管理就易于开展，同时，商品陈列的调整和新产品的增设，以及滞销品的淘汰等管理工作的统一执行，就会有准备、有计划、高效率地开展。

2. 商品配置表的制作办法。

（1）商品配置表的制作原理。制作商品配置表最重要的依据是商品的基本特性及潜在的获利能力。其应考虑的因素包括以下五个方面：①周转率。高周转率的商品一般都是顾客要寻找的商品，其位置应放在较明显的位置。②毛利率。毛利率高的商品应放在较明显的位置。③单价。高单价商品的毛利可能高也可能低，高单价又高毛利的商品应放在明显的位置。④需求程度。在非重点商品中，具有高需求、高冲动性、随机性特征的商品，一般陈列在明显位置。销售力越强的必需品，给顾客的视觉效果越好。⑤空间分配。运用高需求或高周转率的商品来吸引顾客的视线，贯穿于整个商品配置表：避免将高需求商品放在视线的第一聚焦点内，除非该商品具有高毛利的特征；高毛利且有较强销售潜力的商品，应摆在主要视线焦点内；潜在销售业绩较大的商品，就应该有最多的排面。

（2）商品配置表的内容。商品配置表分为商品平面配置图和商品立体陈列表，包括货架安排、卖场内各类商品的部门配置、各部门所占面积的划分、商品价格、商品排面数、最小订货单位、商品空间位置、商品品项构成等内容。

（3）商品配置表的制作程序。①通过市场调查，决定商品组合及卖场面积；②将商品进行分类，并规划大、中、小类商品应占的面积；③根据商品的关联性、需求特征、能见度等因素确定每一类商品的位置，制作商品平面配置表；④根据商品平面配置图配置设备，前、后场设备应构成一个整体，应注意陈列设备的数量及规格的确定，并参照商品品项资料；⑤搜集商品品项资料，包括价格、规格、尺寸、成分、需求度、毛利、周转率、包装材料、颜色等，据此决定经营品项；⑥在商品配置表上详细列出每一类商品的空间位置，每一个货架对应一张商品配置表；⑦按商品配置表进行陈列，并挂好价签，把实际陈列效果拍照留存；⑧观察并记录顾客对商品配置与陈列的反应，以便修正。

◆ 案例分析

日本某大型超级市场的商品配置

图2-1是日本某家大型超级市场的商品配置图，该超级市场借此配置以及相关的营销策略，取得了较好的经营业绩。

a—茶叶区　b—药品区　c—快速冲印区　d—鲜花区　e—保质期较长的糕点区　f—烟酒区　g、i—面包区　h—现场制作的糕点区　j—乳制品、水果区　k—饮料区　l—乳制品区　m—饮料、调味品、膨化食品、饼干、日式食品、酒、豆腐、泡菜区　n—鲜肉区　o—蔬菜区　p—鲜鱼区　q—家庭用品区　r—蔬菜区　s—冷冻食品区　t—冰淇淋区　u—鲜鱼冷冻区　v—推荐商品区　w—日用品区　x—厨房用品区　y—超市收银区　z—电梯区

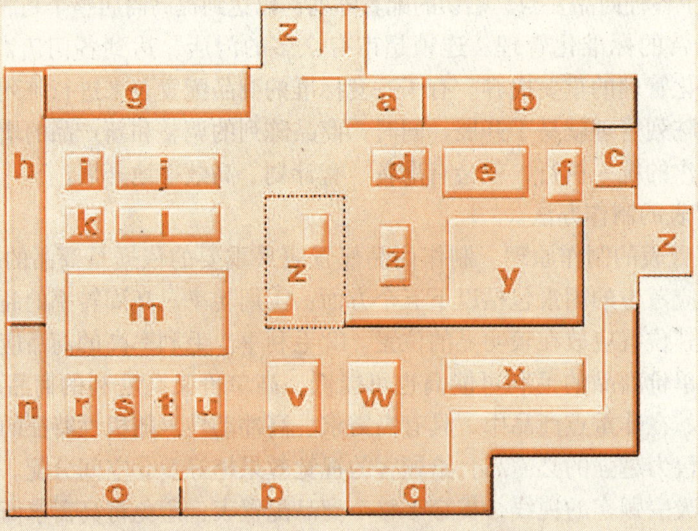

图2-1　日本某大型超级市场的商品配置图

问题：这家日本大型超级市场的商品配置给你什么启发？

【分析提示】

商品品种的配置应基于门店目标顾客的需要进行合适的商品品种选择，各商品品种的陈列面积应基于消费者的实际需求确定最经济的陈列面积，按照消费者购买每日所需商品的顺序做出合适的商品位置的规划。从图2－1中我们可以看到，这家卖场的商品配置基本遵循了上述提到的主要原则。图上方的z是超市的入口，图中央的z是卖场内部电梯，y是超市收银区，也是超市的出口。出口部分也有一部电梯。h、g、i是现场制作、保质期较短的糕点面包区，在靠近收银台部分的e区也有一个面包区，陈列保质期较长的加工糕点。当然，超市规模有大有小，商品面积的分配自然有所区别，门店主要结合实际，在充分调研的基础上，让店内的商品面积分配更加合理。

任务二
商品陈列

任务描述

李子木在学习完商品配置的相关知识后，开始上岗了。商品配置理论知识掌握得很好，但真正实践起来却有些力不从心，看到竞争对手卖场的销售量比自己卖场大很多，他开始思考：我们的商品配置管理比较合理，为什么不能吸引顾客？商品陈列又有哪些技巧可以运用呢？

一、一般商品陈列的原则和方法

商品陈列是指企业为了最大限度地方便顾客购买，利用有限的资源，规划和实施店内总体布局、货架摆放顺序、商品码放方式、店内广告设计，合理运用照明、音响、通风设施，创造理想购物空间的活动过程。

（一）商品陈列的原则

商品陈列必须满足5个要素：一要看得清；二要摸得到；三要容易选、方便买；四要品种全、个性强；五要分类型、分规格、分颜色、分大小、分价格。因此，连锁门店商品陈列应遵循以下原则：

1. 显而易见的原则。商品的陈列要醒目、便于顾客选购。商品的摆放要能迅速引起消费者的注意，要使顾客一进卖场就能看到商品并看清商品。首先，必须注意陈列商品的位置、高度、商品与顾客之间的距离以及商品陈列的方式等。人们通常无意识地观望高度为0.7～1.7米，上下幅度为1米，通常与视线大约成30°范围内的物品最易引起注意。因此，门店可根据消费者的观望高度与视角范围，在有限空间内将商品陈列在最佳位置。顾客看到的商品越多，他们买东西的机会也就越多。但不是说只在此位置陈列商品，而是以此为基线陈列。有些商品仰视角度更能吸引人，如工艺礼品、时装等；有些商品俯视角度更能吸引人，如化妆品、金银首饰等，尤其是儿童玩具，陈列位置过高不能引起儿童的注意和兴趣，只有低一点，使儿童一览无余，才能激起儿童拥有它的欲望。其次，陈列要整齐规范，标价应准确、醒目。每一种商品都应该陈列在相应的位置上，正面朝向消费者，避免出现商品移位，挡住其他商品的视线；商品不应摆在货架里，而应向前整齐陈列；商品价格牌应与商品相对应，位置正确；陈列的商品应与上隔板之间留有 3～5 厘米的空隙，让消费者的手容易伸入。

提示： 黄金陈列线　黄金陈列线的高度一般在 80～150 厘米之间，它是货架的第二、三层，是人眼最易看到、手最易拿取商品的陈列位置，所以是最佳陈列位置。此位置一般用来陈列高利润商品、自有品牌商品、独家代理或经销的商品。该位置最忌讳陈列无毛利或低毛利的商品，那样的话对超市来讲是利益上的一个重大损失。

相关知识

不可不知的陈列位置

在超市中所谓好的陈列位置是指“上段”，即与顾客的视线高度相平的地方，其高度一般为 130～145 厘米。其次是“中段”，即与腰的高度齐平的地方，高度一般为 80～90 厘米。最不利的位置是处于接近地面的地方，即下段。

根据美国的一项调查资料显示，商品在陈列中的位置进行上中下 3 个位置的调换，商品的销售额发生以下的变化：

“中段”上升到“上段”＋63%；从“中段”下降到“下段”－40%；从“下段”上升到“中段”＋34%；从“下段”上升到“上段”＋78%；从“上段”下降到“下段”－32%；从“上段”下降到“中段”－20%。

2. 伸手可取原则。顾客对陈列商品产生了良好的视觉效果后，就有了触觉的要求，就会拿起来观察，对商品做出进一步的了解，最后做出购买与否的决定。因此，商品陈列在做到“显而易见”的同时，还应使顾客摸得到、够得着，甚至能拿在手上较长时间，这是刺激顾客购买的重要环节，这也是近几年来敞开式销售方式受到普遍欢迎的主要原因，除非是易受损失、小件易碎或极其昂贵的商品，要不然应尽量采用这种方式，这样陈列的商品自然会给人一种亲切感。

在运用敞开式销售方式陈列商品时，不能将带有盖子的箱子陈列在货架上，因为顾客只有打开盖子才能拿到商品，十分不方便。另外，对一些挑选性强、又易脏手的商品，如鲜肉、鲜鱼等，应该有一个简单的前包装和配有简单的拿取工具，方便顾客挑选。商品陈列伸手可取原则还包含着商品容易放回原处的要求。如果拿一个商品后放回去可能会打坏，顾客就不愿去拿，就是拿到手也会影响顾客挑选观看的兴趣，甚至发生商品销售由于陈列不当而受损。因此要特别重视商品伸手可取又能很容易地放回原处的陈列要求。

提示： 二指原则　陈列商品时与上隔板之间留有 3～5 厘米的空隙（二指原则），让顾客的手容易进入。

3. 分区定位原则。连锁企业经营的商品少则上千种，多则上万种或几十万种，如何让顾客很容易了解什么商品在什么部位，是商品陈列时要解决的问题。分区定位就是要求每一类、每一项商品都必须有一个相对固定的陈列位置，商品一经配置后，商品陈列的位置和陈列面就很少变动，除非因营销目的而修正。这样既使商品陈列标准化，也便于顾客选购商品。

在对商品进行分区定位时，要注意以下问题：一是向顾客公布商品分布图，设置商品标识牌。二是为便于顾客购买日常生活小商品，应实施面对面销售。三是相关商品的货位布置应邻近或相对，以便于顾客相互比较，促进连带购买。四是把相互影响大的商品货位适当隔开。五是把同类商品纵向陈列，即自上而下垂直陈列，使同类商品平均享受到货架各段上的销售利益。六是把商品货位勤调整，但调整不能影响整体布局，便于顾客凭印象找到商品位置。

提示：价位区分　任何小分类，原则上从最下到最上，按最便宜到最贵陈列于货架上。同时，水平方向商品的陈列应以顾客的购买路线为依据，价格由低至高排列。

4. 商品满货架陈列原则。在商品陈列中，不管是柜台，还是货架，应显示出商品的丰富性。从顾客的心理学规律来看，任何一个顾客买东西都希望从丰富多彩的商品中挑选，如看到货架上只剩下为数不多的商品就会有疑虑，唯恐只卖剩下来的“落角货”。因此，商品陈列应尽可能地将同一类商品中的不同规格、花色、款式的商品品种都展示出来，扩大顾客的选择面，同时也能给顾客留下一个商品丰富的好印象，从而提高所有连锁门店商品周转的物流效率。从商店本身的利润最大化来看，如货架常常空缺，就白白浪费了卖场有效的陈列空间，降低了货架的销售与储存功能，又相应增加了仓库库存的压力，降低了商品的周转率。因此，商店应尽可能缩短商品库存时间，做到及时上柜，尽快上柜，以达到最好的销售效果。根据美国的一份连锁超市调查报告表明，商品满陈列的超市与非满陈列超市相比较，其销售量按照不同的商品可分别提高 14% ~130%，平均可提高 24%。

要使商品陈列做到丰富、品种多而且数量足，并不是一股脑儿将所有商品毫无章法地摆在卖场上，将柜台、货架塞得满满的，而是要有秩序、有规律地摆放。商品之间可留有适当的空间，也可在摆放商品时组合成一定的图形式图案（如米字线的形式），以达到商品丰富的效果。一般连锁门店对货架上放满商品有两个规定：第一，长 1 米的陈列货架（每一格）一般至少要陈列 3 个品种。第二，按营业面积计算，卖场 1 平方米面积商品的品种陈列数平均要达到 11 ~12 个。

即使由于某些客观原因造成商品某些品种缺货、断档，在陈列中也要努力消除这些不利的影响。如可以将众多同类商品摆放出来或适当均匀加大陈列商品的间隔，或补上其他类型的商品。但要注意，一般门店不允许用相邻的商品来填补空缺（除非该相邻商品也是销售率高的商品），应该用销售率高的商品填补空缺，同时这个商品与相邻商品有一个品种和结构之间的配合。

想一想

现有可口可乐、百事可乐、芬达和鲜橙多四种品牌的饮料，单品均包括 2 升、1.5 升、1 升和 355 毫升罐装。该如何摆到货架上？

5. 先进先出原则。商品在货架上陈列的先进先出，是保持商品品质和提高商品周转率的重要控制手段，对于运用敞开式销售方式的超市门店来说这一点显得尤为重要。

当商品第一次在货架陈列后，随着商品不断地被销售出去，就要进行商品的及时补充陈列，补充陈列的商品就要依照先进先出的要求来进行。其陈列方法是先把原有的商品取出来，然后放入补充的新商品，再在补充商品前面陈列原有的商品，也就是说，商品的补充陈列是从后面开始的，而不是从前面开始的。因为顾客总是购买靠近自己的前排商品，如不按照先进先出的原则来进行商品的补充陈列，那么陈列在后排的商品就永远卖不出去。许多商品尤其是食品都有保质期，消费者会很重视商品出厂的时间，用先进先出法来进行商品的补充陈列，可以在一定程度上保证顾客买到的商品的新鲜性，这是先进先出法保护消费者利益的一个重要方面。此外，排在后面的商品比较容易落上灰尘，所以要特别重视后排商品的清洁，一般可用掸子或抹布进行清扫。

想一想

商品的补充是从前还是从后开始的？

6. 商品陈列的关联性原则。许多商品在使用上具有连带性，如牙膏和牙刷、裤子和皮带等。为引起消费者潜在的购买欲望，方便其购买相关商品，可采用连带陈列方式，把具有连带关系的商品进行关联组合，相邻摆放，达到促进销售的目的。关联组合指按使用目的、用途发掘商品间的关联性，形成大、小关联区架，如宠物区、婴儿区、护肤区、清洁区；或面包旁边摆放奶油、蜂蜜；咖啡旁边摆放方糖；盐、味精等调味品旁适当摆放调味糖（红糖）等，刀具旁摆放磨刀石、红酒带起瓶器等。

运用格子式货架布局的门店，相当强调商品之间的关联性。我们常常看到许多关联性商品是按照商品类别来进行陈列的，即在一个中央双面陈列货架的两侧来陈列相关联的商品，而这种陈列法往往是错误的，因为顾客常常是沿货架的陈列方向行走并挑选商品，很少再回头选购商品，所以关联性商品，应陈列在通道的两侧，或陈列在同一通道、同一方向、同一侧面的不同组别的货架上，而不应陈列在同一组双面货架的两侧。

案例

啤酒与开瓶器、玻璃杯、连杯垫

某顾客在某超级市场买了一瓶啤酒，看见旁边有开罐器，就顺带买了一个开罐器，然后记起来过几天要请客，所以再走几步，看到了陈列的精致的玻璃杯，于是又挑选了一组玻璃杯。本来顾客只是为了买一瓶啤酒，结果因为买啤酒，而买了开瓶器，买了玻璃杯，甚至于连杯垫也一起买了。

（二）商品陈列的方法

1. 大量陈列。所谓大量陈列，是指在门店内大面积陈列数量足够多的单一品种或系列商品，或者将这些商品呈规律性陈列，以吸引顾客的目光，同时营造出一种廉价感和热销感，以达到刺激购买的目的。这种陈列方法是有选择、有重点地用适量的商品陈列出较佳的量感效果，能更好地烘托超市的购物氛围，达到促销的目的。实践证明，如果引导得当，顾客最终的购买量可能比正常消费量提高3倍左右。这种陈列法的关键在于，能使顾客在视觉上感到商品很多。

国外一项消费心理调查证明：如果逐渐加大某一种商品在货架上的陈列数量，就会发现在陈列数量未达到一个临界值以前，商品销售的总量并没有明显的变化；而只有陈列数量超过了某个临界值，该商品的销售总量才可能呈现突破性的急剧增长。这一现象就是购买心理学中的“临界爆发理论”。实践证明，有些商品在其他促销条件相同的情况下，仅靠陈列数量大于临界爆发点即可增加销售额几倍甚至几十倍。因此商家必须努力实践，寻找和发现特定商品陈列数量的临界点。

（1）大量陈列法的要点。大量陈列一般适用于食品杂货，以亲切、丰满、价格低廉、易挑选等特征来吸引顾客。一般应用于：低价促销、季节性促销、节庆促销、新品促销等商品。

①选择适宜的商品。最好选择那些顾客习惯于批量购买且认知度较高的商品，以及用途简单、消费价格适中的商品。

②有些类似的商品或相关的商品群，也可以采取在一个展台混合堆放的方式，以引起顾客争相选购的轰动性效果，但这种情况下最好采取均一售价的方式。

③选择超市的差别化商品和具有经营优势的商品进行大量陈列。

④独家经营的特色商品及因供货渠道优势而价格相对便宜的商品，应轮番使用大量陈列方法进行促销。

⑤在采用大量陈列的同时配合价格上的优势。如果属于顾客尚未熟悉的商品，也可以先按照略高的价格进行普通陈列，待顾客对这一价格产生初步认同感后再推出折扣，同时配合大量陈列进行促销。

（2）大量陈列法的种类。

①岛型陈列法。这是最常用的一种大量陈列方法。在主通道附近摆放商品或推车堆放商品，可以起到吸引顾客注意、刺激顾客购买的作用。如果平台的四面都能被顾客看到，可以大量陈列3种商品以吸引来自不同方向顾客的注意。但顾客所面向的主要方向的正面位置，应陈列最重要的商品，同时陈列的数量也应最多。

②落地式陈列法。采用这种陈列方法多适用于带外包装箱的商品。顾客在取货时不会造成商品垮塌，并且取货也比较方便。也可以采用在主通道附近堆叠多层商品的方法，这样在售出部分商品后仍然能够保持足够的量感。具体操作时可将商品的非透明包装箱上部切除（可用斜切方式，一般从上部切除1/3左右）或将包装箱底部切下来，作为托盘式的商品陈列。这种陈列法适用于整箱的饮料、啤酒、调味品等，可以充分显示商品的促销效果。

③货架式陈列法。在通道两侧货架的较大空间上陈列同一种商品，也能起到很好的陈列效果。尤其是使用宽度较大的货架，密密麻麻地排列足量的商品，能给人很强的视觉冲击效果，但是一定要对售出商品进行及时补充，以免产生凌乱的感觉。

提示：（1）价格。陈列时应考虑依照售价高低顺序陈列，将价格较接近的商品陈列在一起。

（2）包装。尽量做垂直陈列，陈列方式为上小下大，上轻下重，上组下箱。垂直陈列时，同一商品应上下排列整齐，才能将商品清楚呈现，使排面美观。

（3）颜色。以颜色区分容易吸引顾客视线，使其停留购买，通常垂直陈列比较能表现出美观。

（4）主题。相同主题的商品可陈列在一起，如礼盒。

2. 展示陈列。展示陈列是卖场为了强调特别推出的商品而采取的陈列方法。这种陈列一般适用于百货类和食品类，虽然陈列成本较高，但能吸引顾客的注视并引起其兴趣，营造门店的气氛。常用的陈列场所有橱窗、店内陈列台、柜台以及端架等。

（1）展示陈列的基本要求。

①明确展示主题，弄清楚要表现什么或要向顾客诉求什么，如新鲜还是营养，时尚还是廉价。

②要求商品陈列的空间结构、灯光照明等有效配合，如正三角形的空间结构给人以宁静、安定的感觉，而倒三角形则给人以动态感、不安定感和紧张感；

③注意表现手法，采用一些独特的展示手法吸引顾客的注意。

（2）展示陈列的表现手法。

①突出陈列，即将商品放在篮子、推车、箱子或突出板（货架底部可自由抽动的活板）内，并陈列在相关商品的旁边销售，主要目的是诱导和招揽顾客。突出陈列应注意以下问题：高度要适宜，既要能引起顾客的注意，又不能太高；商品不宜太多，以免影响顾客正常的动线；不宜在狭窄的通道内陈列，即使比较宽敞的通道，也不要配置占地面积较大的突出陈列的商品，以免影响通道顺畅。

②悬挂陈列，即用一端固定，另一端可以转动的装有挂钩的陈列架，陈列缺乏立体感的商品，一般适用于日用小商品，如剃须刀片、电池、袜子、手套、帽子、小五金工具、头饰等。

想一想

领带适合采取什么样的陈列方法？

③树丛式陈列，即用篮、筐或桶，将商品随意插在里面，陈列于出入口或货架端头处，常用十分低廉的价格以整篮、整筐或整桶出售，使顾客产生实惠感。

④散装或混合陈列，即把商品的原有包装拆下，单一品项或几个品项组合在一起，以岛型陈列出售。其往往是以一个统一的价格出售，这种陈列方式也能使顾客产生实惠感。

案例

某高级女士服饰品橱窗展示陈列

图2－2 某高级女士服饰品橱窗展示

图2－2中是一家高级女士服饰品橱窗展示，整个设计以淡雅为主色调，体现了人们向往轻松惬意的生活。两个模特的重复陈列易抓住过往行人的视线，而并排设立的三根白色柱子更是匠心独运，恰到好处地展示了手袋、拖鞋和丝巾的优良质地，洋溢着生活的气息。

资料来源：根据北京赛特奥特莱斯购物中心营销策略研究的相关网络资料整理。

3. 端头陈列。端头即货架两端，这是销售力极强的位置。端头陈列可以是单一品项，也可以是组合品项，以后者效果为最佳。端头陈列做得好，可以极大刺激顾客的购买冲动。端头陈列不仅可以引导顾客购物，缓解顾客对特价商品的怀疑和抵触感，同时起到控制卖场内顾客流动路线的作用。

（1）端头陈列的商品的分类：①特卖商品，即配合促销活动进行特卖的商品。②大量陈列商品，即按照某一主题进行促销活动，或者为某种新商品的上市而布置的商品。③门店规划商品，即由门店根据实际情况进行规划，设计与促销活动有关的主题销售商品。

（2）端头陈列的主题设计：①季节性陈述；②品种陈述；③用途陈述；④厂家、品牌陈述；⑤价格陈述；⑥特销活动的陈述。

（3）端头陈列的主题模式：①对大型活动进行宣传和介绍；②开展销售；③拟定题目、强调商品；④在展览会上做宣传，突出商品群；⑤以商品组合为中心，将销售条款化、形象化；⑥有力的吸引（降价、特卖等）。

（4）端头陈列的具体方法：①单品大量陈列，体现出量感，给人以物美价廉之感；②纵向分段陈列，每类商品占一纵列以体现色彩的调节作用；③横向分段陈列，在突出某一主力商品时使用；④拍卖式陈列，提供不同类别、价格一致的商品，让顾客随意挑选；⑤平台式陈列，将商品放在平台上，一般为配合某一主题而进行促销；⑥变化式陈列，经常保持商品陈列的变化；⑦侧面陈列，体积较小的商品悬挂在货架侧面，刺激随机购买；⑧关联相配陈列，突出主力推荐的商品，配以相关商品，巧妙搭配，突出平衡性和紧凑性，扩大视觉效果；⑨交叉陈列，错落有致地搭配，给人以新鲜、丰富的感觉。

（5）端头陈列的注意事项：①品项不宜太多，一般以5个为限；②品项之间要有关联性，不可将无关联的商品陈列在同一端架内；③在几个品项的组合中可选择一个品项作为牺牲品，以低廉价格出售，目的是带动其他品项的销售；④端头陈列应不断推陈出新，每个端架陈列时间以3～7天为宜，最长不要超过10天；⑤端头的周围有足够宽敞的通道；⑥尽可能地向消费者明确优惠点。

各部门的端架陈列需要注意不同的方面。例如，食品加工部应注意食谱的提供、调味品的价格以及明确主力品目等方面；而糕点部则要注意场面氛围，表现新鲜感和温馨的气氛；日用品部要注意表现色彩和谐、价格陈述等；杂货部要求注重场面，体现购物便利性等。

相关链接

堆端头陈列的准备工作

1. 准备好商品（如纺织处装上防盗扣、衣架等）层板、挂钩、装饰、价格牌等材料；

2. 原则上关店之后、开店之前才能更换；

3. 必须保证堆端头不缺货，万一缺货，需及时找到替代商品，同时尽快订货，以继续原陈列计划。

堆端头陈列如何搭台？

1. 员工把商品从仓库拉至卖场；

2. 把展台上旧的单品收起来并封箱，同时将新品换上台；

3. 收掉旧的POP，换上新的；

4. 摆放完毕后作适当整理及装饰；

5. 将换下的商品拉回仓库整理。

4. 比较陈列。门店把相同商品按不同规格、不同数量予以分类，然后陈列在一起，这种陈列法叫做比较陈列法。

比较陈列法的主要意图是促使顾客理解门店薄利多销的特点，从而更多地购买商品。例如，一袋饼干2.10元，而旁边陈列的4袋装是7.80元，8袋装是14.80元，这样的比较陈列，就可使顾客形成买得越多就越便宜的认识，从而刺激顾客购买包装量较多的饼干。

值得注意的是，在进行比较陈列的作业时，要多陈列包装量大的该商品，而包装量小的单品应相应地少一些，从而明确为顾客指出购买的方向。一般来说，比较陈列必须事先计划好商品的价格、包装量和商品的投放量，这样才能保证既达到促销的目的，又提高了连锁企业的整体盈利水平。

变化性的陈列方法能打破卖场陈列的单调感，活跃营业现场的气氛。尤其是对不处在主通道上的中央陈列货架更显得重要，因为它能够把顾客吸引进去。变化性的陈列是打动顾客并刺激其购物的利器。连锁超市经营者只有多动脑筋，合理、正确地运用陈列技巧，才能创造出更高的利润。

关于陈列的方法还有很多，如随机陈列法、盘式陈列法、悬挂式陈列法、定位陈列法、关联陈列法等，这里就不一一赘述了。

想一想

哪些商品适合采用比较陈列方式？

拓展阅读

便利店商品的陈列技巧

1. 牛奶、面包、蔬菜、水果、粮油制品等食用商品，因顾客的购买频率较高，销售额和销售量较大，而且也是顾客进行价格比较的重点商品，是价格策略的主要商品，因此要配置在商店卖场的前端。

2. 在收银台通道附近陈列休闲类商品，如：书刊杂志、电池、口香糖等，这些商品随意性较强，往往不在顾客的采购计划中，通过这样的陈列，可以使顾客在等候收银时随手购买，从而增加商店的销售额。

3. 头货架是卖场中顾客接触频率最高的地方，顾客无论进出都要经过端头货架，特别是其中一头又正对着入口，因此这里配置的商品要能够刺激顾客、留住顾客。如：特价商品、促销商品、新产品、换季商品、高利润商品等。

4. 通道货架的商品陈列，要重视商品系列的互补性，实行配套陈列，特别是不同货架通道的转换和食品区通道与百货区通道的转换，要注意商品的延续性。例如，调味品与粮油制品、儿童用品/文具与儿童食品、厨房用品与速食品等。

5. 便利店卖场的最后端的商品陈列，负有诱导顾客走向卖场最里面的责任。一般来讲，用保鲜柜来陈列新鲜食品最为合适，而且要采用倾斜陈列的方式，使顾客的视线能够尽可能多地接触到商品。

二、商品陈列的基本要求

1. 丰满。顾客来到商场最关心的就是商品，所以一进门就会把目光投向柜台货架，这时候，如果柜台货架上商品琳琅满目，非常丰富，他的精神就会为之一振，产生较大热情。无形中他会产生一种下意识：这儿的商品这么多，一定有适合我买的。因而购物信心大增，购物兴趣高涨。相反，如果货架上商品稀稀拉拉，营业大厅空空荡荡，顾客就容易泄气，他会觉得商品这么少，难有啥好货。一旦产生这种心理，便会对解囊消费造成极大阻力。因此，商品陈列的第一条基本要求就是商品摆放要丰满。

2. 展示商品的美。丰满的商品吸引了顾客的目光，他不由自主来到柜台前，这时他最想知道的是什么？最想知道的是“这东西如何”。即商品的质量好不好，外观美不美，适不适合他穿，适不适合他用。因而，聪明的商家这时在商品陈列上总是尽可能充分地展示商品的美，包括内在美与外在美——这就是商品陈列的第二个基本要求。

所谓内在美就是商品质量。众所周知，质量是商品形象的生命线，利用商品陈列展现良好的商品质量，无疑对树立良好的商品形象大有裨益。

案例

某家具经销部与众不同的商品展示

一家家具经销部，所卖的席梦思床垫上特意摆放着一个东西：几排沙发弹簧并列缠绕在一起，弹簧上面依次覆盖着棕、海绵、床垫布等，等于是床垫的“剖切面”。商店是用这个东西向顾客昭示：我的床垫就是用这些材料做成的，真材实料，绝无烂污。这样做使顾客对其质量一目了然，很直观，无形中增强信任感。

所谓展示商品的外在美就是运用多种手段将柜台货架上的商品予以美化，对商品的外在美予以强化，借此激发顾客的购买欲。服装、珠宝及银金饰品类商品在展示外在美方面表现最突出，其陈列效果与销售的关系也最密切。一件高档时装，如果把它很随意地挂在普通衣架上，其高档次就显现不出来，顾客就可能看不上眼。如果把它“穿”在模特身上，用射灯照着，再配以其他衬托、装饰，其高雅的款式、精细的做工就很清楚地呈现在顾客面前，顾客就很容易为之所动。又比如金银饰品，如果把它放在普通铝合金柜台内，灯光暗淡，对顾客购买欲的刺激就会大打折扣。如果把它放在高贵典雅的柜台内、再以高级天鹅绒作商品铺垫，柔和的灯光照着，使金银光华四射，宝石熠熠生辉，这对顾客是一种什么刺激不难想象。

案例

某肉食商场的营销技巧

某肉食商场的熟肉柜，一长溜儿雪白的立式冰柜倚墙而立，柜内分成一个个小格子，格子里分别放着肘子、酱肉等等。透过玻璃看过去，肉的颜色真好，显得十分鲜嫩，令人满口生津。它之所以诱人主要是色泽十分鲜亮，而其色泽并非全是熟肉本身所具有的，很大一部分来自人工营造——在冰柜上方有一排彩色射灯，紫红色灯光直射柜内食品，每个格子里的食品下面都垫着一个橘红色的圆型小垫儿，这一切配之以冰柜那洁白的“大背景”，使柜内食品显得格外诱人。如果此处没有彩色射灯的装扮，缺了那颇具匠心的橘红色小垫子，一块块非紫非红的肉疙瘩放在白煞煞的冰柜里，再用日光灯照着，会是什么效果？如果那些小垫子不是橘红色，而是白色、绿色或者紫色，那又是什么效果？

3. 营造特有气氛。商品陈列的第三个基本要求是通过对商品颇具匠心的组合排列，营造出一种或温馨、或明快、或浪漫的特有气氛，消除顾客与商品的心理距离，使顾客对商品生发出可亲、可近、可爱之感。

柜台内的商品也有语言，通过别具匠心的陈列传达出一种无声的语言，它同样具有调动人的情绪、激发人的感情、催生人的欲望之作用。

想一想

许多消费者购买某种商品是在想象心理支配下采取购买行动的，消费者购买商品时会想象什么？

◆ 案例分析

北京赛特童车的营销技巧

通常情况下，商场出售童车只是将它排列整齐、保持洁净，如此而已。在北京赛特四楼卖童车的地方，除了这种基本面貌外，在营业场地的一角，有一个类似屏风的东西圈出一个小屋，小屋里放着一辆漂亮的童车，童车上拴着五颜六色的风铃、彩条，一个十分逼真、美丽的大布娃娃躺在童车里，手拿奶瓶在吃奶，小屋的墙上贴着一张充满童趣的彩笔画，地上放着玩具狗，玩具熊……置身在这个环境，看着这一切，不由人不生出一缕温馨之情。

问题：北京赛特童车的营销技巧给你什么启发？

【分析提示】

有一个成语叫"爱屋及乌"，比喻爱一个人而连带到跟他有关系的人或物，即"感情连带反应"。购物也存在类似情况，顾客被商品所营造的气氛所打动，产生积极联想，继而连带对商品也有了好感，购买欲望就容易产生。这可以称之为，进行商品陈列时营造特有气氛所要达到的目的及奥秘所在吧。

任务三
生鲜、杂货商品的陈列

任务描述

李子木任店长后，采取多种促销方式，卖场整体的销售量有了很大的提升，但生鲜、杂货等相关品类的商品的销量却提升不大，她开始思考生鲜、杂货商品的陈列中有哪些技巧可以运用，怎样做会刺激顾客的购买欲望。

一、生鲜品陈列技巧

（一）水产品陈列技巧

随着经济的发展，居民收入水平不断提高，水产品由于其自身的富有不饱和脂肪酸的特点，也日益受到消费者的青睐。这类产品已成为超级市场中最具市场潜力的产品之一。

超级市场中的水产品可以分为三大类：新鲜的水产品、冷冻的水产品以及盐干类水产品。新鲜的水产品又可以分为活着的水产品和非活着的水产品。不同类型的水产品其陈列方式各不相同。

1. 鲜活的水产品陈列技巧。活鱼、活虾、活蟹等水产品要以无色的玻璃水箱进行陈列，以满足顾客求新鲜的需要。在日常生活中，水中游弋的鱼虾常常备受消费者的喜爱，它们的价格明显高于非活着的水产品。

2. 新鲜的非活着的水产品陈列技巧。新鲜的非活着的水产品是指出水时间较短，新鲜度比较高的水产品。这种水产品一般用白色托盘或平面木板进行陈列。陈列时在水产品的周围撒上一些碎冰，以确保其质量和新鲜度；摆放时整鱼鱼头朝里，鱼肚向下，碎冰覆盖的部分不应超过鱼身长的1/2；不求整齐划一，但要有序；给人一种鱼在微动的感觉，以突出鱼的新鲜感。

3. 段、块、片鱼陈列技巧。一些形体较大的鱼无法以整鱼的形式来陈列，则可分段、块、片来陈列，以符合消费者一餐的消费量。如1999年春节，北京有家超级市场出售小型鳖鱼，就采取了这种陈列方法。对这种鱼，应该用白色深底托盘来陈列，盘底铺上3～5厘米厚的碎冰，冰上摆鱼，顶层鱼段少，底层鱼段多，要有一定的层次感，以体现其品质的优良。

4. 冷冻水产品陈列技巧。冷冻水产品食用时需要解冻，一般被陈列在冷柜中。产品的外包装应该留有窗口，或者用透明的塑料纸包装，使消费者能够透过包装清楚地看到产品实体。冷柜一般应是敞口的，并连续制冷，以确保冷柜内必要的温度水平。

5. 盐干类水产品陈列技巧。盐干类水产品用食盐腌制过，短期不会变质。例如盐干贝类、壳类等。这类水产品应使用平台陈列，以突出其新鲜感。由于地域的差异，我国北方许多消费者不习惯食用贝壳类水产品，因此超级市场应提供调味佐料，提供烹饪食谱，必要时还可以提供烹饪好的食物照片，以增加产品的销售。

（二）蔬菜、果品陈列技巧

蔬菜、果品简称为蔬果，蔬果部门是卖场中最重要的、最吸引顾客的部门，关系到门店经营是否成功。通常，蔬果部门的营业额约占超市整体营业额的8%～20%，蔬果品种一般在50～100种之间，并随着季节而变化，顾客可从中挑选购买自己所喜欢的品种。蔬果质量关系到消费者的身体健康，所以蔬果在陈列前必须经过以下程序：冲洗——分类——分级——修剪——包装——商品化，并区分为可常温保存的蔬果、需立即冷藏的蔬果、需特殊处理的蔬果3类，以确定储藏与陈列方式。蔬果的基本陈列方式主要有排列、置放、堆积、交叠、装饰5种。

1. 排列法。将商品有规则地组合在一起称为排列。排列法是指将蔬果有顺序地并排放置在一起，重点是将边面和前面排列整齐，蔬果的根茎分别对齐，使其根齐叶顺，给人留下美观的印象。

2. 置放法。置放是指将商品散开放置在箱子或笼子等容器中，容器一般是敞口的。由于容器4个侧面和底部有隔板，商品不会散落或杂乱，但要注意将上面一层的商品摆放整齐。

3. 堆积法。堆积是将商品由下往上顺序堆砌，底层的商品数量较多，顶层的商品数量较少。堆积法既稳妥又有立体感，以体现出商品纯正的自然色。堆积时，要注意前面和边面要保持一定的幅度。

4. 交叠法。交叠是指将大小不一、形状各异的商品进行交错排列或将这些商品放入包装过的袋子里组合起来。交叠的目的是为了美观，使商品看起来整齐一些。

5. 装饰法。装饰是指将一些商品放在另一些商品上，起到陪衬的作用。装饰的情形有两种：装饰的商品身兼销售与装饰的双重作用；装饰的商品仅起装饰作用，真正要销售的商品则摆放在别处。装饰的目的就是产生良好的视觉效果，商品显得更为新鲜、更为整齐，以达到促销的作用。例如，用荷兰芹或叶子镶嵌在商品的缝隙中，用假枝装饰水果，用小树枝装饰蒸枝等。

相关链接

蔬果类商品陈列的基本要求

1. 整齐、美观、大方，货架在销售高峰时要保持丰满；
2. 标价签、价格牌的内容时刻与商品保持一一对应；
3. 同种商品尽量避免多处陈列，只有在做特价促销时才能多处陈列，并必须保证与标价签、价格牌一一对应；
4. 同一大类商品必须归类、相邻陈列，进行颜色搭配；
5. 特价促销商品必须有 POP、特价标识，位置突出、堆头陈列、试吃；
6. 破损、变质、腐烂、过期的商品必须及时撤离货架；
7. 在人流较少时可以减少商品的陈列面与陈列量；
8. 高档易损耗且销量不大的商品可采取“假底”陈列；
9. 打包商品要求保鲜碟规格统一，标价签统一贴于保鲜碟横向右上角处；
10. 必须严格遵循“先进先出原则”。

拓展阅读

蔬果类商品销售的特征

蔬果在整个生鲜部是一个极其重要的部门，蔬果部所经营的蔬菜、水果、五谷杂粮，都是人们每日必须购买的食品，因此蔬果的质量和价格成为生鲜部门商品的质量价格最敏感的温度计。商业上有句名言：蔬果带动肉类、海鲜，肉类、海鲜带动面包和熟食。可见蔬果部门在整个生鲜部的龙头作用和形象作用。

蔬果部门的主要营运目标是以高质量、低价位的商品吸引客流、带动消费，创造高的营业额。围绕这一目标，蔬果的营运风格是“短、平、快”。

“短”即是周转周期短，周转得越快，商品就越新鲜。

“平”就是价格低廉，并经常有轰动性的低价出现，极大地刺激销售，强烈地建立平价形象。如山竹原价22.80元/斤，一下子降到13.80元/斤，其轰动的效果是从每天40公斤的销量，激增到每天600公斤。

“快”就是反应要迅速，订货随季节、天气、进价而变化，商品质量发生变化，处理的措施要快速，蔬果的生命周期短，等待的结局只能是损耗。蔬果部门营运要关注的环节很多，营运的重点有三，即鲜度质量管理、库存周转、价格竞争，突出重点的细致管理，对提高业绩、减少损耗、维持高水平的质量是重中之重。

（三）肉类生鲜品陈列技巧

据调查，一般消费者在超市购买肉类生鲜品的比例为14.5%，超市的生鲜品（包括猪肉、牛肉、羊肉、便餐肉、熏肉、家禽肉及其他肉食品等）的销量呈现与日俱增之势。

由于肉类食品的人工附加值和包装材料成本占了60%，所以必须提高效率，门店应对其处理作业及管理给予高度重视。

1. 温度管理。适当的温度有利于肉类食品的维护与处理，而且可以减少损耗，延长肉类食品的销售时间。通常在适当温度管理与控制下，能使肉类食品耗损平均降低5%左右。

①冷藏库的温度最好控制在-5℃~-1℃之间；

②切割处理区与肉品包装区的温度最好在15℃左右；

③陈列柜（冷藏柜）的温度应维持在3℃左右；

④熏肉、加工肉食品区则以1℃~2℃为宜；

⑤经过-3℃冷冻的肉品，不适宜用保鲜膜包装。

2. 肉品陈列应注意的其他事项。

①要保持每一商品的最低陈列量并整理排面，使之整齐；

②经常检查陈列的商品，如有不良的商品应剔出。检查项目有肉品是否发生质变、包装是否完整、标示是否完整明确、肉色是否有变化、肉汁（血水〕是否渗出；

③冷藏肉品的单品应避免重叠而影响冷气对流及挤压造成的变形；

④陈列面不要超越装载线，以免堵塞通风而影响了展示柜的冷气对流；

⑤商品标示要面向顾客，使顾客容易了解商品的包装日期、单价、总量及净重；

⑥不同单品要以分隔板间隔，以明确种类；

⑦牛肉、羊肉、鸡肉、鸭肉等肉品要划分单独陈列区域，关联产品要陈列在一起。

一般来说，体积大且重的商品要置于下层，以使顾客易选、易拿、易看，并依家禽肉、猪肉、羊肉等大类来陈列。

二、杂货陈列技巧

广义的杂货范围界定极为广泛，包括一般食品、糖果、饼干，日用消耗品、衣料、五金、文具、玩具等等，凡是不需以冷藏系统来陈列贩卖的规格成品皆属于杂货的范围。

（一）粮调干杂陈列技巧

1. 粮食。先按分类即米、面、挂面、杂粮顺序陈列，米、面再按照规格（5 公斤、10 公斤等），特殊面粉需要将饺子粉和自发粉分别按规格陈列。挂面再按照口味将鸡蛋面、蔬菜面、杂粮面等陈列，小规格在上，大规格在下。杂粮再按照豆类和其他杂粮分别陈列。米、面地台陈列遵循货架粮食陈列的原则。

2. 干杂货。干杂货首先按商品分类顺序陈列，即：香菇、木耳、银耳、腐竹、粉丝、炖品补货及海干货。在炖品补货中再按照红枣、桂圆、枸杞、百合、莲子分类陈列，海干货再分为虾皮、虾干、紫菜、海带。在每类商品中品牌相对集中陈列，小规格在上，大规格在下。如有盒装商品则按照上盒下袋原则陈列。

3. 烹调油。先按规格 4 升以下和 4 升以上分别陈列，再按油的种类即豆油、菜籽油、调和油、其他植物油、葵花籽油、花生油和橄榄油的顺序陈列。在每类油种的陈列中品牌相对集中陈列，烹调油选择重型货架陈列。

4. 速食面。在袋装方便面的陈列中，先将连包和单包分开陈列。在连包陈列中再按照品牌集中陈列的原则，每个品牌中再按照口味顺序：牛肉、海鲜、鸡肉及其他口味陈列。在杯碗装方便面的陈列中，先将方便面和其他速食面分开陈列。在杯碗方便面中按照品牌集中陈列的原则，每个品牌中再按照口味顺序：牛肉、海鲜、鸡肉及其他口味陈列，小规格在上，大规格在下。其他速食面按照方便粉丝、速食粥、速食饭及其他的顺序陈列，同样每类商品中品牌相对集中陈列。

5. 调味料。调味料按分类即：盐、糖、调理粉、味精、鸡精/粉、瓶装调味料、烹饪调料、调味干货及汤料的顺序陈列。各店可按照货架资源对每类商品陈列顺序做微调，尽量不要拆类陈列。在每类商品中可按照品牌集中陈列，小规格在上，大规格在下。

6. 酱油、醋。酱油、醋分别按照包装即：袋装、瓶装和桶装顺序陈列，袋装商品陈列在货架下两层，瓶装商品及桶装商品再按照普通酱油、生抽、老抽及功能酱油陈列，醋按照陈醋、米醋、香醋、熏醋、保健醋、白醋、饺子醋及调味醋顺序陈列。同类商品中可按照品牌集中陈列。

7. 调味酱/汁。先将调味酱/汁分别陈列，调味汁再按照调味酒、调味油（香油、花椒油、芥末油和虾油）及其他调味汁（鲍鱼汁、蚝油汁、卤水汁）陈列。调味酱按照麻酱、面酱/黄酱、辣酱、火锅调味酱、其他调味酱、色拉酱及沙司/番茄酱顺序陈列。瓶装在上，袋装在下，同类商品中可按照品牌集中陈列。

8. 酱菜豆腐乳。酱菜按照包装即瓶装和袋装分别陈列，瓶装在上，袋装在下。榨菜集中陈列，其他什锦酱菜可集中陈列。腐乳按照红腐乳、辣腐乳、白腐乳及臭腐乳分别陈列。

9. 罐头食品。罐头先按照分类：水果罐头、蔬菜罐头、水产罐头、肉罐头及甜豆罐头分别陈列，在每类罐头中再按照不同口味分别陈列，同类同口味商品中可按照品牌集中陈列，小规格在上，大规格在下。

10. 宠物食品/用品。宠物食品与宠物用品集中陈列，在宠物食品中按照狗粮、猫粮及其他宠物食品陈列，小规格在上，大规格在下。宠物用品按清洁用品、护理用品、饰物及笼舍分别陈列。

拓展阅读

商场超市杂货商品的特性

1. 生鲜食品的辅助部门。生鲜食品是家庭每天都必须食用的商品，所以超市增列生鲜食品专柜可使顾客购物的频率增加，同时主妇在购买生鲜食品时，也会因烹饪所需而考虑添购一些调味品或杂货商品，因此，超市若只陈列生鲜食品，必定无法满足顾客的需求，唯有改采以生鲜食品为主题，杂货商品为辅助的经营方式，才能够相得益彰。

2. 贩卖成本较低。杂货商品大部分属规格品，不需再经过加工，商品一到店铺，只要陈列上架即可贩卖，不需要太多的人力成本，也不需要使用冷藏柜予以保鲜，可省去电费及冷藏柜的投资，故杂货商品的贩卖成本较低。

3. 回转较慢、管理上特别重视库存。一般消费者耗用杂货商品的速度较慢，相对的回转性也较慢，所以库存管理显得特别重要。一般来说，一定要控制在标准以内，以免造成管理损失及库存成本的负担。超市经营中如果忽略了这一点，即使平日生意虽然不错，也可能因库存大得惊人，导致经营绩效不彰。

4. 毛利率较低。杂货商品大部分属规格品，甲超市和乙超市贩卖的商品差别并不太大，唯一的差别即是价格，而价格差距乃源于竞争的结果，在价格越杀越低，连供货厂商也无法配合下，超市只好自行吸收差价，而使毛利越变越低，故超市若能开发或引进独有商品，就比较能够使利润维持在水准之上。

（二）饮料酒水陈列技巧

1. 碳酸饮料。碳酸饮料先按口味，即可乐味、柠檬味、橙味及其他口味分别陈列，在每个口味中品牌相对集中陈列，即上层为听装，中间为小塑，下层为大塑，最底层为整箱陈列。

2. 果汁。首先按果汁含量30%以下的为果汁饮料，含量在30%以上的为高浓度果汁饮料分别陈列，再按照橙汁、苹果汁、桃汁、山楂汁、葡萄汁及其他口味果汁陈列。同类同口味商品品牌集中陈列，小规格在上，大规格在下。最下层可整箱陈列。

3. 咖啡、乳饮料。该类商品按照液体咖啡、乳饮料、奶茶及植物蛋白饮料分别陈列，同类商品品牌集中陈列，听装及利乐装在上，瓶装在下。最下层可整箱陈列。

4. 功能性饮料。按照醋饮料、健康饮料及运动饮料三类分别陈列，同类商品品牌集中陈列，听装在上，瓶装在下，小规格在上，大规格在下。最下层可整箱陈列。

5. 茶饮料。茶饮料按口味分为红茶、绿茶及其他口味茶三类陈列，同口味商品品牌集中陈列，小规格（或利乐装）在上，大规格在下。最下层可整箱陈列。

6. 水。该类商品先按品牌集中陈列，小规格在上，大规格在下。最下两层可整箱陈列（适季节调整）。

7. 啤酒。先将国产啤酒和进口啤酒分开陈列，再分别按照听装、瓶装及桶装陈列，小规格在上，大规格在下，相同包装商品品牌集中陈列（最下层可整箱陈列）。

8. 果酒。将果酒分为国产果酒、国产气泡酒及国产果酒礼盒三类陈列，再将国产果酒按照国产干红葡萄酒、国产桃红葡萄酒、国产普通葡萄酒、国产干白葡萄酒及其他国产果酒顺序陈列。同类商品品牌相对集中陈列，小规格在上，大规格在下（部分畅销商品可在最下层整箱陈列）。

9. 烈酒。烈酒按照包装分，即：普通国产烈酒和国产烈酒礼盒分别陈列，在普通国产烈酒中再按照米酒、药用补酒、简装国产烈酒和精装国产烈酒陈列，同类酒品牌要集中陈列，价格由上到下，由左到右，由低到高的顺序陈列（国产名酒在精品柜中陈列）。

10. 进口酒。进口酒基本陈列在烟酒精品柜内，如果精品柜面积不足，可安排在精品柜对面货架陈列，陈列顺序主要按照分类：进口烈酒、进口果酒、进口气泡酒及进口酒礼盒来陈列，在每类商品中再按照价格由低到高的顺序陈列。

11. 香烟。先按国产烟和进口烟分别陈列，后按产地再按照价格按从低到高的次序陈列，有单盒售卖的商店，单盒在上，整条在下（所有香烟都在精品柜台陈列，国产名酒陈列在精品柜后背柜，并按品牌集中陈列）。

12. 保健营养品。保健品按类别分为：一般性滋补品、功能性保健品、OTC 药品、糖尿病人食品专柜四类，再按商品品牌集中陈列（称重营养品要有展柜陈列，建议有厂家的促销人员管理）。所有无糖食品可集中陈列到此区域。

（三）日配冷冻冷藏陈列技巧

1. 酸乳。酸乳在陈列时首先按照包装不同，将陈列较整齐的包装放在风幕柜客流方向首位即：上层 8 连杯，下层桶装或多袋大包装，后面上层再陈列四杯装、两杯装、单杯装，下层陈列单袋或单瓶装。在相同包装陈列时按照品牌做集中陈列。最后是屋形奶的陈列，相同包装小规格在上，大规格在下。如果风幕柜面积足够充裕，可将乳酸饮料陈列在风幕柜中，并按照排奶、瓶装奶、利乐砖奶的顺序陈列，同种包装要按照品牌集中陈列。

2. 鲜牛羊奶。鲜牛羊奶首先按照包装即百利包、利乐枕、利乐砖的顺序陈列，相同包装品牌集中陈列。无论是在风幕柜还是在正常货架陈列，百利包和利乐枕都要放在亚克力盒内。同时为方便顾客整箱购买在货架最下层对应有整箱商品陈列。

3. 奶制品及鲜果汁。该类商品档次高，陈列整齐美观，可安排在风幕柜客流方向的第一位置，按照奶酪、奶油、黄油、果泥、鲜果汁、龟苓膏的顺序陈列，同类商品品牌集中陈列，小规格在上，大规格在下（由于此类商品销量低，应尽量降低库存，为陈列展示丰满，建议风幕柜上四层采用梯形架）。

4. 中式快餐火腿肠。中式快餐火腿肠按照禽类、畜产类、水产类分别陈列，相同口味品牌集中陈列，小规格在上，大规格在下（如果风幕柜面积小可在正常货架上陈列）。对于特殊地区门店，可将清真产品集中陈列，并用鸡肉肠将清真产品同猪肉产品分开陈列。

5. 火腿/西式香肠。首先将低温火腿与西式肠分别陈列，低温火腿按照包装即：圆棒装火腿、方火腿、片装火腿、其他包装火腿的顺序陈列，相同包装品牌集中陈列，小规格在上，大规格在下。所有香肠顺向陈列在风幕柜最下层，规格由小到大。所有西式肠按照包装集中陈列（日配商品可每天送货，所以尽量降低库存，但为展示陈列丰满，建议风幕柜上四层采用梯形架）。

6. 加工制品及酱菜。此类商品多为彩袋不规则包装商品，陈列时按照禽类、畜产类、海产品及其他（包括即食海蜇丝、海带丝及一些需低温储存的酱菜等）、冷藏面食、豆制品顺序陈列，同类商品品牌集中陈列，小规格在上，大规格在下。

7. 茶。该类商品按照茶包、保健茶、传统茶及茶礼盒的顺序陈列，在茶包和传统茶的陈列中按照红茶、绿茶、花茶、其他口味茶陈列。小规格在上，大规格在下。

8. 咖啡及伴侣。按照咖啡、冰咖啡、咖啡豆、咖啡伴侣、方糖和礼盒顺序陈列。每类咖啡将瓶装和盒装分别陈列，在瓶装和盒装商品中按照品牌集中陈列，小规格在上，大规格在下。

9. 成人奶粉。成人奶粉分为速溶奶粉和孕妇奶粉两类陈列，每类商品可按照品牌集中陈列，听装在上，袋装在下。

10. 婴幼儿食品。按照婴儿食品（果泥、果汁）、婴儿米菜粉、婴儿奶粉及儿童奶粉顺序陈列。婴儿奶粉按照一段、二段、三段陈列每个阶段奶粉，再按照销量排名顺序，听装在上，袋装在下。

11. 佐餐酱汁。该类商品分为果酱、其他早餐酱及蜂蜜三类陈列。在果酱中按品牌及销量顺序陈列。其他早餐酱可分为巧克力酱，花生酱及炼乳分别陈列。蜂蜜可分为成人蜂蜜、儿童蜜及秋梨膏陈列。同品类再按照品牌集中陈列。

12. 冲调粥粉。先按麦片粥粉、即溶饮品及葡萄糖等分类陈列。再按照子类即：麦片、芝麻糊、豆奶粉、藕粉、羹类、核桃粉、其他及礼盒分别陈列，即溶饮品按照果味、巧克力、奶茶、冰茶等分别陈列，同类商品品牌集中陈列。

13. 饼干。将知名品牌的饼干按照品牌销量顺序陈列，品牌内再分为薄片饼干、夹心饼干、曲奇饼干等分别陈列，单包装在上，连包在下。后面再陈列杂牌饼干、儿童饼干及家庭装盒饼干。

14. 派、糕点及礼盒。先按类别分为派、糕点、蛋酥卷及礼盒类陈列。在派的陈列方式中再按照不同包装即：盒装派、袋装派及蛋糕类分别陈列。盒装派再按照不同口味即：巧克力派、蛋黄派及其他派分别陈列，小规格在上，大规格在下（2P、6P、12P），同口味商品品牌相对集中陈列。其他品类则按照规格从上到下、从小到大分别陈列。

15. 冷冻水产品。先按鱼、虾、蟹、丸类、什锦及礼盒类分别陈列，然后再按照不同种类例如鱼类即带鱼、平鱼、黄鱼、比目鱼等不同种类鱼分别陈列。同类商品小规格在前，大规格在后。

16. 冷冻肉类。先按猪肉、牛肉、羊肉、鸡系列分别陈列。鸡系列再按照整鸡、鸡胸、鸡翅、鸡腿等分别陈列。

17. 速冻食品。先按照微波食品（汉堡等）、煎炸食品（春卷等）、蒸煮食品（粽子等）及蔬果食品（薯条、南瓜饼、豆类、糯米枣、玉米粒等）分别陈列，同类同规格不同口味商品品牌相对集中陈列（肉串包括孜然、椒盐、麻辣，在春卷里有豆沙、枣泥等口味）。

18. 速冻面点。在速冻面点类中按照不带馅面点和带馅面点类分别陈列，不带馅面点再按照口味即原味（花卷、馒头等）和加味面点（奶馒头、鸡蛋馒头等）分别陈列。带馅面点按照口味即甜味（豆沙、枣泥馅等）和咸味面点（包子等）分别陈列。

19. 速冻水煮面食。在速冻水煮面食类中按照水饺、云吞、汤圆等类别分别陈列，同类商品如水饺再按照口味即肉三鲜、肉菜、素馅及其他肉馅等分别陈列。同类同规格不同口味商品品牌相对集中陈列（水饺指白菜、芹菜、韭菜等口味，汤圆有芝麻、巧克力等口味）。

20. 冰品。冰品按冰淇淋和水冰两类分开陈列。在冰淇淋类中按照包装即：家庭多只装(袋)、家庭盒装、即食碗装和单只装陈列。水冰同样按此陈列。相同类别相同规格不同口味商品品牌集中陈列。

21. 进口食品。进口食品按类别集中陈列即：进口副食调料类、进口早餐小食品类、进口饮料类，小规格在上，大规格在下，相同类别相同规格品牌集中陈列。

相关链接

蜜饯、炒货、零食类陈列技巧

1. 罐装与袋装分开，再按小分类、价格带陈列；

2. 蜜饯陈列顺序：梅→果脯→山楂制品水果干→枣类→其他→罐装蜜饯；

3. 炒货陈列顺序：腰果、杏仁（无核坚果）—开心果—核桃—其他坚果（有核坚果）—花生—豆类—西瓜子—小粒瓜子—白瓜子—香瓜子。炒货先按小分类陈列，再按品牌陈列。例如，瓜子按品牌顺序：洽洽→阿里山→天喔→其他品牌。肉干陈列顺序：牛肉干→猪肉干→其他肉干类→豆干→禽类→水产加工品等。

（四）日杂洗化陈列技巧

1. 洗发用品。洗发用品分为两部分陈列：普通洗发水，功能性洗发水。在每一部分里，品牌集中陈列（洗发水和护发素陈列在一起），小规格在上，大规格在下。沿客流方向，知名品牌在先，小品牌在后。

2. 美发用品。分四部分陈列：摩丝，营养水，焗油，染发。在每一部分里，品牌集中陈列；在每一品牌里，小规格在上，大规格在下。

3. 口腔护理用品. 沿客流方向先牙刷，后牙膏陈列。牙膏和牙刷之间加特殊属具陈列电动牙刷和美齿商品及儿童口腔护理用品。在每一部分里，品牌集中陈列。牙膏货值高的放在货架上方，货值低的放在货架下方。牙刷单只装在上，多只装在下。

口腔护理用品分为成人牙刷、儿童口腔护理用品、成人牙膏三部分。在每一部分里，品牌集中陈列。牙刷单只装在上，多只装在下。在儿童口腔护理用品中，儿童牙刷陈列在上，儿童牙膏陈列在下。牙膏在同一品牌里，货值高的放在货架上方，货值低的放在货架下方。

4. 香皂。分为普通香皂、功能性香皂、洗手液三部分陈列。在每一部分里，品牌集中陈列。小规格放在货架上方，大规格放在货架下方。沿客流方向，知名品牌在先，小品牌在后。

5. 浴液。分为成人沐浴露和洗液两部分陈列。如果货架资源丰富，强生婴儿沐浴露可做重复陈列。季节性花露水和香体露也陈列在此区域里。在每一部分里，品牌集中陈列。沿客流方向，知名品牌在先，小品牌在后。小规格放在货架上方，大规格放在货架下方。

6. 洁面用品。分为洗面奶和面膜两部分陈列。如果货架资源丰富，品牌洗面奶可以和品牌护肤品做重复陈列。在每一部分里，品牌集中陈列。小规格放在货架上方，大规格放在货架下方。沿客流方向，知名品牌在先，小品牌在后。

7. 婴儿护肤品。按品牌集中陈列，在每个品牌里，护肤品放在货架的上端，发水和沐浴露放在货架的下端。

任务四
商品陈列的维护

任务描述

李子木在某零售店工作一段时间，由于他的努力和别致的设计，卖场的销售业绩有了大幅度的提升，但是，细心的他发现卖场货架上的商品陈列不够美观，有的损耗严重。于是李子木开始思考：商品陈列的维护有哪些技巧呢？

一、商品陈列维护重点

（一）缺货控制

门店应注意缺货的控制。门店店长在这方面还要加强对员工的专业培训，增加对商品陈列维护的认识，让他们真正了解实施商品陈列维护的重要性。

（二）排面量的控制

使畅销商品更醒目地呈现在顾客面前，并能保证畅销品不缺货，有效地避免畅销商品不断缺货、不断补货的弊病，而滞销品又能有效控制库存，充分利用货架，提高“坪效”（即每平方米货架创造的效益），为门店创造更高的利润。

（三）陈列道具控制

商品陈列的优劣决定着顾客对门店的第一印象，卖场的整体看上去整齐、美观是卖场陈列的基本要求。

（四）POP 广告招贴控制

顾客主要从陈列的商品上获得信息，除了陈列的高度、位置和排列之外，广告牌、POP 等提供的信息也非常重要，它往往给予顾客非常直接的感受。

（五）销售时段控制

销售时段的控制，即密切注意商品的销售动态，把握好商品补货的时间或商品的促销时间。

二、商品陈列维护作业

（一）排面维护检查作业

1. 按排面维护检查表定期进行排面维护检查整理，确保商品陈列位置不被移除或移位。排面商品陈列位置未经店长同意不得擅自调整。

2. 检查时注意商品是否依大中小分类、价格带垂直陈列。

3. 制订培训计划，加强员工与驻场人员的陈列管理培训。

（二）排面补货作业

1. 按时段依排面补货检查表进行补货检查。

2. 确定检查时间。

3. 补货作业。在进行补货作业应注意以下事项：

（1）主管人员按检查表安排补货人员，员工补完货后在检查表上签字确认；主管人员在补货后检查补货执行情况；

（2）确定排面补货时间；

（3）高空补货操作应由两人以上进行，利用补货车登高时需系安全带；

（4）端架、促销区需随时补货、随时整理。

4. 缺货商品请用暂时缺货卡，以利订货和库存管理。

5. 库存量不足之品项须及时补单。

6. 主管每日检查各科补货情况，并于检查表上签字，以督导各部门按时检查，及时补货。

7. 排面补货检查表交物流管理部门保存一个月，隔月销毁上个月的资料。

（三）陈列维护作业

1. 门面。

（1）招牌保持干净、完整，晚上打亮，定时进行清洁；

（2）有户外灯箱的，应日夜打亮，每天保持洁净；

（3）门口促销 POP 挂牌保持对称、整齐，关店后取下；

（4）门口地板胶垫保持位置端正，有损坏应立即更新。

2. 橱窗。

（1）玻璃必须每天清洁并保持干净，不可有灰尘、污渍；

（2）不可有杂物堆放；

（3）挂画或道具必须保持原样，有损坏应立即修补或撤换；

（4）灯光日夜不可熄灭，光线必须照向画面及样品；

（5）展示的货品必须及时整理，把产品最好的一面展现给消费者。

3. 店堂。

（1）样品要保持干净，根据店堂所处位置、灰尘的多少、人流量的大小，每天清洁 1

次或2次；

（2）货品，挂件按陈列标准数量放置，颜色顺序从外到里、由浅到深放置，做到色调整齐、统一，搭配合理，衣架方向统一；

（3）销售过程中应尽量把样品卖出，然后立即补上；

（4）销售当中，被顾客弄乱的陈列品、促销品、宣传页，必须立即恢复原状，保持店堂形象；

（5）污渍货品或是次品，不可置于卖场内，若有小毛病，如油漆缺陷等，在修复后方可在卖场展示；

（6）所有货品必须价目牌整齐、价格准确，海报陈列必须干净、整齐，发现破损、缺漏应立即补换。

4. 收银台。

（1）收银用品物料必须摆设整齐；

（2）非常用物品置于收银台下方，台面上禁止乱放杂物；

（3）收银台每天开铺前打扫干净，台面须保持无灰尘。

5. 店堂整体卫生的维护。

（1）每位员工都有责任随时拣起地上的垃圾，保持销售过程中地面的干净；

（2）灰尘和污垢要及时擦洗干净；

（3）垃圾桶须保持干净，及时更换垃圾袋；

（4）要及时抹去镜、钢架及玻璃上的污迹。

店铺的陈列第一要求是整齐干净。需要所有店铺人员的共同维护，店长应注意培养并提高每位店员的陈列意识、随时随地维护好店堂陈列的外观形象，保持整齐干净。领班应在每天早会时强调陈列的维护工作，从而让每位同事养成良好习惯。

拓展阅读

消费者对商店环境的期望

经过研究发现，消费者对商店环境的期望主要有9个方面：

1. 舒适，比如试衣间、商品布局、噪音、温度等；
2. 人的类型和数量，指顾客类型和数量以及售货员的充足程度；
3. 礼貌友好的售货员；
4. 被有明显标志的售货员认识；
5. 宽敞的环境；
6. 不使人烦躁的环境、灯光、气味、音乐等；
7. 最低限度要求的环境，指背景色彩明亮，主题色为白色等；
8. 固定装置和陈列；
9. 售货员在商品方面向顾客建议的水平。

三、商品陈列维护的检查与注意事项

（一）商品陈列维护检查事项

1. 是否按商品配置标准来陈列？
2. 商品陈列是否随季节、节庆等的变化而随时更换？
3. 是否将陈列商品的使用方法一同展示出来？
4. 是否注意到商品的关联性？
5. 陈列商品是否整齐有条理？
6. 商品的形状、色彩与灯光照明是否有效的组合？
7. 陈列架上的商品是否太满（太少）？
8. 商品是否以一定的形态正确地排列？
9. 商品是否摆放端正，能让顾客看得很清楚？
10. 商品的价格标签是否完整、符合要求？
11. 陈列的商品是否便于顾客选购？
12. 陈列的商品是否有容易接近的感觉？
13. 陈列的方式是否能突出丰富感及商品的特色？
14. 注意商品是否有尘土？
15. 是否能显示出商店所经营的主要商品？
16. 促销商品能否吸引顾客的兴趣？
17. 商品陈列的位置是否在店员视线所及的范围之内？
18. 货架上的商品出售以后，补货是否方便？
19. 是否有效地利用墙壁和柱子来陈列商品？
20. 商品的广告海报是否已经破旧？
21. 各部门陈列的商品，其指示标志是否明显？
22. 引导顾客的标志是否显见易懂？
23. 陈列设备是否与商品相称？
24. 陈列设备是否安全可靠？
25. 破旧的陈列设备是否仍然在使用？
26. 员工对陈列设备的使用方法是否已详细了解？

（二）商品陈列维护的注意事项

1. 价格标示要清楚。新品的价格标签必须标示在醒目的位置，因为顾客并不了解此种商品的价格，同时数字书写的大小多少也会影响顾客的吸引力。

2. 商品陈列应确保安全。商品陈列在于帮助销售而不是特技表演，做整箱展示时，既要考虑适当高度以保持吸引力，更要考虑其稳固性。整箱展示时，应把打开的箱子摆放在一个平稳的位置上，更换空箱从最上层开始以确保安全。

3. 要注意陈列的方便性。尽量便于顾客拿取，不要让海报和商品被其他东西遮挡、掩盖或压住，不要为了陈列美观忽视客人购买的方便性，毕竟陈列的目的就是为了销售，所以，客人拿取方便是最基本的陈列要求。

4. 要照顾顾客的情感。不要将类别差异化较大的产品堆放在一起，比如说不要将卫生护理用品和食品放在一起，以免引起顾客的反感。

◆ 案例分析

商品陈列检验与评估的内容

为了确保陈列有效，应对产品陈列情况进行检验与评估，以保证商品时刻保持良好的陈列状态。商品陈列检验与评估应考虑以下因素：

1. 陈列位置是否位于热卖点？
2. 该陈列是否在此店中占有优势？
3. 陈列位置的大小、规模是否合适？
4. 是否有清楚、简单的销售信息？
5. 价格折扣是否突出、醒目并便于阅读？
6. 产品是否便于拿取？
7. 陈列是否稳固？
8. 是否便于迅速补货？
9. 陈列的产品是否干净、整洁？
10. 零售商是否同意在一定的时期内保持陈列？
11. 是否妥善运用了陈列辅助器材？

问题：

1. 商品陈列的维护应该从哪些方面着手？
2. 作为一名超市理货员，系统思考和阐述如何进行商品陈列的维护工作，以使商品陈列达到其应有的效果？

【分析提示】

卖场商品陈列的维护重点应从缺货控制、排面量的控制、陈列道具控制、POP 广告招贴控制、销售时段控制等五个方面入手进行。商品陈列的维护是一项系统的工作，需要从排面维护检查、排面补货、具体的陈列维护作业等角度考虑进行陈列维护，方能使商品陈列达到应有的陈列效果。

思考与训练

一、不定项选择题

1. 大量陈列法包括（　　）。

A. 岛型陈列　　　　B. 落地式陈列

C. 货架式陈列　　D. 展示陈列

2. 端头陈列的商品可分为（　　）。

A. 特卖商品　　B. 大量陈列商品

C. 选购品　　D. 店铺规划商品

3. 超市商品配置过程中，商品、季节性强的商品一般配置在（　　）。

A. 第一磁石点　　B. 第二磁石点

C. 第三磁石点　　D. 第四磁石点

4. 如果超市货架的长度为200米，蔬菜、水果的销售额为总销售额的8%，体积为平均体积的70%，则蔬菜、水果所占的空间应为（　　）米。

A. 8.00　　B. 11.20

C. 14.20　　D. 16.00

5. 小型平板货架（高度为1.6米左右）一般适用于（　　）。

A. 便利店　　B. 大型综合超市

C. 仓储式商场　　D. 传统食品超市

6. 某超市一种水杯的平均日销售量为16个，则该商品的陈列量应为（　　）个。

A. 16　　B. 20

C. 24　　D. 32

二、简答题

1. 怎样制作商品配置表？连锁超市如何使用商品配置表？
2. 商品陈列的基本原则有哪些？
3. 超市商品陈列的技巧有哪些？

三、案例分析题

案例一：变化的陈列——从7-11的商品陈列谈商品陈列

世界著名的连锁便利公司7-11的店铺一般的营业面积为100平方米，店铺内的商品品种一般为3000多种，每3天就要更换15~18种商品，每天的客流量有1000多人，因此商品的陈列管理十分重要。

曾经就有这样一个趣事：一位女高中生在7-11的店铺中打工，由于粗心大意，在进行酸奶订货时多打了一个零，使原本每天清晨只需3瓶酸奶变成了30瓶。按规矩应由那位女高中生自己承担损失——意味着她一周的打工收入将付之东流，这就逼着她只能想方设法地争取将这些酸奶赶快卖出去。冥思苦想的高中生灵机一动，把装酸奶的冷饮柜移到盒饭销售柜旁边，并制作了一个POP，写上“喝酸奶有助于健康”。令她喜出望外的是，第二天早晨，30瓶酸奶不仅全部销售一空，而且出现了断货。谁也没有想到这个小女孩的戏剧性的实践带来了7-11新的销售增长点。从此，在7-11店铺中酸奶的冷藏柜便同盒饭销售柜摆在了一起。由此可见，商品陈列对于商品销售的促进作用是十分明显的。

7-11在具体的做法上是每周都要一本至少50多页的陈列建议彩图，内容包括新商品的摆放、招贴画的设计、设置等，这些使各店铺的商品陈列水平都有了很大的提高。除此之外，7－11还在每年春、秋两季各举办一次商品展示会，向各加盟店铺展示标准化的商品陈列方式，参加这种展示会的只能是7－11的职员和各加盟店的店员，外人一律不得入内，因为这个展示会揭示了7－11半年内的商品陈列和发展战略。另外，7－11还按月、周对商品陈列进行指导，比如，圣诞节来临之际，圣诞商品如何陈列、店铺如何装修等都是在总部指导下进行的。

从上述的有关7－11的一些介绍中，我们可以了解到国际大型连锁超市对于商品陈列的管理方法。同时我们也应当看到：目前我们自己的门店对于商品陈列的管理还有什么不足。一些刚入超市这一行业的人大都已经知道超市的一些基本的商品陈列方法，诸如：商品的突出陈列、商品的关联陈列、比较性陈列、随机性陈列等等。但是这些陈列方法的运用是变化的，例如，以前比较性陈列是将相同商品依照不同的规格或不同的数量予以分类，然后陈列在一起，供顾客选择，是同一品牌的单听饮料和单打装的饮料价格的比较或是250ML和500ML的同品牌矿泉水的比较陈列，从而鼓励顾客购买大包装的商品。但是现在，在很多卖场就有将不同品牌的相同或相似的商品陈列在一起，如同是500ML的矿泉水都在进行促销，就将这两个品牌的商品陈列在一起，从而引起供货商之间的价格竞争和促销竞争，商家可以坐享渔翁之利，同时又把门店的销售带入了良性的竞争状态。

商品的陈列是随着时间和季节等的变化而变化，商品陈列的变化应符合以下几个方面；

1. 商品的陈列要符合门店的整体形象和感观；
2. 商品的陈列要符合门店的促销策略；
3. 商品的陈列要适应季节的变化；
4. 商品的陈列要便于顾客选购；
5. 商品的陈列要美观大方，富有艺术感。

资料来源：王秦："变化的陈列——从7－11的商品陈列谈商品陈列"，中国营销传播网。

问题：

1. 7－11连锁便利店的商品陈列中，这名高中生灵活运用了商品陈列的哪些原则？
2. 根据上述材料，7－11便利店在商品陈列方面做得比较突出的地方有哪些？
3. 怎样理解商品陈列变化对于商品销售的积极促进作用？

四、实践实训

项目实训一

【任务】分组进行商品配置表的制作。

【目的】熟知商品配置表制作的流程，掌握商品配置的技巧。

【要求】1. 分组，4～6人为一组，进行商品配置表的制作。

2. 讨论分析每组运用了哪些商品配置的步骤和技巧。

3. 评定每个小组的成绩，教师总结（自评20分，他评30分，教师评分50分）。

【评价标准】对商品配置原理的运用判定准确，基于市场和商品变化对商品配置表进行适时修正的技巧运用得当。

项目实训二

【任务】分组进行商品陈列的演练。

【目的】熟知商品陈列的原则，掌握商品陈列的技巧。

【要求】1. 分组，4~6人为一组，进行商品陈列演练。

2. 讨论分析每组运用了哪些步骤和技巧。

3. 评定每个小组的成绩，教师总结（自评20分，他评30分，教师评分50分）。

【评价标准】对不同商品陈列方式的运用判定准确，不同商品的陈列原则和技巧运用得当。

项目三

3 门店商品进货与存货作业管理

学习目标

知识目标 掌握门店订货流程及注意事项；了解验收人员的工作职责以及注意事项；掌握商品退换货、调拨以及库存的管理。

能力目标 能够根据企业的订货流程进行订货，会进行进货作业并验收，会进行退换货作业及商品调拨；能够按照商品库存控制的方法进行库存管理。

职业素养 具备良好的沟通能力和解决实际问题的能力。

引导案例

雀巢与家乐福供货商管理库存系统

雀巢公司为世界最大的食品公司，设立于1867年，总部位于瑞士威伟市（Vevey），行销全球超过80多个国家，200多家子公司，超过500座工厂，员工总数全球约有20多万名，主要产品涵盖婴幼儿食品、乳制品及营养品类、饮料类、冰淇淋、冷冻食品及厨房调理食品类、巧克力及糖果类、宠物食品类与药品类等。

家乐福公司为世界第二大的连锁零售集团，1959年设立于法国，全球有近万家门店，24万名员工。

雀巢与家乐福公司在全球均为流通产业的领导厂商，在ECR（Efficient Consumer Response）方面的推动更是不遗余力。1999年两家公司协议在ECR方面做更密切的合作，台湾地区分公司也被指示进行供货商管理库存VMI（Vender Management Inventory）示范计划，并要把相关成果移转至其他厂商。台湾地区雀巢也在1999年10月积极开始与家乐福公司合作，建立整个计划的运作机制，总目标要增加商品的供应率，降低顾客（家乐福）库存持有天数，缩短订货前置时间以及降低双方物流作业的成本。

VMI是ECR中的一项运作模式或管理策略，主要概念是供货商依据实际销售及安全库存的需求，替零售商下订单或补货，而实际销售的需求则是供货商依据由零售商提供每日的库存与销售资料并以统计等方式预估而来的，整个运作上通常供货商由一套管理的系统来做处理。如此做法将可大幅改进供货商面对市场的响应时间，较早地得知市场确实销售情报而降低供货商与零售商用以应对市场变化的不必要库存，也可提早引进或生产市场所需商品，降低缺货率。但实际在实施与运用上，却因供货商与零售商的价格对立关系以及系统和运作方式的不同，而很难有具体的合作应用。

雀巢与家乐福两家企业也是在不断的协商、磨合中合作的，他们按照计划在一年之内，建立一套VMI的运作环境并且可以顺畅地不断执行下去。具体而言分为系统与合作模式建立阶段、实际实施与改善阶段，在第一个阶段约占半年的时间，包括确立双方投入资源、建立评估指针或评量表、分析与协议所需的条件，确立整个运作方式以及系统建置。第二个阶段为后续的半年，以先导测试方式不断修正使系统与运作方式趋于稳定，并以评估指针不断进行问题寻找与改善，一直到达不需人工介入为止。

在人力投入方面，雀巢与家乐福双方分别设置有一个全职的对应窗口，其他包括如物流、业务或采购、信息等部门则是以协助的方式参与计划，并逐步转变物流对物流、业务对采购以及信息对信息的团队运作方式。经费的投入上，在家乐福方面主要是在EDI系统建置的花费，也没有花费额外的投入，雀巢方面除了EDI建置外，还引进了一套VMI的系统花费250万新台币。

整个VMI的运作方式分为5个步骤，说明如下：

1. 每日9:30前家乐福用EDI方式将结余库存与出货资料等信息传送至雀巢公司。

2. 9:30～10:30雀巢公司将收到的资料合并至EWR的销售数据库系统中，并产生预估的补货需求，系统将预估的需求量写入后端的BPCS ERP系统中，依实际库存量计算出可行的订货量，产生所谓的建议订单。

3. 10:30前雀巢公司以EDI方式传送建议订单给家乐福。

4. 10:30～11:00家乐福公司在确认订单，并进行必要的修改（量与品项）后，回传至雀巢公司。

5. 11:00～11:30雀巢公司依照确认后的订单进行拣货与出货。

VMI库存管理系统的运用使雀巢对家乐福物流中心产品到货率由原先的80%提高到90%，家乐福物流中心对零售店面产品到货率由原先的85%提高到95%，家乐福物流中心库存持有天数下降至预设标准，以及家乐福对雀巢建议订货单修改率下降至10%等具体的目标。另外雀巢也期望将新建立的模式扩展至其他渠道上运用，特别是对其占有重大销售比率的军公教渠道，以加强掌控能力并获得更大规模的效益。相对地家乐福也会持续与更多的主要供货商来进行相关的合作。

资料来源："雀巢与家乐福供货商管理库存系统"，百度文库：http://wenku.baidu.com/view。

讨论：

VMI给两家企业的经营带来哪些显著的变化？

任务一
门店进货作业管理

任务描述

王晓石从某高职院校连锁经营管理专业毕业后准备自己创业，开一家便利店，但没有经商经验的他在想：根据我的目标顾客，我应该采购哪些商品比较科学，能迎合消费者的需求？商品的采购量应该是多少比较恰当，库存量是多少比较合理？商品在进货的过程中应该注意哪些问题？

商品是门店的生命体，商品的进销存循环，犹如人体的新陈代谢，新陈代谢循环正常，身体就健康。同样的，商品的进销存循环顺畅，门店的生意自然兴旺。而其中进货与存货是门店销售的基础，这两项工作直接影响门店的经营绩效。

进货是连锁企业从编制进货计划开始，经过供应商的选择到确定供应商、进行合同的签订和执行，到商品到货、验收入库的完整业务经营过程。门店的进货就是依据订货计划向总部、配送中心或总部指定的厂商及自行采购单位进行点叫货物的活动。

根据连锁企业规模的不同或企业经营管理手段的不同，门店的进货模式主要分为从总部直接进货和分散进货两种模式。

门店的进货作业管理主要包括订货、进货、收货、退换货和调拨等作业。

一、订货作业流程

门店的订货作业是指门店在连锁企业总部所确定的供应商及商品范围内，依据订货计划而进行的叫货、点货或称为添货的活动，图 3－1 列示了订货作业流程。

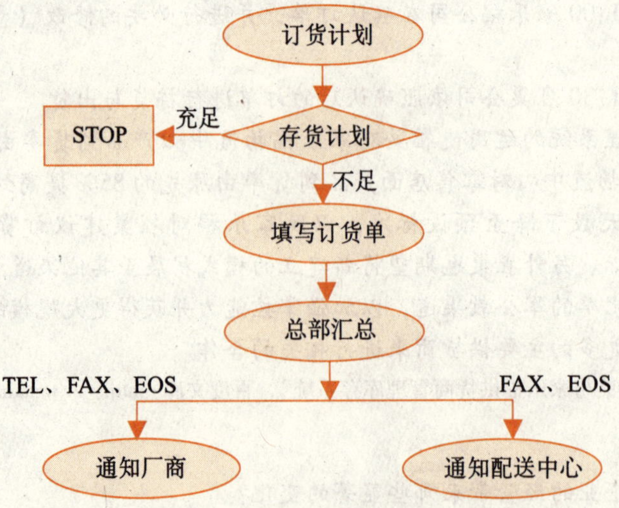

图 3－1　订货作业流程

（一）制订订货计划

商品订货计划是指门店有关管理者在了解市场供求情况，认识经营活动过程及商品销售规律的基础上，对一定时期内门店商品的采购管理活动所做的预见性安排和部署。它包括两个方面的内容：一是采购计划的制订；二是采购订单的制订。

门店制订订货计划，为门店组织订货提供了依据；可以有效地规避风险、减少损失；有利于资源的合理配置，取得最佳的经济效益。那么一份科学合理的订货计划要从以下几方面来展开：

1. 确定订货计划的关键点。

（1）在一定程度上说，商品订货计划就是要决定商品订货额的计划。商品订货计划要在对各种内外部情报资料进行分析的基础上制订出来，其中有两个重点：一是每个月或每季应该准备的商品系列及库存额的决定；二是在这个库存额的范围内，制订备齐商品的计划。

（2）订货预算一般以销售预算为基础予以制订。如某零售店某月的销售额达到20000元，假若商店的平均利润率为15%，那么商店的订货目标就是：

订货预算 = 20000 ×（1 − 0.15）= 17000（元）

按同样的道理，也可以推算出商品的年订货目标。当然，以上这个公式仅仅是销售成本的计算公式，它并没有估计到库存量的实际变化。订货预算还要加上或减去希望库存增加或削减的因素，其计算公式应为：

订货预算 = 销售成本预算 + 期末库存计划额 − 期初库存额

例如：某便利店一年的销售目标为2000万元，平均利润率是15%，期末库存计划额为200万元，期初库存为180万元，求其全年的订货预算。

订货预算 = 2000 ×（1 − 0.15）+ 200 − 180 = 1720（万元）

即一年的订货预算为1720万元，再将其分配到各个月，就是每月的订货预算。

（3）订货预算在执行过程中有时会出现情况的变化，所以有必要进行适当的修订。如商店实行减价或折价后，就需要增加销售额的部分；商店库存临时新增加促销商品，就需要从预算中减少新增加商品的金额。

2. 商品订货项目和数量的确定。订购什么样的商品项目，是在对搜集到的有关市场信息进行分析研究后确定的。在此过程中，除了要考虑过去选择商品项目的经验、市场流行趋势、新产品情况和季节变化等外，还要重点考虑主力商品和辅助商品的安排。

决定订货的商品种类和数量，会影响到销售与库存，关系到销售成本和经营效益。假如订购的商品过多，会造成商店商品的保管费用增多；资金长期被占用，也会影响资金的周转和利用率。但是订购太少，不能满足顾客的需求，出现商品脱销，失去销售的有利时机，降低商店利润；而每次订购商品过少又要保证商品供应，势必增加采购的次数，频繁的订购会增加采购支出。

为了避免出现商品脱销和商品积压两种经营失控的现象，有必要确定最恰当的订购数量。解决这一问题的办法，就是在确定商品总采购量后，选择恰当的采购次数，分次购入商品。采购经济批量可由下面的公式计算：

$$Q = \sqrt{\frac{2KD}{PI}}$$

其中，Q 为每次采购数量；K 为单位商品平均采购费用；D 为全年采购总数；P 为采购商品单价；I 为年保管费用率。

例如，某家卖场计划全年销售洗衣机 960 台，已知每台洗衣机的采购费用是 10 元，单价为 1200 元，年保管费用率为 1%，求最佳经济的采购批量。

$$Q=\sqrt{\frac{2KD}{PI}}=\sqrt{\frac{2\times10\times960}{1200\times1\%}}=400\text{（台）}$$

但是，假若要在某一时间进行促销，根据促销预订的量要提前增加商品的订货。

3. 确定供货商和进货时间。确定了订货商品的品种和数量后，还要确定哪里订货，什么时间订货，以保证无缺货事故的发生。企业应该选择信誉好的制造商、供货商进货，这样可以使商品质量和供货时间都得到保障。

一定商品有一定的采购季节性。适时订购不仅容易购进商品，而且价格也较为便宜，过早购入会延长商品的储存时间，导致资金积压。应该权衡利弊，选择合理的订货时间。

不周全的订货计划势必产生下列三种问题：①存量太多；②商品种类减少；③作业时间浪费。

（二）检查存货

订货人员根据门店规章制度，定期检查各个商品的库存，当库存量小于安全库存量时，应该及时发出订货单。

（三）填写订货单

订货单的格式见表 3－1。

表 3－1　　订　货　单

门店名称：__________

商品类别：__________　　　　制表日期：__________

品种	货号	供应商编号	规格	数量	单价	金额	购进方式	提货方式	订货日期	到货日期

想一想

门店制订订货计划一般应该考虑哪些因素？

二、进货作业管理

门店的进货作业是指订货后对厂商或配送中心配送来的商品进行接收或验收，从而使商品进入卖场或内仓。进货作业对供应商或配送中心来说就是“配送”，对门店而言，其作业的重点应是验收。

（一）连锁门店进货作业流程

连锁门店进货作业流程如图3－2所示。

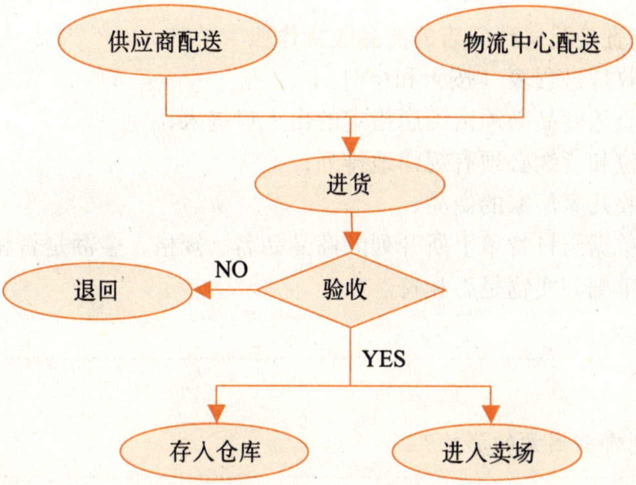

图3－2　进货作业流程

（二）进货作业流程的注意事项

1. 严格遵守企业总部规定的时间；
2. 先办退货再办进货，以免退调商品占用店内仓位；
3. 验收单、发票要齐全；
4. 商品整理分类要清楚，在指定区域验收；
5. 验收后部分商品直接进入卖场，部分商品则存入内仓或进行深加工后进入卖场；
6. 拒收变质、过保质期或接近保质期的商品。

（三）与进货作业有关的表单

1. 进货签收单；
2. 送货单，包括客户名称、送货地点、包装箱号；
3. 入库单，包括产品名称、入库数量、入库日期、储位、经手人；
4. 进货明细月报表；
5. 出库单，包括产品名称、出库数量、出库日期、经手人。

三、收货作业管理

收货作业按进货的来源划分：由总部配送中心配送到门店的商品收货作业和由供应商直接配送到门店的商品收货作业。

（一）由总部配送中心配送商品的收货作业

按规定的质量标准和验收项目验收，确保没有假冒伪劣、过保质期的或不符合要求的商品，从而保证售出商品的品质和数量；不当场清点，仅由门店验收员盖店章及签收即可，以提高配送效率。事后如店内自行点收发现数量、品项、规格与订货不一致时，可通知总部再补送。

（二）由供应商直接配送到门店的商品收货作业

1. 建立并公布收货进程表（按天和小时）；
2. 所有供应商直送商品必须由门店指定的出入口进入；
3. 要求进货单位和货物必须有规律地排列；
4. 不要一次验收几家厂家的商品；
5. 要核对进货单据与订货单上所开列的商品品名、规格、金额是否相符；
6. 要核对进货单据与实物是否相符。

想一想

进货方式受到哪些因素的影响？

（三）验收组组长的工作职责

1. 安排验收人员作业计划；
2. 适当安排供应商送货时间；
3. 进货验收；
4. 存货管理；
5. 退回品处理；
6. 验收人员管理；
7. 顾客送货服务；
8. 传达并执行总部对门店的相关指令和规定等。

（四）验收人员的工作职责

1. 整理后场环境整洁，将相关商品堆放整齐；
2. 将商品按收货单内容逐一清点，并抽查商品内容；
3. 按总部的验收办法验收商品；
4. 发现有拆箱或其他异常状况时，应予以全部清查；
5. 验收结束，必须将商品堆放在暂存区或直接放入卖场，再由理货员确认，不可与其他进货商品混淆；
6. 厂商退货必须检查退货单，由验收人员确认品名、数量无误后方可放行；供应商带回的商品空箱，必须由验收人员检查确认。

提示： 收货应注意的问题？

（1）保证一定的开箱率（一般开箱检查率为30%）；

（2）对散箱、破箱，必须进行拆包、开箱查验，核点实数；

（3）拒收不符合国家有关法规的商品：无生产日期、无生产厂家、无具体地址和无保质期、商品标准；

（4）拒收变质、损坏、过保质期或已接近保质期的商品；

（5）验收合格后方可在进货单据上签字盖章；

（6）验收人员应及时把接收的货物记录在“每日进货接收记录”上。

四、退换货作业

退换货作业可与供应商或配送中心进货作业相配合，利用进货回程顺便将退换货带回。一般定期办理（如每周一次或每10天一次）以提高其作业效率。

（一）退换货的原因

常见的退换货原因有以下几个：品质不良；订错货；送错货；过期品；总部明确的滞销品等。

（二）退换货应注意事项

1. 供应商确认，即先查明待退换商品所属供应商或送货单位；
2. 退调商品也要清点整理，妥善保存，一般整齐摆放在商品存放区的一个指定地点，而且这些商品应按供应商或送货单位分别摆放；
3. 填写退换货申请单，注明其数量、品名及退货原因；
4. 迅速联络供应商或送货单位办理退调货；
5. 退货时确认扣款方式、时间及金额。

五、调拨作业

调拨作业是连锁企业门店之间的作业，它是某门店发生临时缺货，且供应商或配送中心无法及时供货，而向其他门店调借商品的作业。

（一）调拨发生的原因

1. 店销售急剧扩大，而存货不足；
2. 供应商送货量明显不足；
3. 顾客临时下大量订单。

（二）调拨的作业流程图

调拨的作业流程如图3－3所示。

（三）调拨注意事项

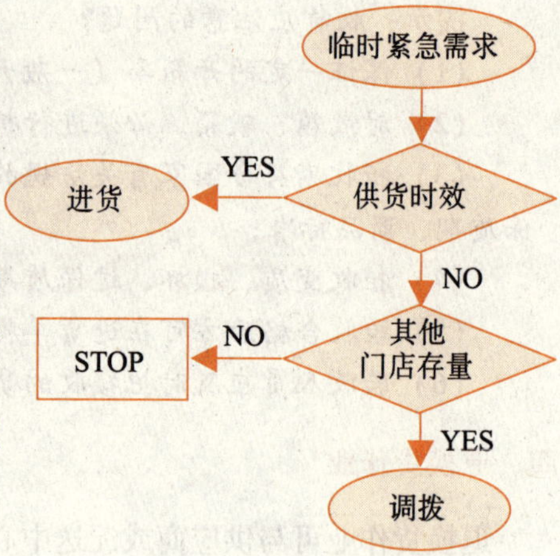

图 3－3 调拨的作业流程

调拨按发生的时间分为调拨前、调拨时与调拨后，各阶段应注意的事项如下：

1. 调拨前的注意事项。

（1）若临时大量订单，最好先联系其他门店，确认其他门店可调拨数量足够，不要任意接单，以防影响门店声誉；

（2）商品调入与调出，须在双方店长同意的情况下才能进行；

（3）调拨车辆安排；

（4）工作人员与时间安排。

2. 调拨时的注意事项。

（1）填写调拨单，并签名确认；

（2）由双方门店验收检查并确认；

（3）调拨单一式两联；

（4）调拨单需定期汇总送至总部会计部门，以配合账目处理。

3. 调拨后注意事项。

（1）拨入、拨出门店均须检查存货账与应付账是否正确；

（2）拨入门店应注意总结教训，重新考虑所拨入商品的最低安全存量、每次订货量以及货源的稳定性，尽量避免重复发生类似事件。

拓展阅读

EOS 电子订货系统

EOS 系统是发达国家在推行零售业电脑自动化过程中所采用的电子订货系统，主要运用于商店的订货管理和盘点管理。

EOS 系统是以扫描的方式将欲订货的商品条码输入掌上终端机，再输入订货数量来完成一种商品的订货工作。

EOS 订货系统作业流程：

1. 订货人员在进行订货作业时，应在卖场查看各商品销售状况，确认必须订货方可进行订货作业。要特别注意是否有未上货架的库存商品。

2. 订货人员在卖场扫描所需进货的商品价格卡，输入订货商品的数量。

3. 订货人员将掌上终端机的订货资料输入后台电脑，再由后台电脑通过数据机，把订货资料传送至供应商或连锁公司总部的配送中心。

4. 如超级市场电脑系统没有与供应商或总部的配送中心进行联网，可将订货资料打印出来，通过传真机传送出去，或者派人直接送出。

资料来源：根据相关网络资料整理。

◆ 案例分析

Zara的采购与销售

Zara是Inditex集团旗下的一个子公司，Inditex集团是西班牙排名第一、并于近年超越了美国的GAP、瑞典的H&M成为全球排名第一的服装零售集团。1975年，Inditex集团的创办人奥特加为了清理掉由于客户临时取消订单而积压的女性睡衣库存，在西班牙西北部的偏远市镇开设了一个叫Zara的小服装店，而如今，昔日名不见经传的Zara已经成长为全球时尚服装的领先品牌，身影遍布全球60多个国家和地区，门店数已达1000余家。

Zara的发展得益于它快速、少量、多款的全新营销模式，这种策略与传统服装零售商大不相同，传统零售商一般会把精力集中于对流行趋势提前做出判断，从一个服装概念出现，到最后挂到零售店里，这个过程大概花费半年的工夫，而Zara集中于对已存在的时尚潮流的快速反应上。要知道时装最紧要的就是紧跟时尚，卖时尚就像卖蔬菜，卖面包，只有刚上市的时候才能吸引消费者的眼球。Zara的首席执行官凯斯特拉诺就曾经说过，“在时装界，库存就像是食品，很快就会变质。我们所做的一切就是减少反应时间。”

一、原料采购与服装生产

在服装界，大家几乎都是采用第一世界的服装设计，在第三世界的工厂里生产，也就是在A国采购布料，B国印染，C国再来一道精雕细绣，最终在D国产生一条裙子，这样做的最大优势是成本低，缺点是速度慢。为了规避由于速度慢而产生的库存积压，Zara的做法就非常独特。

与其他服装公司做法不同的是，Zara把采购和生产大部分都安排在欧洲进行，而且相当一部分都是在西班牙总部周围一个非常小的辐射范围内，缩短空间距离。花巨资自己设立了20个高度自动化的染色剪裁中心，把人力密集型的工作外包给周边的400家工厂，甚至交给家庭作坊来做，方圆200英里的生产基地的地下都被挖空，架设地下传送带网络。

当设计方案确定并决定投产后，设计师利用Zara仓库备有的面料以及装饰品辅料制作样品，把设计好的样品通过信息系统发给附近的工厂，工厂立即安排剪裁，安排加工，一周之内生产完毕，通过检验标签后马上传送到配送中心，然后服装产品通过配送中心被迅速地分发到全国甚至世界各地的专卖店。

二、服装的物流配送

Zara原先在总部拉科鲁尼亚，拥有一个建筑面积超过5万平方米的配送中心，而且这个配送中心的实际利用率也只有50%左右。并且在2001年10月，Zara又花了1亿欧元在西班牙首都马德里的东北的萨拉戈萨市，建立一个物流中心。新建配送中心，就是为了要扩大配送范围，提高自己的配送速度。不但如此，Zara还建了两个空运基地，一个在拉科鲁尼亚，另外一个在智利的圣地亚哥，Zara就可以保证所有的欧洲的连锁店在一天之内收到货物，美国两天就可以到达，再远一点的中国、日本控制在三天之内，Zara的营销费用几乎全部投入与物流系统的扩充和改善。

生产好的服装成品，将通过地下传送带网络运送到配送中心。为确保每一笔订单能够准时、准确地到达目的地，采取每小时能挑选并分拣超过80000件衣服而出错率不到

0.5%的激光条形码读取工具对服装成品记性分拣。

根据各门店下达的订单进行配送，通常订单收到后8小时内货物就可以被运走，每周给门店配货两次。在欧洲的各门店由物流中心用卡车直接运送；利用两个空运基地运送到美国和亚洲，再用第三方物流运送到门店；有时也会利用轮船来运输，再结合第三方物流。

三、服装销售与信息管理

1. 快速、少量、多款的营销模式。Zara一年大概推出12000种时装，每种款式只供应20万~30万件。当一款时装被售完后，不再补货，这样做的目的就是要把库存量降到最低，产品积压少，资金周转就快，风险相对就小。并且像时装这样的流行事物，越不容易得到，顾客就越发向往，这种人为造成的“缺货“，极大地增强了由于商品紧俏而引发的购买欲。

2. 滞销产品的处理。尽管使用上述营销模式，还是有积压，在Zara连锁店里，如果有产品超过两周没有配送出去，他就会被配送到所在国其他连锁店里集中打折出售，通常这样的产品数目被控制在总数的110%以下。这样一来连锁店里的产品更新速度相当快，对顾客的吸引力也就越大，款式存货相当低，打折产品也就比较少，而且即使打折销售行业内的平均水平是6~7折。Zara一般控制在8.5折之内。

3. 巧用店铺打广告。虽然说Zara这个品牌定位于中端，但是基本选在最好的城市，最繁华的地段开专卖店，比如说巴黎的香榭丽舍大街，纽约的第五大道，上海的南京路，还有北京的世贸天阶、西单大悦城等等，这都是黄金地段，在它周围都是世界顶级名牌，专卖店的外观非常豪华，面积也大，动辄1000多平方米，有的甚至是5000~15000平方米的大店铺，店铺是Zara最好的活广告，所以Zara很少利用其他媒介打广告，省下了不少费用，更多的依靠优越的地理位置，把顾客吸引到店里来。

4. 及时的信息反馈管理。Zara的各门店每天都会把销售信息发回总部，并根据当前库存和销售状况每周向总部发两次补货订单。总部拿到各门店的信息后，分析判断各种产品是畅销还是滞销。如果产品滞销则取消原定生产计划；如果产品畅销且总部存有相应面料，则之前留出的冗余产能可以迅速追加生产、快速补货以抓住销售机会，如果没有相应面料则停产或利用现有面料生产与畅销品相似的产品，一般畅销品最多也只补货两次。

资料来源：根据相关网络资料整理。

问题：Zara的经营成功给你什么启发？

【分析提示】

Zara的成功得益于它的快速反应，如从设计理念到上架Zara平均只需10~15天，而大多数服装企业需要6~9个月甚至更长时间；商品采购的量、采购的时间科学合理，库存周转快，减少门店资金积压，Zara的库存每年达到12次左右，其他运作一流的服装企业也只能达到3~4次，而国内大多数服装企业是0.8~1.2次；不断推出新产品，迎合消费者，Zara每年推出12000多种产品给顾客，运作一流的服装企业平均只能推出3000~4000款，而国内多数服装企业能推出上千款的寥寥无几。

任务二
门店存货作业管理

任务描述

王晓川是一家连锁门店的店长，商店因服装库存积压过多影响资金流动，受到总部的批评，另外，在每个月末都要组织对门店的盘点，可是每次盘点都会出错，以致需要重复几遍，经常要搞到深夜才能下班，员工也有意见，究竟怎么才能提高盘点的准确性和效率呢？

一、门店存货原因

存货是指企业在生产经营过程中为销售或者耗用而储备的物资，包括材料、燃料、低值易耗品、在产品、半成品、协作品、商品等。

对于门店来讲，企业保留存货的原因主要有：

1. 顾客的需求无法准确预测，一定的存货能应对突发的顾客需求；
2. 顾客要求的供货期与制造周期不一致，企业需要存货满足顾客需求；
3. 供应商的供货成本和能力及供货数量和质量是不确定的，存货有助于降低这些风险。

二、存货作业管理

存货管理就是对企业的存货进行管理，主要包括存货的信息管理和在此基础上的决策分析，最后进行有效控制，达到存货管理的最终目的。门店存货是为了销售或价格考虑，但是同时作为经营者也要意识到过多的存货要占用较多资金，并且会增加包括仓储费、保险费、维护费、管理人员工资在内的各项开支，因此，进行存货管理目标就是尽力在各种成本与存货效益之间做出权衡，达到两者的最佳结合，这就是存货管理的目标。

存货管理包括库存管理、盘点作业和坏品处理三个环节。

（一）库存管理工作

商品库存就是门店全部商品的未销售总数量和总金额。库存管理是指对附属于门店的商品储藏空间的管理，包括暂存区、货品内仓的管理。

一般的库存管理工作包括系统库存的维护、周转库存的控制、高库存异常的原因、库存过大单品的控制。

1. 相关概念。

实际库存：是商品现在实际存在的库存数量和金额；

系统库存：是电脑系统中记录的商品的库存数量和金额；

库存区：即用来存放商品库存的非销售区域，货架顶部以上空间、周转仓、内仓等地方都是库存区；

库存周转：商品库存与销售相比较而体现周转次数的数据。

2. 库存管理注意事项。

（1）库存商品要进行定位管理；

（2）区位确定后应制作配置图；

（3）储存商品不可直接与地面接触；

（4）要注意仓储区的温湿度；

（5）仓库内要设有防水、防火、防盗等设施，以保证商品安全；

（6）商品储存要注意先进先出；

（7）仓管人员要与订货人员及时沟通；

（8）仓储应随到随存、随需随取；

（9）商品进出库要做好登记工作。

3. 存货管理的方法。包括存货储存期控制和存货 ABC 分类管理。

（1）存货储存期控制。包括存货保本期控制和保利期控制两项内容，其计算公式为：

存货保本储存天数 =（毛利 - 固定储存费 - 销售税金及附加）/每日变动储存费

存货保利储存天数 =（毛利 - 固定储存费 - 销售税金及附加 - 目标利润）/每日变动储存费

（2）存货 ABC 分类管理。就是按照一定的标准，将企业的存货划分为 A、B、C 三类，分别实行分品种重点管理、分类别一般控制和按总额灵活掌握的存货管理方法。分类的标准主要有两个：一是金额标准；二是品种数量标准。

4. 存货管理的重要性。

（1）可以帮助企业仓库管理人员对库存商品进行详尽、全面的控制与管理；

（2）帮助库存会计进行库存商品的核算；

（3）提供的各种库存报表和库存分析可以为企业的决策提供依据；

（4）有利于降低库存、减少资金占用，避免物品积压或短缺，保证企业经营活动顺利进行。

5. 改善存货管理的原则。

（1）储存数量适当的存货。门店存货数量过多或过少，一般都是不了解市场、未定期盘点，对商品的数量、结构以及需求不清楚造成的。所以经营者要深入市场调查，以“顾客需求”为宗旨适当库存，有货卖、不积压、再订购（不误周期、不脱销），这样才能更好地减少资金占用，保证更多资金用于采购适销对路的商品或投资其他项目。

（2）储存销售得快的商品。销得快，资金周转快，利润可能就丰厚。这就要求经营者心中有数，明白经营（弄清哪些商品存货卖得快、慢，不仅知当前而且有预见）；快进快出，加速周转（周转快赚钱快）；及时清仓，处理积压（发现积压，停止进货，打折销售）。

（3）合理摆放和陈列存货。这样做的目的是：整齐、清洁（便于销售、便于盘点）；同类集中（便于选择、便于比较）；零散盒装（小商品区分规格型号）；近距防盗（易盗商品放在柜台边）；先进先出（防止存货延期陈旧、过期变质）。

（4）定期检查你的存货。按期盘点（保持畅销品不断档，防止滞销品积压）；账物相符（核对账物，了解存货缺失差错）；防止库损（发现破损或不良状况，及时处理）；做好进货

（心中有数，计划再订货的期、量）。

（5）做好存货记录。建账（建立存货记录账簿）；分析（分析记录、指导营销）；计划（正确决定再订购存货的期、量、种类）。

（二）盘点作业管理

盘点就是企业定期或不定期地由人员直接对店内的商品数量、质量和结构等进行全部或者部分清点，以验证账面数量是否正确并切实掌握该期间内实际损耗的管理行为或审查行为。盘点是衡量门店营运业绩的重要手段，盘点的数据直接反映的是损耗，盘点的损耗反映门店营运上的失误和管理上的漏洞，借以发现问题，改善管理，确保门店的正常运营。

盘点相关的概念：

HHT：电脑设备的一种；

初点：第一次进行的商品点数；

复点：第二次进行的商品点数；

抽点：对已经经过复点的商品进行抽查点数；

三点：在二次盘点计数后，不能一致的商品，进行第三次或多于第三次的点数；

点数单位：商品在点数时的计数单位；

正常陈列区：商品正常陈列销售的货架区域总称；

货架库存区：指商品正常陈列销售的货架上方用来存放商品库存区域的总称；

后仓：指非销售区域的仓库；

周转仓：指收货部临时用于存放商品库存的区域。

1. 盘点的重要性。

（1）控制存货，存货直接影响到商品的周转率及资金的周转，通过实际的盘点并与账面上的存货对比，经营者可确实掌握门店的实际存货，另外通过盘点知道企业的损失与盈利状况，为企业经营决策提供参考。

（2）掌握损益正确的盘点作业，能计算出该店真正的“成本率”及毛利率，此两项指标是反映店铺营运的关键，通过这两个指标能真正掌握店铺经营的实际效果。

2. 盘点目的。

（1）及时了解商品销售情况，以便进行定量分析及商品结构的调整，做到定位准确。

（2）掌握商品进、销、存情况，有利于控制商品库存。

（3）通过盘点，掌握商品的损耗情况，分清责任，及时进行处理，并采取相应的措施，杜绝漏洞，减少损失，通过账实核对，对经营过程中的溢、缺及时查明原因；按规定进行处理，保证账实相符。

（4）针对盘点差异较大的门店，分析原因重点跟进，以便在下一个营运周期加强商品管理，控制损耗。

3. 门店常见盘点方法（见表3－2）。

表 3-2　　门店常见盘点方法

名称		定义	使用范围及时间间隔
实物与账面	实物	实际清点存货数量的方法	门店实物盘点
	账面	以书面记录或电脑记录进出账的流动状况而得到期末存货余额或估算成本	由电脑和财务部进行
区域	全面盘点	特点时间，将店内所有存货区域进行盘点	一年两次或三次
	区域盘点	对店内不同区域进行盘点，一般以类分区	部分区域盘点、抽查
时间段	营业中	盘点时门店仍对外营业	库存区盘点、单品盘点
	营业后	门店在闭店后盘点	销售区域盘点
周期	定期	每次盘点间隔期一致的盘点	全面盘点、区域盘点
	不定期	盘点间隔期不一致的盘点	贵重物品等，或突发事件、人事变动、经营异常等

4. 盘点的作业流程。

（1）一般物品盘点流程如图 3-4 所示。

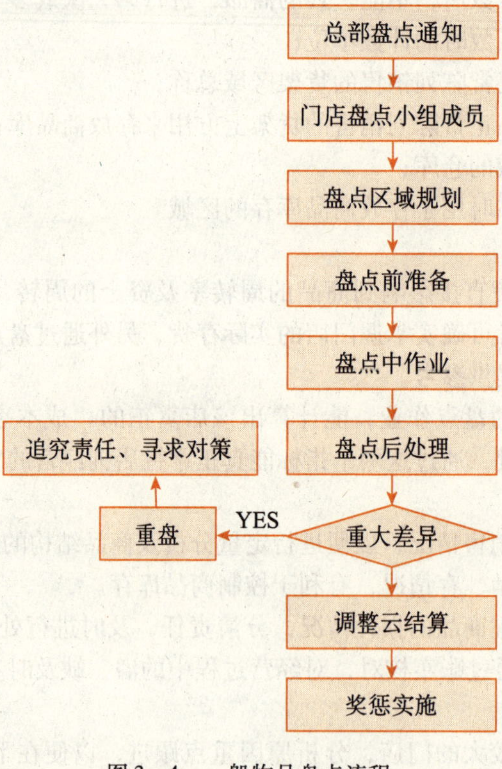

图 3-4　一般物品盘点流程

(2) 贵重物品盘点的作业流程如图3-5所示。

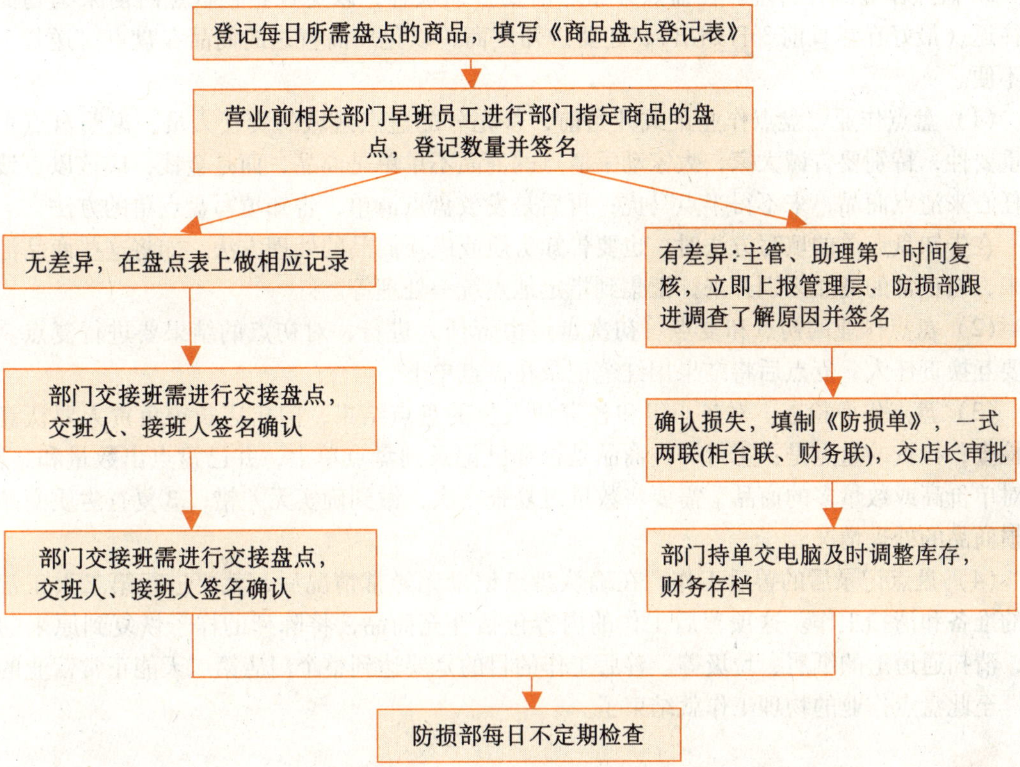

图3-5 贵重物品盘点流程

贵重物品盘点的注意事项：

①应由部门当班员工负责盘点的复查、抽查，不能完全交由导购员独自盘点。

②发现差异应在可能出现区域仔细复查，如仓库的死角、架高层，与其他商品混装、待退货等情况，更改库存应慎重。

③防损部应随时抽查盘点，对错盘、漏盘等工作失误进行处罚。另外，针对同一单品重复更改库存的情况应特别重视，如改小之后又改大，或多次改小的情况。

5. 盘点流程分段。按照门店盘点的阶段可将盘点实施流程分为初盘作业和复盘作业两个阶段。

(1) 初盘作业。初盘作业是第一次对仓库和陈列区进行清点，各初盘小组在负责人的带领下进入盘点区域，至少两人一组，在相关管理人员的指引下进行各种商品的清点工作。

(2) 复盘作业。初盘结束后，复盘人员在各负责人带领下进入盘点区域进行商品复盘工作。复盘可采用100%复盘，也可采用抽盘，由盘点领导小组确定，一般复盘比例为30%。若初盘盈亏数量较大，应提高复盘比例。

复盘人员根据实际情况，可采用由账至物的抽盘作业，也可以采用由物至账的抽盘作业。由物至账，即在现场随意指定一种商品，再由此对盘点表进行核对，检查是否相符，由账至物，即在盘点表上随意抽取若干项目，在盘点表上签名确认；对核查有误的，应会同初盘人员、管理员修改错误部分，并共同签名负责，复盘人员将在盘点表上交主盘或总盘人员。

6. 盘点作业流程管理。在盘点开始之前要告知顾客，以免顾客在盘点时前来购物而徒劳往返（最好在盘日前3日贴出），还要告知厂商，以免厂商直送的商品在盘点时送货，造成不便。

（1）盘点作业。盘点作业正式开始前，首先分配盘点区域的责任人员，说明盘点工作的重要性，特别要告诫大家，大家动手清点的商品不单单是商品，而是金钱，应该以点钱的责任心来清点商品，来不得半点马虎；再后是发放盘点清单，告知填写盘点单的方法。

在告知盘点单的填写方法时，也要告知劣质或破损商品的处理方法，如将这些商品汇总起来，与正常的商品区别开来，汇集到指定地点统一处理等。

（2）盘点作业的初点和复点。初次盘点由责任人进行，对初点的结果要进行复点。复点要互换责任人，复点后将结果用红笔记录在盘点单上。

（3）盘点作业检查。对各小组和各责任人员的盘点结果，门店店长等负责人要认真加以检查，检查的重点是：①每一类商品是否都已记录到盘点单上，并已盘点出数量和金额；②对单价高或数量多的商品，需要将数量再复查一次，做到确实无差错；③复查劣质商品和破损商品的处理情况。

（4）盘点记录后的善后工作。在确认盘点记录无异常情况后，就要进行第二天正常营业的准备和清扫工作。这项善后工作的内容包括补充商品，将陈列的样子恢复到原来的状态，清扫通道上的纸屑、垃圾等。善后工作的目的是要达到整个门店第二天能正常营业的效果。至此盘点作业的物理工作就结束了。

案例

永乐超市的盘点

永乐超市是一家经营面积为1200平方米的超市，超市老板为了降低损耗，及时了解店内经营情况，制订了比较完善的盘点制度。如落实责任对于加工损失较大的单品一般要每周盘点一次；对于蔬菜、水果、海鲜、河鲜等自然损失较大的单品一般要15天盘点一次；全部生鲜单品一定要每月月末，按正式盘点流程盘点一次。

门店主管及生鲜经理必须增强库存管理责任心，掌握“变价不变量”的总原则，对影响库存真实性的各种行为具有高度的职业敏感性，及时杜绝各种影响生鲜库存真实性销售行为出现。

将库存管理要求落实的门店的每个岗位列入绩效考核的内容，奖惩分明。

执行关键：

1. 计量员必须严格执行“个当量”采集规定，不得遗漏单品并及时输入计算机。

2. 生鲜经理必须定时巡场，及时发现并制止不规范的销售行为。

3. 对加工损失及时报损，并按报损流程及时处理。

4. 对因门店销售需要必须新增门店销售单品的，必须及时报生鲜管理部新增单品，并定义新品和母品的关系（如果需要的话）。在没有建立新编码资料或子母关系未定义前不得进行销售。

5. 单品资料管理。新单品资料建立由生鲜管理部及集团标准编码维护小组负责；母品和子品的关系定义由生鲜管理部负责，门店使用；单品的加工损失处理办法由生鲜管理部确定。

资料来源：根据相关网络资料整理。

（三）坏品处理作业

坏品是指门店在销售或储存过程中发生的过期商品、包装破损不能再销售的商品，或者因门店停电、水灾、火灾、保管不善造成的瑕疵品，通过盘点将有关坏品及时处理，降低企业损失。

1. 坏品处理作业流程。

（1）不论由卖场自行检查或消费者退货或因意外事件，而出现的坏品，均必须由营业现场店长再度确认；

（2）店长确认之后，必须进行登记，同时一方面将坏品集中装箱保管，另一方面通知总部，确认换货的可行性；

（3）若经总部确认后可退换货，即实施退换货作业。在退换货作业未实施期间，做好坏品的保管工作；

（4）若无法退换货，则门店要实施坏品销毁，而该作业最好会同验收人员共同进行，并切实核对坏品记录。

2. 坏品处理时注意事项。

（1）门店店长应查清坏品发生的原因，以明确责任归属，并尽快做出处理；

（2）坏品须登记详细，以利账务处理及门店管理分析（坏品统计表见表 3－3）；

（3）若经确认，责任在于门店本身之疏忽所造成，如商品保存不当，订货过多，验货不仔细等，那么门店须做出反省，并通报各部门，避免此类事件再度发生；

（4）不能退换货的坏品不可任意丢弃，必须做好记录（坏品记录表见表 3－4）、集中保管，经验收人员确认后共同处理。

表 3－3　　坏品统计表

门店编号：__________　　　　年　月　日

商品代码	品名	规格	累计进货量	坏品数量	坏品率	备注

表 3－4　　坏品记录表

门店编号：__________　　　　月份：__________

日期	商品代码	品名	规格	数量	原因	验收确认

相关知识

第三方盘点

第三方盘点是指零售企业将自己的盘点业务委托给第三方专业的盘点公司开展，盘点业务在第三方专业盘点公司盘点经理的控制下，由专业盘点员按照具体的连锁超市盘点计划和流程，运用先进的盘点设备对连锁超市的仓库及门店的商品进行扫描、登记，并运用信息技术将数据传输到计算机终端开展相关分析，最终形成盘点结果，通过分析盘点结果，反映连锁门店的损耗情况和业绩情况。

第三方盘点在国外已经发展得很成熟，例如美国前100名零售企业就有98家采取这种方式来完成企业例行的盘点工作，国外整个零售行业采用第三方盘点的企业也占到85%～90%左右。而在国内，这种服务方式对于很多企业来说还是一个比较新的概念。

相比较零售企业自己开展盘点业务，第三方盘点主要有以下几大竞争优势：

1. 更专业、高效、客观。第三方盘点由熟练专业的盘点人员按照科学完善的盘点流程运用先进的盘点设备开展盘点工作，一方面可以大大提高门店盘点工作的效率，另一方面也可以有效减少门店自身盘点工作中由于盘点人员出于私利而故意弄虚作假或由于盘点人员对繁琐的盘点工作不满、抱怨所导致的盘点结果失真行为，大大提高门店盘点结果的客观性和可信度，为连锁总部企业提供更科学可靠的盘点信息。

2. 提高员工满意度。零售企业将门店盘点工作外包出去，可以减少门店员工由于繁琐的盘点工作所带来的抱怨和不满情绪，提高员工的满意度。

3. 适当的服务成本。第三方盘点在拥有以上两大竞争优势的同时，跟门店自身开展盘点工作相比，盘点成本相差不大，另外，还省却了零售企业购置相关专业盘点设备的投资成本。

◆ 案例分析

百思买盘点

• 销售库存盘点准备

盘点前6周，开始盘点准备工作；使用盘点清单每周跟进；门店地图（仓库地图）；划分区域，制作区域平面图；整理仓库，摆放整洁；张贴各类标签（外包装/展示品/无需盘点……）；盘点前4周，敲定人员培训进度表；盘点前2周，“哈特”设备到位；盘点前1周，完成人员培训工作，进行设备测试。

• 盘点当日。摆放、安排控制台；关闭所有的POS机；完成所有标识工作；完成盘点推进表检查；就餐/休息。

• 盘点当晚。完成最后一次培训，人员分配；完成扫描出具有效报告；完成复盘、抽盘和审计工作；登录网络确认盘点工作完成。

• 盘点之后。完成差异原因调查；确认保存所有支持性文件；调查完成，提交库存调整申请表。

下面我们再看看百思买门店盘点时间表

闭店前7小时：将盘点数据分发给盘点小组领导；设置控制台；最后一次巡视。

闭店前5小时：控制台已经妥善配备；预盘区域开始点数和扫描；培训哈特系统的扫描人员。

闭店：进行最后会议并提出要求（在卖场中没有个人所属物、不要大声喧哗、不要使用寻呼、不要乱跑、不要接电话或发短信、只有组长和员工可以交流、只有组长可以在控制台）；要在所有区域内开始扫描；要在所有区域内进行点数。

资料来源：根据相关网络资料整理。

问题：百思买有效盘点的原因是什么？

【分析提示】

百思买门店高效的盘点原因主要有：一是良好的计划，在盘点前就进行周密计划，进行盘点制度确定和人员培训；二是良好的组织，在不同时间段各部门人员的安排、任务都很明确；三是良好的执行。

思考与训练

一、不定项选择题

1. 与进货作业有关的表单有（　　）。

A. 进货签收单　　B. 送货单

C. 入库单　　D. 出库单

2. 某专卖店一年的销售目标为200万元，平均利润率是15%，期末库存计划额为20万元，期初库存为18万元，求其全年的订货预算是（　　）万元。

A. 168　　B. 172

C. 182　　D. 170

3. 某家商店计划全年销售洗衣机1000台，已知每台洗衣机的采购费用是16元，单价为2000元，年保管费用率为1%，则最佳经济的采购批量是（　　）台。

A. 200　　B. 300

C. 400　　D. 450

二、简答题

1. 简述门店订货的作业流程。
2. 简述门店进货的作业流程。
3. 盘点的方法有哪些？

4. 坏品处理时注意的事项有哪些？

三、应用题

搜集某一案例，阐述由于进存货问题所造成的利润损失。

四、实践实训

【任务实训】

【任务】制订一份个人或家庭日常生活用品的采购需求及库存计划。

【目的】有效盘点，根据自己购置物品的大概时间来分析各类采购需求。

【要求】计划中应包含各商品类别、名称、采购间隔时间及每次采购数量和“库存”数量。

【评价标准】个人或家庭日常生活用品盘点明细表格、采购需求与库存计划中商品类别、名称、采购间隔时间及每次采购数量和“库存”数量等的完整性和准确性。

4 项目四 门店商品促销管理

学习目标

知识目标 了解和掌握促销、促销策划的相关概念；了解促销活动的定位，掌握促销活动的设计方法；熟悉促销活动的策划流程；掌握连锁门店促销策划的主要内容。

能力目标 能够对连锁门店的促销活动进行科学分析；能够把握促销策划的时机；能根据不同商品有效设计促销活动，提升门店销售业绩；能科学合理地撰写促销活动策划书。

职业素养 树立正确的促销策划意识，能够了解消费者的消费行为，能为顾客提供优质的促销活动，并培养门店促销管理的能力。

引导案例

某酒店的促销活动为什么会失败

某酒店是一家特色料理店，厨师是从国外高薪聘请而来，格调、环境与菜品都较有档次，目标人群定位是市内高端消费人群。

张伟担任酒店营销总监，全权负责酒店的运营事宜。根据自己的从业经验，张伟罗列了一下自己工作的两个重点。①服务系统培训。通过自己在餐饮界多年的人际关系，张伟请来了一家在星级酒店做餐饮主管的朋友来对服务人员进行系统培训，他认为，要想提升并让顾客认可酒店的档次，服务必须是一流的。②销售开发。根据以往经营酒店的营销经验，张伟组建了销售部，招聘了销售人员来进行酒店业务的开拓，并对员工进行了系统的餐饮业务培训。

为了烘托出酒店的开业氛围，吸引更多的客户，张伟采取了开业前在普通社区安排巡街、凭宣传单领礼品和前15天消费满100送50的高额返券的方式，并在前期市场预热时同步进行宣传，同时在临街的窗户上贴上了“满100送50”的不干胶通知。

开业连续两周，天天爆满，门前一直都有客人排队等候。但好景不长，当促销活动结束后，酒店营业额迅速下降，日营业额由原先的二十多万下降到了九万元，而且大部分都是返券消费。面对这种情况，张伟百思不得其解。为了缓和投资者带来的压力并吸引客流，张伟一边寻找解决方法，一边继续推出了持续10天的消费满100返30的优惠活动，试图在先提升客流后再寻找更好的解决方案。

结果，酒店上座率持续下滑，来酒店消费的顾客几乎很少有原定的高端目标群体，酒店的定位与实际经营产生了严重脱档。第二次活动结束后，酒店陷入严重亏损境地。8月底，张伟黯然离职；10月，酒店宣布关门，投资宣告失败。

资料来源：安贺新，《服务营销实务·案例（第3版）》，清华大学出版社2011年版。

讨论：

1. 该酒店促销活动失败的原因是什么？
2. 该酒店经营策略给予我们什么启示？

任务一
门店促销设计

任务描述

李云刚应聘到某跨国零售企业当促销员，初入职场的她对自己未来的职业生涯充满信心，但同时也存在一些担忧：培训师说过一个优秀的促销员一定要基于顾客的类型、顾客的购买行为等来设计促销活动，我该如何根据顾客的类型设计促销活动呢？

一、门店促销定位

市场定位（Market Positioning）是20世纪70年代由美国学者阿尔·赖斯提出的一个重要营销学概念。所谓市场定位就是企业根据目标市场上同类产品竞争状况，针对顾客对该类产品某些特征或属性的重视程度，为本企业产品塑造强有力的、与众不同的鲜明个性，并将其形象生动地传递给顾客，求得顾客认同。市场定位的实质是使本企业与其他企业严格区分开来，使顾客明显感觉和认识到这种差别，从而在顾客心目中占有特殊的位置。连锁企业的市场定位就是通过设计一定的营销组合，以影响潜在顾客对连锁企业的全面认识和感知。连锁企业只有根据自己本身的资源，在某一个领域建立自己独特的市场定位、差异化经营，并努力做到最佳，才能避免同质化和残酷的价格竞争。

（一）门店促销活动市场细分

市场细分是指通过市场调研，按照消费者欲望与需求把因规模过大导致企业难以服务的总体市场划分成若干具有共同特征的子市场的过程，处于同一细分市场的消费群被称为目标消费群。连锁企业促销活动市场细分，就是连锁企业在策划促销活动时，把最可能的目标顾客细分出来的过程。只有找出最可能的目标顾客，才能确定促销活动的其他步骤。由于每种产品或企业都面对众多顾客，而任何一个促销活动都不可能打动所有的人，为了使促销工作发挥最大的效用，必须找准具有共同消费需求的顾客群。

想一想

市场细分的标准有哪些？

案例

锦江之星市场细分　推出新品牌低价酒店

锦江之星在2009年3月推出超经济酒店百时快捷。

小小客房仅12平方米，但里面有线电视、免费宽带、可控空调、洗浴设备及卧具一应俱全，真可谓“螺蛳壳里做道场”，这就是锦江国际集团推出的新一代“超经济酒店”——百时快捷酒店。

所谓“超经济酒店”，是比经济型酒店更为“经济”的酒店，主要体现在三个方面：

首先，其客房空间布局更为紧凑，设计师利用有限空间进行巧妙布局，如洗浴设施采用整体卫浴，又如床铺设置一改传统酒店双床、单床的格局，引入高低床、榻榻米床等。

其次，酒店服务人员配置更为精简，一家酒店的服务人员不超过15人，大量服务通过住客自助解决，如通过自动售货机供应食品、饮料和日用品，又如住客入住登记时就可以结清房费，免去了退房、查房手续。

最后，也是最重要的一点，“超经济”体现在更为低廉的客房价格上。百时快捷酒店的房价基本在100元左右，更适合青年学生、年轻白领、工薪一族以及中小企业商务人士等消费者的差旅需求。

“超经济酒店”是经济型酒店市场细分的产物。酒店市场的消费结构永远是呈“金字塔”型，越是低价的酒店越是具有消费市场。因此，在经济型酒店市场领域也存在着另一个“二八法则”，即在选择经济型酒店住客中有80%的人希望住更为价廉物美的客房。同时，百时快捷酒店也是适应此次全球金融危机下的市场形势而诞生的。1997年亚洲金融危机的时候，锦江集团打造了国内第一家经济型酒店锦江之星，填补了市场的空白。而此次全球性的金融危机使商务旅游消费受到极大限制，人们需要更加廉价的酒店满足基本住宿需求。

资料来源：根据相关网络资料整理。

在某种程度上讲，市场细分的过程也是一个寻找或者制造差异化的过程。一方面，连锁企业可以将已经存在而自己还并没有意识到的差异点找出来，以此为据，区别于其他企业。另一方面，连锁企业实在找不到差异点的时候，就应该意识到危机的存在，这时就要想办法制造差异点。例如，连锁美发店可以将设计能力作为卖点，也可以将服务作为卖点，比如有些企业将头部按摩20分钟作为理发的标准程序之一，既吸引了许多顾客，又使得自己区别于其他企业。差异化经营的另一个含义是价格可以适当提高，品牌定位可以比以往更加高端，这对企业的长久发展是非常有利的。因为价格的高低是相比较而言的，所谓价格高，是相对于同类产品而言，比价格低的高；而所谓的低，是指比高的低。差异化的好处就在于提供的产品不同，顾客无从比较，因而降低了价格的敏感性。

（二）门店促销活动目标顾客分析

一般来说，连锁企业的目标顾客首先要考虑商圈，即企业可以辐射的范围，在商圈范围内应选择哪些顾客作为自己促销的重点对象。同时，连锁企业还可以通过免费公交、DM单、会员制等办法尽可能地扩大商圈。其次，连锁企业应考虑吸引商圈范围外的顾客。比如，连锁企业经过一段时间的经营树立了一定的声誉，获得一定的品牌优势之后，消费者的流动性会把连锁企业的目标顾客从一个商圈带到另一个商圈。

找准促销活动目标顾客后，就得对目标顾客群体进行分析，发现他们的购买习惯、购买动机、爱好及行为等，把握顾客群体的消费态度，摸准顾客心理，才能有效地提出促销活动的重点。

概括地说，促销活动目标顾客分析包括以下基本内容：

1. 促销活动的目标顾客是哪部分人，即顾客是谁。
2. 目标顾客的关心点是什么。
3. 目标顾客的消费水平如何。
4. 目标顾客对产品的态度。
5. 目标顾客对活动的态度。

想一想

餐饮连锁企业目标顾客如何定位？

（三）门店促销活动定位

定位是一种对企业的供应品和形象进行设计，从而使其能在目标顾客心中占有一个独特位置的行动。所谓促销定位就是选择什么样的促销方式和媒体来开展企业的促销活动。促销定位有三层含义：一是促销方式的选择定位，即人员推销、营业推广、广告、公共关系等方式的选择及其组合；二是在选择了特定的促销方式之后，又怎样确定实现这个方式的具体手段或媒体。促销定位准确与否直接关系到促销的效果。要提高促销定位的准确性，必须分析产品的属性和消费者的特性，同时要考虑到企业本身的实力，从而找准既适合于产品，又适合于消费者的促销方式。三是使促销策划活动在顾客心目中留下长期固定的印象，让顾客明确这是一家怎样的企业，促销产品能够带给消费者哪些利益和价值。

连锁企业在举行促销活动时，应根据竞争者在市场上所处的位置，针对顾客对本企业所能提供的产品或服务的某种特征或属性的重视程度，强有力地塑造出本企业与众不同的、鲜明的个性或形象，并把这种形象生动地传递给顾客，从而确定本企业适当的市场位置。

促销活动定位的主要内容如下：

1. 消费者可获得的附加利益，包括折扣、代金券、赠品、奖品等。

2. 消费者获此利益的可能性，包括促销活动的规模、参与活动的条件等。

3. 促销活动的影响范围，如全国性、区域性或重点地区等。

二、门店促销活动的设计

（一）门店促销的基本策略

设计一个促销活动，首先应该选择适合企业当前状况和竞争环境要求的促销策略，并分析那些会影响促销工作的基本因素，包括企业可控和不可控的各种要素。促销的基本过程实际上就是运用“推”或“拉”两种力量，促使消费者购买本企业的产品或服务。

1. 推式策略。推式策略是企业运用人员推销的方式，把产品推向销售渠道，推向市场。其作用过程为，企业的推销员把产品或劳务推荐给批发商，再由批发商推荐给零售商，最后由零售商推荐给最终消费者。该策略适用于以下几种情况：（1）企业经营规模小，或无足够资金用以执行完善的广告计划。（2）市场较集中，分销渠道短，销售队伍强。（3）产品具有很高的单位价值，如特殊品、选购品等。（4）产品的使用、维修、保养方法需要进行示范，如图 4－1 所示。

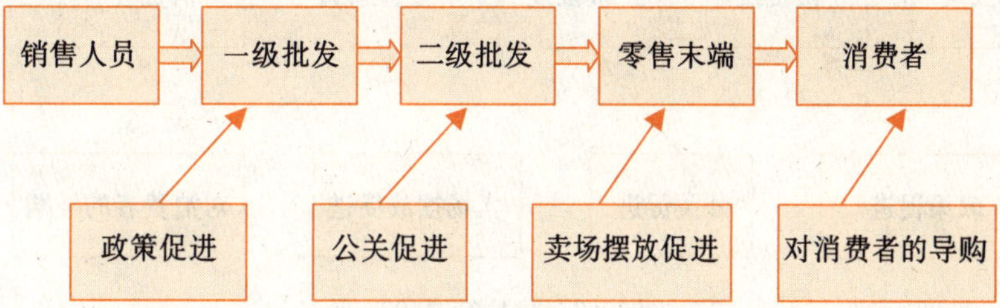

图 4－1 标准渠道的推式策略

2. 拉式策略。企业运用非人员推销的方式，即广告、营业推广、公共关系等手段吸引最终消费者，使消费者对企业的产品或劳务产生兴趣，从而引起需求，主动去购买商品。其作用路线为，企业将消费者引向零售商，将零售商引向批发商，将批发商引向生产企业。这种策略适用于：（1）市场广大，产品多属便利品。（2）商品信息必须以最快的速度告知广大消费者。（3）对产品的初始需求已呈现出有利的趋势，市场需求日渐上升。（4）产品具有独特性能，与其他产品的区别显而易见。（5）能引起消费者某种特殊情感的产品。（6）有充分资金用于广告，如图 4－2 所示。

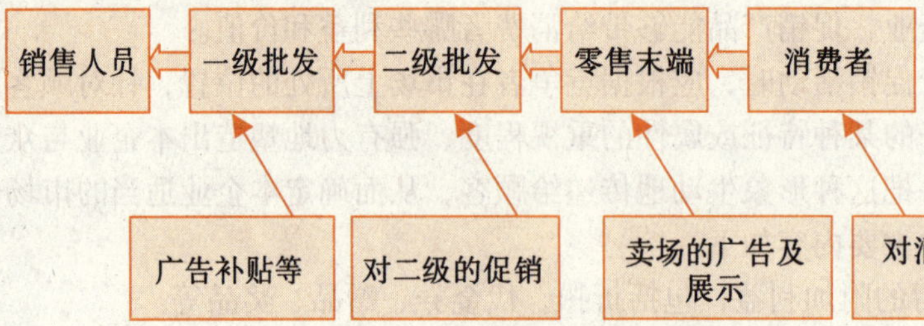

图4－2　标准渠道的拉式策略

3. 推拉策略。推拉策略也称混合策略，只是推力与拉力各自所占的比率不同而已。推拉策略的实质在于：拉式策略是尽可能在最广泛的范围内让目标顾客知晓本企业和本次促销活动的内容，促使顾客产生兴趣，使之不管距离的远近，刺激其购物的冲动，来到本企业并进入店铺。推的策略是使顾客来到之后促使其产生真实购物行为而采取的措施。因此，使顾客由远及近直至进入店堂称之为“拉”，而以人员的方式使顾客产生购买的冲动和信赖感，称之为“推”。推拉策略需相辅相成，才能取得最佳的促销效果，如图4－3所示。

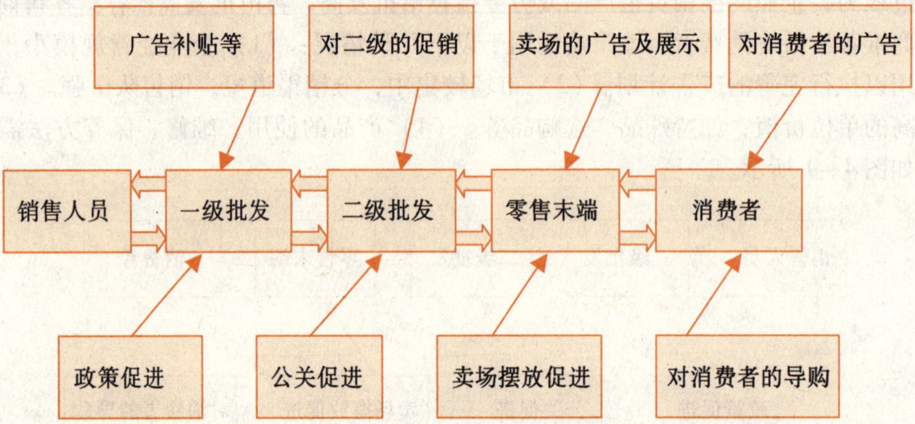

图4－3　推拉策略的互动

（二）门店促销活动设计要考虑的因素

1. 消费者特性。顾客的购买行为通常在购买频率及时间选择上是有计划性的，可是在购买类型上，多数的消费者却属冲动购买型。因此，如何在特定的时间或时段，安排特卖或其他促销活动，从而增加消费者的购买力，是促销计划设计时应考虑的因素。

2. 促销时间。促销活动在什么时间举行，举办的时间应有多长，这是拟订一个促销计划要考虑的因素之一。通常来说，顾客的购买行为会深受季节、月份、日期、天气、温度、节令、促销活动信息及竞争店活动等因素的影响。因此一项良好的促销计划应考虑季节、月份、日期、天气、温度、节令、行事、商品、促销主题、促销方式、宣传媒体、预算、法令及预期效益等因素。

（1）季节。一般经营者通常依月份区别，将一年分为四季，春季为3—5月，夏季为

6—8 月，秋季为 9—11 月，冬季为 12 月至来年 2 月。由于超市以销售食品为主，天气的冷热对各类商品销售好坏有较大的影响，所以可以将一年分为两季，暖季为 5—10 月，而寒季则自当年 11 月至来年 4 月，以此作为重点销售品种的依据，并且作为调整商品销售时间的参考。若促销活动是在暖季举行，则促销商品的选择多以清凉的饮料、果汁、冰品等为主；若是在寒季举行，促销品多会选择火锅、熟食、冷冻食品、或补品、床上用品等暖性商品，否则将影响促销效果。此外，有的地方，尤其是长江地区特有的梅雨季（5—6 月）及沿海地区的台风季（7—10 月），若能预先配合其天气特性，掌握顾客需求，进而搭配合适的促销活动，必可创造销售佳绩。

（2）月份。超市营业额一般都会受到天气、纳税、假期、开学等因素影响，而形成 3 月、4 月、5 月及 11 月的营业淡季。若促销活动能针对营业淡季的特色，提出创新的促销点子，而不只是一味地举办商品特卖，必有利于淡季时的业绩提升。而在旺季如何使顾客买得更多，以弥补淡季的不足，也是促销计划应考虑的因素。

（3）日期。一般而言，超市营业额与发薪、购买习惯等因素有关系。基本上，月初的消费能力比月底强，而周末、周日的购买力又比平日强。

（4）天气。从某种意义上来说，超市也可算是看天吃饭的行业，一旦遇到天气差、来客少，生意往往会衰退 5% ~10%。因此在天气不稳时，尤其是梅雨季节，如何提供顾客价格合理、鲜度良好的蔬果品及舒适的购物环境（伞套、伞架、外送服务、防滑垫、干爽的卖场、楼梯），也是促销计划中应考虑的因素。

（5）温度。人是环境的应变数。气温一高，饮料、冰品类商品销售量立即提高；温度低时，火锅、冷冻食品类商品销售便明显上升。若能掌握温度高低变化及趋势，推出适合的促销商品及活动（如夏天举办喝啤酒比赛、吃冰淇淋比赛、试饮等），则能提升营业额。

（6）节令。重要的节日，往往也是商家促销活动的一个有利时机，常常作为促销活动的一个最好话题。因此，节令也属于促销计划中的重要考虑因素，不可疏忽。促销中常用的节令有：①法定假日类，如元旦、春节、妇女节、清明节、劳动节、中秋节、国庆节等；②非法定假日，如情人节、母亲节等。

3. 促销商品。顾客来商店主要是为了购买商品，因此，任何促销活动的目的都离不开商品销售量的增加。同时，选择什么商品作为促销载体也成了商店促销计划的关键。促销商品是否对顾客有吸引力，价格是否有震撼力，都将直接导致促销活动的成败。一般而言，商店选择促销商品时，既可以选择一些敏感性的商品，又要选择一些不太敏感的商品组成促销商品组合。这就需要考虑季节的变化、商品销售排行榜、厂商的配合度、竞争对手的状况等因素来加以衡量，选择最适合的促销商品。

想一想

超市中哪些商品属于敏感性商品？

相关知识

促销商品的四种选择

(1) 时令性商品；
(2) 敏感性商品：一般属必需品；
(3) 众知性商品：一般是指品牌知名度高的商品；
(4) 特殊性商品：主要是指超市自行开发、使用自有品牌、市面上无可比较的商品。

4. 促销主题。现在，许多商店每举办一个促销活动，往往会寻找一个“借口”，或称促销主题，这样更容易赢得顾客的好感，使之了解商店促销的原因。大多数商店使用节日作为促销的目的。促销主题往往具有画龙点睛的震撼效果，因此必须针对整个促销内容，确定具有吸引力的促销主题。

相关知识

促销主题设计的要求

1. 促销活动主题要与产品品牌诉求和定位相一致，促销活动主题是打动消费者的关键，一定要贴近目标消费者利益，促销主题是消费者关注的重点；

2. 促销主题还要充分利用时事热点，诸如春节、奥运等等，要有一定的新闻价值，要有创新，在一定程度上能够引起社会舆论的关注；

3. 促销主题要简洁、突出、富有创意，并且朗朗上口，反映促销活动的核心思想。

5. 促销方式。促销方式是促销方案的主体，也是吸引顾客上门的主要原因，应精心设计。商店的具体促销方式有很多，常用的如POP广告、降价、堆头、试吃、举办竞赛活动、猜奖与摸彩、限时采购、折扣、贵宾卡、现场示范、优惠券等。商店在制订一次具体的促销计划时，要根据这一促销活动的具体目的选择一定的促销方式组合起来，才能达到促销目的。商店促销活动林林总总，商家在制订促销计划前应先妥善考虑，选择合适的促销手段和方式，以避免走进纯粹的价格促销循环。

连锁门店常用的促销方式如表4-1所示。

表4-1　　连锁门店常用的促销方式

促销方式	促销特点
商品降价特卖	即直接将商品原价调至较低的现价（现价就叫特价）以吸引顾客增加购买。
限时抢购	即在特定的营业时段提供优惠商品，以刺激消费者购买。
折价优惠	通过折扣让顾客在购物中直接得到价格优惠，具体方式有数量折扣、金额折扣、有效期折扣、限量折扣、会员折扣等。
现金券	通常在报纸或宣传单上印有一定面值的现金券或单独的现金券发放给顾客。
赠送商品	对购买商品的顾客免费赠送物品，具体有：买就送、买一送一等。

续表

促销方式	促销特点
抽奖	顾客购物满一定金额即可凭抽奖券在当时或指定时间参加商店组织的公开抽奖活动。
竞赛	这是一种让消费者运用和发挥自己的才能以解决或完成某一特定问题，即提供奖品鼓励顾客的活动。
积分方案	顾客在一定时期内积满一定分则可获得一定金额的现金券，这是吸引老顾客常来光顾的好办法。
POP 广告	即销售点广告，通常在橱窗、柜台、地板上或墙面上挂放各种有关商品信息和引导顾客购买的标志。
宣传张（DM）	这是商家将促销活动印成宣传单免费发放，或邮寄给顾客，或放在卖场入口处或收银处由顾客自由拿取。
演示和试用	利用店内演示引起关注，鼓励即兴购买；也可能在店内送给顾客免费的样品，鼓励试用新产品或试吃新食品。
特别活动	门店举办的非常见活动，如时装展、作者签名售书，以及旨在吸引顾客的名流造访等。
端架或量感陈列	对促销商品放置在引人注目的黄金地带如端架或卖场主动线做商品堆头。
退费优待	顾客提供了购买商品的某种证明之后，商店退还其购买商品的全部或部分货款。
联合促销	与其他非竞争性企业联合开展促销活动，使顾客在一个门店购物或消费后能享受在另一个商店的各种优惠。

案例

“福临门”食用油加护手霜，好油好手烧好菜

滋润为全家操劳一年的双手：活动期间购买福临门食用油 1 瓶，即可获赠东洋之花绵羊奶护手霜（40 克）1 支。

这种促销方式的产品陈列效果好，能够在众多竞争品类的货架上脱颖而出。但是，赠品容易被不良商店主或批发商拆除，同时护手霜尚未在家庭主妇心中建立使用意识。

资料来源：根据相关网络资料整理。

6. 媒体宣传。商店的促销活动因受促销预算、商店规模、门店数、商圈等因素限制，因此一般很少采用电视、报纸等大众媒体，而常常采用宣传单、POP 广告、海报、店内广播等媒体。然而情况亦并非都是如此。有些商店为了扩大自己的知名度和声誉，也会在电视和报纸等媒体上做宣传，尤其是一些全国连锁的专卖店，也会在全国媒体上大做广告。如果选择这类大众宣传手段，商家在制订促销计划方案时应考虑采用哪种媒体，并考虑制作的数量、规格、方式、时间长短、使用时机等。

7. 预算。促销计划的一个重要内容是编制促销预算。所谓“巧妇难为无米之炊”，有经费才好办事。因此预算多少、来源如何、是自费还是厂商赞助等在规划促销时应先予确认。

8. 预期效益。促销的目的，就是为了提高来客数或提高消费者购买欲望，以增加营业额，因此应当预估实施效果，作为日后评估的标准。

9. 其他因素。商店拟订促销计划还应该考虑一些其他因素，如国家政策，不能采用违反国家法规的促销手段，如不实标价等。有些商店喜欢给商品标上“全市最低价”等字样，这是一种不正当的竞争行为。另外，有奖销售活动中，奖品价值不能超过5 000元，否则也属于不正当竞争行为。

◆ 案例分析

百佳超市“五一”主题促销

广州百佳超市隶属于香港百佳超市集团，具有丰富的超市经营经验，目前在广州有10多家连锁门店。百佳超市一贯注重开展促销活动，其促销活动分为两类，一类是长期例行性促销，一类是短期主题性促销。百佳将2005年5月定义为“欢笑月”，围绕“家庭欢乐”的主题，进行了一系列促销活动，下面对几个主要促销活动进行简要介绍。

“圆满百佳梦”是“欢乐月”推出的主要促销活动，活动内容：顾客凡一次性购物满58元，即可获赠“百家梦想卡”一张，经过抽奖有机会实现家庭梦想。家庭梦想包括：A. 旅游大奖（价值3000元）；B. 家庭影院（价值1500元）；C. 体育用品（价值500元）；D. 电影票（价值200元）。

“快乐儿童绘画比赛”也是“欢乐月”推出的另一项主要促销活动。凡参加本次比赛的小朋友均有机会获双重丰富大奖，一重奖：所有参赛小朋友都可以获得精美文具礼品一份；二重奖：分别评选出一二三等奖，一等奖是价值200元的文具用品，二等奖是价值100元的文具用品，三等奖是价值50元的文具用品。

“宝洁百佳联合促销”，这是百佳与宝洁公司的一次联手促销活动，活动内容有两大项，一项是特价促销，例如玉兰油新生眼部退纹紧致霜15克149元，玉兰油水润保湿泡沫面乳100克24元；另一项是“买就送”促销活动，例如，买满宝洁沐浴产品48元送原色生活沐浴套装一份，买满宝洁产品68元送时尚百宝箱一个……

“10元换购”，活动内容是：顾客一次性购物满58元以上，可用10元换购以下产品：恒隆清香铁观音250克（原价25.9元），百佳牌婴儿润肤乳500毫升（原价19.9元）……

资料来源：百度文库：http：//wenku. baidu. com。

问题：（1）请分析点评百佳超市的“五一”促销主题设计。

（2）百佳超市采取的具体促销方式是否体现了促销主题？

【分析提示】

百家超市“五一”主题促销包括抽奖促销、竞赛促销、免费赠送、现金券、联合促销、商品换购等促销方式。抽奖促销主要是迎合顾客具有一定的侥幸、追求刺激的赌博心理，多层抽奖能极大提高顾客参与的积极性。竞赛着眼于趣味性及顾客的参与性，通常会引起不少人士来观看和参与，但如果设置门槛太高，会阻拦一些顾客参与。免费赠送由于获取的成本较低，顾客乐于参与，通常能获得较好的促销效果。现金券和商品换购均是商店折扣促销的一种新形式，能让顾客看到实际的利益，因而很受顾客欢迎。厂商联合促销是厂商“双赢”

的促销方式，厂家比较欢迎，而对某种品牌具有一定忠诚度的顾客也能得到真正的实惠，但若联合促销的厂家商品品牌缺乏知名度，则效果有限。

任务二
门店促销策划

任务描述

李云严格按照入职培训的要求，制定促销战略，设计促销活动，但销售业绩还是不理想，促销活动无法吸引消费者购买。李云在思考应该怎样开展有效的策划促销活动，来促进产品的销售。

促销策划从属于营销策划，是指运用科学的思维方式和创新的精神，在调查研究的基础上，根据企业总体营销战略的要求，对某一时期各种产品的促销活动做出总体规划，并为具体产品制订周详而严密的活动计划，包括建立促销目标、设计沟通信息、制订促销方案、选择促销方式等营销决策过程。促销策划包括整体促销策划和单一促销策划。整体促销策划是对企业整个促销工作的谋划和设计，即广告、营业推广、公共关系、人员推销如何实现最佳配合。单一促销策划是对企业在一定时间针对确定的市场采用特定的促销方式，对单项促销活动进行策划。

连锁门店促销策划是指促销整体策划，是在对广告、营业推广、公共关系、人员推销等各种促销进行组合运用时具有创造性的谋划与设计。策划的目的是使企业形成整体促销合力，在有限的促销预算下达成最好的促销效果。

一、门店促销活动策划流程

（一）确定目标市场，选择目标传播对象

企业在促销开始时就要明确目标受众是谁，是潜在购买者还是正在使用者，是老人还是儿童，是男性还是女性，是高收入者还是低收入者。确定目标受众是促销的基础，目标听众对企业、产品等认知状况是信息沟通者决定对谁说、说什么、怎样说、何时说、哪里说的基础。目标对象不同，促销的信息内容、形式、传播媒体等都不同。

想一想

2008 年纳爱斯集团以 2.29 亿元获得央视特约剧场冠名权。纳爱斯作为一家以日用品为主的公司，以电视剧时段作为最主要的广告投放时段，为什么？

（二）确定促销沟通目标

确定沟通目标就是确定沟通所希望得到的反应。沟通者应明确目标受众处于购买过程的哪个阶段，并将促使消费者进入下一个阶段作为沟通的目标。

消费者的购买过程一般包括6个阶段：

（1）知晓（Awareness）。当目标受众还不了解产品时，促销的首要任务是引起注意并使其知晓。这时沟通的简单方法是反复重复企业或产品的名称。

（2）认识（Knowledge）。当目标受众对企业和产品已经知晓但所知不多时，企业应将建立目标受众对企业或产品的清晰认识作为沟通目标。

（3）喜欢（Liking）。当目标受众对企业或产品的感觉不深刻或印象不佳时，促销的目标是着重宣传企业或产品的特色和优势，使之产生好感。

（4）偏好（Preference）。当目标受众已喜欢企业或产品，但没有特殊的偏好时，促销的目标是建立受众对本企业或产品的偏好，这是形成顾客忠诚的前提。这需要特别宣传企业或产品较其他同类企业或产品的优越性。

（5）确信（Conviction）。如果目标受众对企业或产品已经形成偏好，但还没有发展到购买它的信念，这时促销的目标就是促使他们做出或强化购买决策，并确信这种决策是最佳决策。

（6）购买（Purchase）。如果目标受众已决定购买但还没有立即购买时，促销的目标是促进购买行为的实现。

在不同阶段，促销沟通的具体目标是不同的。例如，在知晓阶段，告知、教育是主要目的，在犹豫阶段，促成购买是最重要的。传播者要知道如何把目标传播对象从他们目前所处的位置推向更高的准备购买阶段。

相关知识

不可不知的促销目标

表4-2　促销目标

数字化目标	软性目标
提高销售额30%~60%	宣传企业形象
加快商品周转	顾客服务策略
增加来客数	竞争策略
增加客单价	扩大商圈范围

想一想

图4-4显示了某超级市场通过调查发现，目标顾客所处于的光顾商店决策过程阶段的情况。该超级市场的促销目标重点是什么？

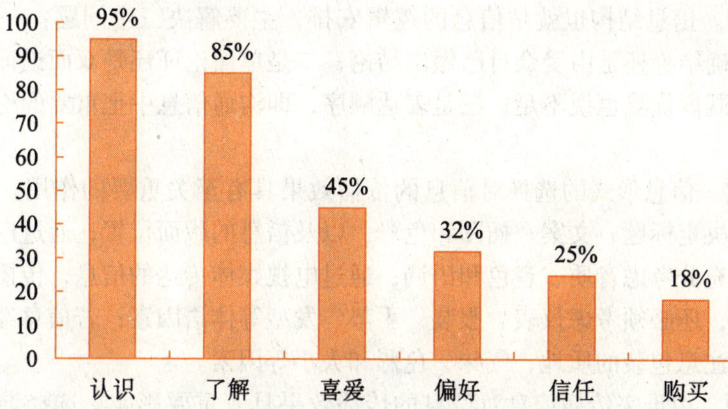

图4-4 某超市目标顾客光顾商店决策阶段调查

（三）确定促销沟通的信息

设计促销沟通信息需要解决四个问题：信息内容、信息结构、信息形式和信息来源。

1. 信息内容。信息内容是信息所要表达的主题，也被称为诉求。其目的是促使受众做出有利于企业的良好反应。一般有三种诉求方式：

（1）理性诉求（Rational Appeals）。针对受众的兴趣指出产品能够产生的功能效用及给购买者带来的利益。如洗衣粉宣传去污力强，空调宣传制冷效果好，冰箱突出保鲜等。一般工业品购买者对理性诉求的反应最为敏感，消费者特别在购买高价物品时也容易对质量、价格、性能的等诉求做出反应。

（2）情感诉求（Emotional Appeals）。通过使受众产生正面或反面的情感，来激励其购买行为的一种诉求方式。如使用幽默、喜爱、欢乐等促进购买和消费，也可使用恐惧、羞耻等促使人们去做应该做的事（如刷牙、健康检查等）或停止做不该做的事（如吸烟、酗酒）等。

（3）道德诉求（Moral Appeals）。诉求于人们心目中的道德规范，促使人们分清是非，弃恶从善，如遵守交通规则、保护环境、尊老爱幼等。这种诉求方式特别用在企业的形象宣传中。

相关链接

常见的信息诉求（见表4-3）

表4-3 常见的信息诉求

利益	让消费者知道产品是否能使他们省钱、赚钱或不浪费钱
健康	吸引关注身体健康的人
爱与浪漫	通常用于化妆品和香水广告中
害怕	集中在社交尴尬、变老或失去健康方面，这种作用要求广告商在表述中运用关心的情感
羡慕钦佩	是著名的代言人经常被用于广告之中的原因
方便	通常用于宣传快餐店或微波烤制食品
趣味与愉快	做度假、啤酒、游乐场等广告的关键
虚荣与自我	常用于宣传昂贵或引人注目的商品，如汽车和服装
对环境的关注与觉悟	围绕保护环境和为社区着想

2. 信息结构。信息结构也就是信息的逻辑安排，主要解决三个问题：一是是否做出结论，即是提出明确结论还是由受众自己做出结论；二是单面论证还是双面论证，即是只宣传商品的优点还是既说优点也说不足；三是表达顺序，即沟通信息中把重要的论点放在开头还是结尾的问题。

3. 信息形式。信息形式的选择对信息的传播效果具有至关重要的作用。如在印刷广告中，传播者必须决定标题、文案、插图和色彩，以及信息的版面位置；通过广播媒体传达的信息，传播者要充分考虑音质、音色和语调；通过电视媒体传达的信息，传播者除要考虑广播媒体的因素外，还必须考虑仪表、服装、手势、发型等体语因素；若信息经过产品及包装传达，则特别要注意包装的质地、气味、色彩和大小等因素。

4. 信息来源。由谁来传播信息对信息的传播效果具有重要影响。选择谁来说最重要的是说者在受众心目中的信任度问题。有时来自于老百姓的感受比明星代言更能取得受众的信任，如洗衣粉——家庭主妇，“神州行——都说行，我看行”。如果信息传播者本身是接受者信赖甚至崇拜的对象，受众就容易对信息产生注意和信赖。比如，玩具公司请儿童教育专家推荐玩具，高露洁公司请牙科医生推荐牙膏，长岭冰箱厂请中科院院士推荐冰箱等，都是比较好的选择。

相关知识

明星的力量，增值还是减值

根据北美权威统计机构 NPD 公布的有关名人影响力的调查指出，人们对大多数的名人并没有一个高度信任。在 86 个名流代言中很少有获得令人眼前一亮的信任支持率，95% 的受访者认识老虎伍兹（高尔夫球明星），但是只有 12% 的认同“他是我信任的人”。阿姆斯特朗是在相同的名流中受信任度最高的，也只有 18% 的信任水平。相反一些相对没有那么知名的名流却在购买决策上显现出积极的影响。

（四）选择信息传播媒体

信息沟通渠道通常分为两类：人员沟通与非人员沟通。

1. 人员沟通渠道。人员沟通渠道是指涉及两个或更多的人的相互间的直接沟通。人员沟通可以是当面交流，也可以通过电话、信件甚至 QQ 网络聊天等方式进行。这是一种双向沟通，能立即得到对方的反馈，并能够与沟通对象进行情感渗透，因此效率较高。在产品昂贵、风险较大或不常购买及产品具有显著的社会地位标志时，人员的影响尤为重要。

人员沟通渠道可进一步分为倡导者渠道、专家渠道和社会渠道。倡导者渠道由企业的销售人员在目标市场上寻找顾客；专家渠道通过有一定专业知识和技能的人员的意见和行为影响目标顾客；社会渠道通过邻居、同事、朋友等影响目标顾客，从而形成一种口碑。在广告竞争日益激烈、广告的促销效果呈下降趋势的情况下，口碑营销成为企业越来越重视的一种促销方式。

2. 非人员沟通渠道。非人员沟通渠道指不经人员接触和交流而进行的一种信息沟通方式，是一种单向沟通方式。包括大众传播媒体（Mass Media）、气氛（Atmosphere）和事件（Events）等。大众传播媒体面对广大的受众，传播范围广；气氛指设计良好的环境因素制造氛围，如商品陈列、POP 广告、营业场所的布置等，促使消费者产生购买欲望并导致购买行动；事件指为了吸引受众注意而制造或利用的具有一定新闻价值的活动，如新闻发布会、展销会等。

（五）确定促销组合

现代营销学认为，促销的具体方式包括人员推销、广告、公共关系和营业推广四种。企业把这四种促销形式有机地结合起来，综合运用，形成一种组合策略或技巧，即为促销组合。

企业在确定了促销总费用后，面临的重要问题就是如何将促销费用合理地分配于四种促销方式的促销活动。四种促销方式各有优势和不足，既可以相互替代，更可以相互促进、相互补充。所以，许多企业都综合运用四种方式达到既定目标。这使企业的促销活动更具有生动性和艺术性，当然也增加了企业设计营销组合的难度。企业在四种方式的选择上各有侧重，同是消费品企业，可口可乐主要依靠广告促销，而安利则主要通过人员推销。因此，设计促销组合，必须：

1. 了解各种促销方式的特点。各种促销方式在具体应用上都有其优势和不足，都有其实用性。所以，了解各种促销方式的特点是选择促销方式的前提和基础。

（1）广告（Advertising）。广告的传播面广，形象生动，比较节省资源，但广告只能对一般消费者进行促销，针对性不强；广告也难以立即促成交易。

（2）人员推销（Personal Selling）。人员推销能直接和目标对象沟通信息，建立感情，及时反馈，并可当面促成交易。但占用人员多，费用大，而且接触面比较窄。

（3）公共关系（Public Relations）。公共关系的影响面广，信任度高，对提高企业的知名度和美誉度具有重要作用。但公共关系花费力量较大，效果难以控制。

（4）营业推广（Sales Promotion）。营业推广的吸引力大，容易激发消费者的购买欲望，并能促成立即购买。但营业推广的接触面窄，效果短暂，特别不利于树立品牌。

案例

某美国家用电器公司的国际营销

一家美国家用电器公司拟进入日本市场销售其产品，公司确立了符合日本家电市场的产品、价格、分销、促销出策略，但由于日本实行贸易保护，设下了层层壁垒或进口障碍，因此未能进入日本市场。在这种情况下，这家公司通过美国政府派出外交官给日本政府施加政治压力，说服日本政府放宽限制；同时，向日本政府官员疏通、向日本人民说明实际情况，争取日本人民的支持，最后终于打开了日本市场的大门。

国际营销比国内营销要复杂得多，除了营销的 4P 手段外，还要借助政治力量和公共关系来推动营销活动的进行。

2. 充分考虑影响促销组合的因素。企业的促销组合受到多方面因素的影响：

（1）产品的类型。一般，按照促销效果由高到低的顺序，消费品企业的促销方式为广告、营业推广、人员推销和公共关系；产业用品则为人员推销、营业推广、广告和公共关系。

(2) 促销总策略。企业的促销总策略有“推动策略（Push Strategy）”和“拉引策略（Pull Strategy）”之分。推动策略是企业把商品由生产者“推”到批发商，批发商再“推”到零售商，零售商再“推”到消费者。显然，企业采取推动策略，人员推销的作用最大。拉引策略是以最终消费者为主要促销对象。企业首先设法引起购买者对产品的需求和兴趣，购买者对中间商产生购买需求，中间商受利润驱动向厂商进货。可见，企业采用拉引策略，广告是最重要的促销手段。

(3) 购买者所处的阶段。前面讲到，顾客的购买过程一般分 6 个阶段，即知晓、认识、喜欢、偏好、确信和行动。在知晓阶段，广告和公关的作用较大；在认识和喜欢阶段，广告作用较大，其次是人员推销和公共关系；在偏好和确信阶段，人员推销和公共关系的作用较大，广告次之；在购买阶段，人员推销和销售促进的作用最大，广告和公共关系的作用相对较小。

(4) 产品所处的生命周期阶段。产品所处的生命周期阶段不同，促销的重点不同，所采用的促销方式也就不同。一般来说，当产品处于投放期，促销的主要目标是提高产品的知名度，因而广告和公共关系的效果最好，营业推广也可鼓励顾客试用。在成长期，促销的任务是增进受众对产品的认识和好感，广告和公共关系需加强，营业推广可相对减少；到成熟期，企业可适度削减广告，应增加营业推广，以巩固消费者对产品的忠诚度；到衰退期，企业的促销任务是使一些老用户继续信任本企业的产品，因此，促销应以营业推广为主，辅以公共关系和人员推销（见表 4-4）。

表 4-4　　根据产品生命周期的不同阶段选择不同的促销手段

	导入期	成长期	成熟期	衰退期
促销目标	打开知名度	培育品牌忠诚	保持品牌忠诚	不亏损
促销手段	公关广告 SP 推动分销	大量广告	SP 广告激励分销	少量广告
促销侧重点	说明　介绍 示范　诱导	说服　劝说 诱导	提醒 优惠折扣	新老产品 对比

(5) 促销费用。四种促销方式的费用各不相同。总的说来，广告宣传的费用较大，人员推销次之，营业推广花费较少，公共关系的费用最少。企业在选择促销方式时，要根据综合考虑促销目标、各种促销方式的适应性和企业的资金状况进行合理的选择，符合经济效益原则。

（六）制定促销预算

促销预算是企业面临的最难作的营销决策之一。行业之间、企业之间的促销预算差别相当大。在化妆品行业，促销费用可能达到销售额的 20% ~30%，甚至 30% ~50%，而在机械制造行业中仅为 10% ~20%。

1. 编制促销预算。连锁企业制定促销预算的方法有许多，常用的主要有以下两种：一种方法是营业额比例式。即以年度营业目标为基础，采用一个比例（通常是0.8%~1.2%）计算一年总的促销预算，然后再根据一年中计划举办多少次促销活动进行分摊（也可以依照各月的营业目标分配至各日）。这种方法的优点是简单、明确、容易确定、易控制；缺点是缺乏弹性，没有考虑每次促销活动的实际需要，可能会影响促销效果。另一种方法是逐案累积式。即根据一年所计划举办的促销活动，每一次促销活动需要的具体金额，再将所有促销活动的费用加起来，便得出全年的促销预算。这种方法的优点是以促销活动为主导，可充分表现促销诉求重点。但缺点是促销费用支出较大，难以控制。如果促销没有达到相应效果，将可能会影响经营效益。

同时，编制的促销预算应该具体详细，所有指出项目都应一一列清。如表4-5所示。

表4-5　促销预算分配表

项目	总量	要　求	作　用	费用预算
发放DM广告	150000份	100000投递 50000门店发放	使顾客了解促销商品及价格	150000元
张贴促销海报	10000张	店内张贴	介绍卖场赠送销售的商品	20000元
悬挂特价POP	10000张	店内悬挂	介绍卖场特价销售的商品	20000元
放置广告牌	184个	店外放置	宣传活动内容	1840元
悬挂吊旗	4600面	店内悬挂	突出活动主题	13800元
悬挂红灯笼	9200个	店内外悬挂	烘托卖场气氛	46000元
悬挂国旗	184面	店门口布置	突出活动主题	3640元
悬挂彩色气球	9200个	店堂布置	渲染节日气氛	18400元
张贴征文海报	460张	店内外张贴	传递活动信息	920元
合计				274600元

2. 费用负担。超市促销费用，通常是自行负担，若是连锁店的形态，则其促销费用系由各店分别负担。可是，目前由于食品、日用品厂商的商品在超市销售通路中所占的营业比重日渐增加，且在超市、卖场陈列品项与空间有限等因素影响之下，厂商与超市共同负担促销经费已成趋势。许多商家的促销活动，其费用已不是仅由商家自己承担，供应商也会积极配合，分担一部分费用。因此，商店在拟订促销计划时，要注意将厂商的促销活动纳入自己的促销活动中，以尽量节省促销费用。

相关链接

供应商分担促销费用的做法

供应商分担促销费用的主要做法有两种。

第一种是将厂商的促销活动融入超市的促销计划内。①只要样品或赠品上印有厂商商标，供应商就可能愿意自行负担费用。②举办试吃活动的试吃费用及推广人员、设备费用，供应商亦愿意自行吸收。③举办推广该供应商商品（如：啤酒、美国苹果）的竞争活动，供应商也愿意负担相关费用。④与供应商（如：可口可乐公司、雀巢公司）合作进行的广告促销，也能受到供应商的欢迎，亦愿意负担。

第二种是供应商向超市租用卖场的特定位置、备品或设备，以推广其商品。通常，供应商可能：①租用端架或大量陈列区；②支付使用购物袋背面印制广告的权利金；③支付使用手推车或货架槽沟做广告的权利金。

（七）编制促销方案

促销策划方案应尽可能地详细，并且具有可执行性，在需要进行评估的地方尽可能处理良好。

（八）促销实施前的准备

促销前的准备涉及人员、物资的准备，以及现场氛围的营造。

1. 人员安排。在人员安排方面要"人人有事做，事事有人管"，无空白点，也无交叉点。谁负责与政府、媒体的沟通？谁负责文案写作？谁负责现场管理？谁负责礼品发放？谁负责顾客投诉？要各个环节都考虑清楚，否则就会临阵出麻烦，顾此失彼。

2. 物资准备。在物资准备方面，要事无巨细，大到车辆，小到螺丝钉，都要罗列出来，然后按单清点，确保万无一失，否则必然导致现场的忙乱。

3. 现场氛围营造。现场氛围包括气氛海报、POP张贴、装饰物品的布置、恰到好处的播音与音乐，这些将会在很大程度上刺激顾客的购买欲望。

（九）促销结束后的效果评估

当一切准备活动就绪之后，就应当按照方案一步步地实施，方案执行完毕之后，需要对整个策划方案及执行的结果进行最后的评估。

当促销活动结束后，对促销效果进行评估，以便及时地进行反馈和总结，并对出现的问题迅速进行控制和调整。

相关知识

促销效果评估的内容

1. 目标效果的评估。一是横向评估，与竞争品牌的同期相比，促销效果是否达到方案预定要求；二是纵向评估，与本企业的上年同期进行评估。

2. 广告效果评估，包括广告的创意及制作，媒体购买情况，播出效果的评估。

3. 公关效果评估。根据促销方案制订的公关方案，分析公关活动的效果。

4. 人员评估。综合内外部人员在促销活动前后的表现，对促销活动在人员激励方面的效果进行评估。

5. 促销整体效果的评估。包括对品牌影响力的评估，对销售影响的评估，对消费者影响的评估，对市场影响的评估。

三、门店促销活动策划书的撰写

促销活动策划书是连锁企业在开展促销活动之前，为调查分析促销的环境与条件，策划整体活动的策略、形式与行动方案的规划书。一份完整的促销活动方案，需要包括以下内容：

（一）活动目的

这一部分是对市场现状及活动目的进行阐述。市场现状如何？开展这次活动的目的是什么？是提升销量？是打击竞争对手？还是提升零售企业认知度及美誉度？只有目的明确，才能使促销活动有的放矢。

（二）活动对象

活动针对的是目标市场的每一个人还是某一特定群体？活动控制在多大范围内？哪些人是促销的主要目标？哪些人是促销的次要目标？这些选择的正确与否会直接影响到促销的最终效果。

（三）活动主题

在这一部分，主要是解决两个问题：（1）确定活动主题；（2）包装活动主题。

降价？价格折扣？赠品？抽奖？礼券？服务促销？演示促销？消费信用？还是其他促销工具？选择什么样的促销工具和什么样的促销主题，要考虑到活动的目标、竞争条件和环境及促销的费用预算和分配。

在确定了主题之后要尽可能艺术化地“扯虎皮做大旗”，淡化促销的商业目的，使活动更接近于消费者，这样才能打动消费者。如一些企业把一个简简单单的降价促销行动包装成维护消费者权益的爱心行动。

这一部分是促销活动方案的核心部分，应该力求创新，使活动具有震撼力和排他性。

（四）活动方式

这一部分主要阐述活动开展的具体方式。有两个问题要重点考虑：

1. 确定伙伴。是否需要选择政府部门或媒体作为合作伙伴？是零售企业单独行动，还是和厂家联手？或是与多个厂家联合促销？和政府或媒体合作，有助于借势和造势；和其他厂家联合可整合资源，降低费用及风险。

2. 确定刺激程度。要使促销取得成功，必须要使促销活动具有刺激力，能刺激目标对象参与。刺激程度越高，促进销售的反应越大。但这种刺激也存在边际效应。因此必须根据促销实践进行分析和总结，并结合客观市场环境确定适当的刺激程度和相应的费用投入。

（五）活动时间和地点

促销活动的时间和地点选择恰当会事半功倍，选择不当则会事倍功半。在时间上尽量让消费者有空闲参与，在地点上也要让消费者方便，而且要事前与城管、工商等部门沟通好。

不仅发动促销战役的时机和地点很重要，持续多长时间效果会最好也要深入分析。持续时间过短会导致在这一时间内无法实现重复购买，很多应获得的利益不能实现；持续时间过长，又会引起促销费用过高且市场形不成热度，并降低顾客心目中的身价。

（六）广告配合方式

一个成功的促销活动，需要全方位的广告配合。选择什么样的广告创意及表现手法？选择什么样的媒介炒作？这些都影响受众抵达率和费用投入。

（七）前期准备

前期准备分三块：（1）人员安排；（2）物资准备；（3）试验方案。

在人员安排方面要“人人有事做，事事有人管”，既无空白点，也无交叉点。谁负责与政府、媒体的沟通？谁负责文案写作？谁负责现场管理？谁负责礼品发放？谁负责顾客投诉？要各个环节都考虑清楚，否则就会临阵出麻烦，顾此失彼。

在物资准备方面，要事无巨细，大到车辆，小到螺丝钉，都要罗列出来，然后按单清点，确保万无一失，否则必然导致现场的忙乱。

尤为重要的是，由于活动方案是在经验的基础上确定，因此有必要进行试验来判断促销工具的选择是否正确，刺激程度是否合适，现有的途径是否理想。试验方式可以是询问消费者，填调查表或在特定的区域试行方案等。

（八）中期操作

中期操作主要是活动纪律和现场控制。纪律是战斗力的保证，是方案得到完美执行的先决条件，在方案中对参与活动人员各方面纪律做出细致的规定。现场控制主要是把各个环节安排清楚，要做到忙而不乱，有条不紊。同时，在实施方案过程中，应及时对促销范围、强度、额度和重点进行调整，保持对促销方案的控制。

（九）后期延续

后期延续主要是媒体宣传的问题。对这次活动将采取何种方式在哪些媒体进行后续宣传？脑白金在这方面是高手，即使一个不怎么成功的促销活动也会在媒体上炒得盛况空前。

（十）费用预算

没有利益促销就没有存在的意义。对促销活动的费用投入和产出应做出预算。一个好的促销活动，仅靠一个好的点子是不够的。

（十一）意外防范

每次活动都有可能出现一些意外。比如政府部门的干预、消费者的投诉、甚至天气突变导致户外的促销活动无法继续进行等。因此，必须对各个可能出现的意外事件做必要的人力、物力、财力方面的准备。

（十二）效果预估

预测这次活动会达到什么样的效果，以利于活动结束后与实际情况进行比较，从刺激程度、促销时机、促销媒介等各方面总结成功点和失败点。

以上12个部分是促销活动方案的一个框架，在实际操作中，应大胆想象，小心求证，进行分析比较和优化组合，以实现最佳效益。

只有写出一份有说服力和操作性强的促销活动方案，才能让公司支持你的方案，也才能确保方案得到良好的执行，使促销活动成功。

案例

乐宾百货“‘五一’乐享生活节”特别活动促销策划书

犒劳自己，享受生活

一、活动目的

通过“五一”期间的一系列宣传回馈活动及优惠促销，为商场树立“高品质休闲生活好去处“的经营形象，使商场所面向的市场群体更广阔，以达到树立好口碑，长期提高营业额的效果。

二、活动时间安排（2014年）

◆ 活动初始筹备期：4月1日至4月19日

◆ 活动预告及筹备期：4月20日至4月25日

◆ 活动进行期：4月26日至5月3日（26—28日活动预热，29—1日所有活动全面展开，2—3日活动尾声）

三、环境及市场简略分析

（一）劣势

1. 乐宾百货天津店坐落于天津市的CBD中心点——最繁华的滨江道步行街与南京路的交叉口，附近各种类型的大型商场众多，造成了客源的大量分流。

2. 由于乐宾一直没有足够明确的市场定位和明确的核心经营理念，无法形成与附近各大商场的明显区别，没有忠实的客户群体，并一直未开拓新的消费群体的市场，使营业额无法长足提升。

（二）优势

1. 乐宾百货位于南京路同滨江道步行街交界处，在商场展示面视野开阔，有利于在商场门口及附近进行宣传活动。

2. 南京路正面人行天桥，为南京路马路两侧人流行进增加了便利，方便人流互通，有利于汇聚周边消费者，并进一步保证了宣传活动的通达性，从而达到较好的宣传效果。

四、活动主题

• 主题：以“犒劳自己，享受生活“为主题的“‘五一’乐享生活节”

• 背景分析：

乐宾百货作为一个大型的综合商场，地上地下一共九层，有精品男服饰、时尚美容馆、健身房、家品家电、特色餐饮、休闲咖啡厅、高档大型餐厅等各种生活服务站点，具有能吸引且便于消费者进行一站式消费的优势。因此确定从五一活动期间开始明确树立商场形象及宗旨，即商场通过打造高品质的一站式服务为消费者提供更好的消费体验，同时配以适当的优惠，使“犒劳自己，享受生活“的理念深入人心。

五、活动内容

活动围绕着“享受美好生活”开展了一系列吸引消费者的优惠促销活动，意在通过一站式服务是消费者有宾至如归的高品质生活体验。

（一）享受美好生活，留住美丽瞬间

1. 化妆品专柜活动。品牌专柜可根据具体情况从品牌会员中邀请定量会员在活动期间参与新品体验活动，旨在推广品牌和提高销量。比如美丽课堂。会员在此课堂（2 小时左右）中可以从专业人士学得护肤、化妆等技巧以及体验新产品和新期流行妆容。在此活动过程中专柜工作人员可为活动拍照，尤其为体验新产品的会员拍照，并根据会员要求做照片保留或者宣传处理。比如邀请会员发微博、人人等动态为品牌和商城做实时广告宣传。

2. 服装秀。针对于商场内服装的活动，计划在乐宾百货的 1 楼设置 T 字舞台，凡是在乐宾购物或者有兴趣的顾客都可以在我们的舞台展示自己。此外店铺也可根据宣传需求提供本季新款服饰或者主打服饰等，通过准备模特（可从会员顾客中邀请）走秀达到宣传促销目的。服装秀将对每位选手进行编号，我们将在地铁视频，建筑视频上播放比赛全程，通过大众评审，以及微博支持率的统计。5 月 3 日进行最佳模王、最佳微王的揭晓仪式，冠军将成为乐宾的形象大使，并成为乐宾的金卡会员，2 ~ 5 名获奖者可以获得精美礼品。

3. 儿童服装。店铺可事先做出宣传活动。本期儿童服装店活动为“高智商，低折扣”，即儿童在家长的带领下参与活动，店面准备针对儿童的益智问题（或者记忆游戏等轻松问题），在抽取题目后即刻做出解答，时间为 3 分钟。完成规定题量的儿童在购买本店商品可在原优惠基础上再享优惠！难度拿捏得当，如设置选项等，目的是不造成顾客不必要的尴尬。如果不能完成也根据情况赠送小礼品。

4. 服饰店。开设“买一拍二”活动，即顾客每在活动店家买衣服，就可以自己选择本店的一套衣服进行拍照。工作人员会免费为顾客拍照留作纪念。同时，我们会马上把照片传到顾客给的邮箱（没有邮箱的顾客可以用自己的手机），照片质量可达一般艺术照水准。

5. 化妆品店。上述购买精品服饰的顾客（尤其是年轻女性）买到服饰后会拍照，而为了让用高清且画质好的照相机拍出的照片好看，一定需要或淡雅或精致的美丽妆容。此时附近的名牌化妆品专柜可以免费提供试妆服务，在化妆过程中通过聊天等方式对产品进行推销。同时由于妆后效果一般较为显著，也非常易于吸引消费者产生购买心理（凡购买化妆品满XXX元可进行免费修眉、化妆、拍照）。

6. 时尚美容馆（美发、美甲、美容spa）。与化妆品专柜及名品服饰合作，凡在化妆品专柜或名品服饰店消费的顾客就能得到时尚美容馆的20元优惠消费券一张。

7. 乐宾百货。凡是在乐宾百货全场消费满2000元以上者，乐宾百货将请专业摄影师和化妆师为其量身设计免费拍摄艺术照。

（二）享受美好生活，畅游温馨世界

家电店：活动期间，凡在家电中心当日全场累积消费每满2000元即可参加抽奖一次，满5000元可参加两次，以此类推，多买多中，上不封顶。

➢ 奖项设置（80%中奖）：

- 一等奖：1名奖名牌电冰箱一台
- 二等奖：3名各奖名牌自行车一辆
- 三等奖：8名各奖名牌电风扇一台
- 四等奖：30名，各奖精美电热水壶一只
- 感谢奖：若干，各奖水杯或靓盆一只

（三）享受美好生活，玩转运动休闲

1. 户外野营、运动用品店：活动期间全场8折优惠。
2. 健身房：活动期间给予所有顾客8折优惠。
3. 书店：活动期间购书满40元送商场内任一餐厅的5元代金券。

（四）享受美好生活，体验美食愉悦

餐饮类：

1. 4月30日至5月1日期间，凡是在乐宾的任意餐厅消费满80元都可以获得5元的代金券一张，满150元两张，满210元3张，满260元4张，满300元5张。300元以上赠送价值100元礼品。礼品包括：相宜本草高保湿润养水150ml装，飘柔精华护理系列（包括400ml洗发水、200ml护发素、300ml精华发膜各一件），商务便携式移动充电器一个，顾客可任选其一。

2. 凡是关注乐宾的官方微博，将美食的照片发到微博上并@乐宾百货官方微博，只要转发量满15条，就将获得乐宾百货餐饮5元代金券一张，转发量每增加15条加5元。代金券可以在乐宾任意一家餐厅使用。同时设置几个奖项，评选优胜者赠送精美礼品。

➢ 奖品设置：

- 最佳拍拍奖10位：（照片上食物看相最好）送印有乐宾logo的马克杯（价值20元）
- 最佳创意奖10位：（最有创意）送创意蜡烛（价值20元）
- 最受欢迎奖5位：（被点赞次数最多）送可爱吹风机一个（价值30元）

六、媒体宣传

1. 户外媒体：市中心繁华商业区街边灯箱、移动TV等（视频宣传片）。

2. 移动媒体：手机短信通知（会员资料）。

3. 网络媒体：注册微博（可选择新浪、网易等）进行宣传和促销活动。

4. PUP卖场广告。

5. 平面媒体：报纸、宣传手册。

七、活动前期筹备

1. 时间：4月1日至4月25日。

2. 通过乐宾百货内部广播、店内海报等多种媒体，向消费者进行店庆预告期信息告之，从而使消费者产生极大的购买欲，提升销售额。

3. 前期宣传视频制作。结合乐宾百货需求，经过与乐宾企划部有关负责人洽谈后确定视频内容及细节。

4. 活动进行时安排。以上提及的店铺种类每种至少有一家会参与商场“五一”的“乐享生活”特别优惠活动，参与时间为整个活动期间。

(1) 商场门口布置：(商场内部的整体色调，绿色——清新自然，蓝色——悠闲自在）在正门两侧分别立两个华表，华表底座为木质，整体为泡沫塑型，通体塑以金色。雨答上面铺满以百合、玫瑰、浅色的小花及绿色植被，以吸引过往行人及车辆的注意，增加喜庆效果，扩大宣传范围。在正门墙体两侧悬挂巨型对联式条幅，具体内容百货商场自定。通过店内、店外的美陈设计，让所有的人都能体会到这是一个盛大的节日活动。

(2) 客服中心美陈：具体内容百货商场自定。

(3) 折扣手册——针孔式DM：这是百货商场完全折扣手册，店庆周年DM将打破传统的DM形式，采用针孔式多页式印刷方式，这种印刷方式具有易撕拉、方便、美观，便于保管等特点，不会造成消费者随便丢弃的现象，针孔式DM还有利于形成二次消费，培养顾客对百货商场的情节。发放期为活动期间，使用期时间为活动后。

(4) 纪念胸章：百货商场所有员工在店庆月期间，均佩戴百货商场店庆周年纪念胸章，此举可以更好地让顾客感受到百货商场专业而优质的服务。制作原料以合成原料为主，直径尺寸有43mm、58mm供选择。

八、资金预算

(一) 活动费用

1. 服装秀费用预计：搭建一个50平方米的T形舞台，使用红地毯，$12 \times 50 = 600$米；租赁一天一套基本音响费用在1000元以内，搬运费500元以内，音控师的工资一天100元走秀活动总共举办3天，总共费用$1000 \times 3 + 500 \times 2 + 100 \times 3 = 4300$元。

2. 参加走秀2~5名获奖者可以获得精美礼品：价值在100元左右，共计$100 \times 5 = 500$元。

3. 制作答题卡：采用可循环的材料，制作50张答题卡，1×50＝50元。

4. 参加“高智商，低折扣”活动的精美礼品：推荐气球、卡通面具、玩具小车等费用低廉的小礼品。0.1×100＝10元（气球）、5×20＝100元、1×50＝50元，共计10＋100＋50＝160元。

5. 家电活动经费预算：冰箱2000元、自行车600元、电风扇800元、水杯和盆500元。

6. 餐饮代金券及微博互动奖品预算：估算活动三天期间消费满80元的每天有60单，满150元的有40单，满210元的有30单，满260元的有10单，满300元的有5单，300元以上的两单。则代金券有：

(300＋400＋450＋200＋125)×2＝2950元，奖品550＋200×2＝950元。

➢ 总计：12610元

（二）媒体宣传费

1. 报纸：1/4整版彩色套红预计15000元。

2. 商场门口布置费用：总体2000元。

3. 印刷折扣手册：2000元（3000张）、海报500元（10张）。

4. 设计折扣手册、制作视频费用计入本公司的账户：1000～5000元。

➢ 总计：20500～24500元

• 全部预算总计：33110～37110元

九、意外防范措施

1. 保安人员维持秩序。

2. 检查安全通道和消火栓等安全设备。

3. 广播人员提前准备，以便应对突发状况时，疏散人群。

十、活动效果监督追踪与评估

1. 在活动中做好顾客咨询及到达人数、活动参加人数、购买人数、销售额等做好详细记录（通过拍照片的环节进行客流量的统计，建立顾客档案，为乐宾的下次活动进行提供预算，客流量等方面的参考信息）。

2. 活动后期做好活动将以上数据及媒体投放频次、代理商反馈意见等搜集至品牌规划部做好活动评估、总结，以便提供更好的营销服务给加盟伙伴。

资料来源：百度文库：http：//wenku. baidu. com。

思考与训练

一、不定项选择题

1. 以下（　　）促销方式可能会破坏品牌形象。

A. 折价让利　　　　B. 赠品促销

C. 竞赛　　　　D. 免费样品

2. 某洗涤用品公司为了推出一款新洗发液，欲将库存的旧款产品进行促销，经过考虑，决定采用赠品的方式进行促销，以下哪个方案较为合理？（　　）

A. 旧款产品买一送一　　B. 买旧款产品附送一个小包装新款洗发液
C. 新款产品买一送一　　D. 买新款洗发液附送一个小包装旧款产品

3. 企业以非付款的方式通过第三者在报刊、电台、电视、会议、信函等传播媒体上发表有关企业产品的有利报道、展示或表演，以刺激人们需求的一种促销方式是（　　）。

A. 广告　　B. 公共宣传
C. 销售促进　　D. 人员促销

4. 企业按照一定的预算方式，支付一定的费用，通过一定的媒体把商品信息传送给广大目标顾客的一种促销方式是（　　）。

A. 广告　　B. 销售促进
C. 人员推销　　D. 公共宣传

5. 下面不属于公共关系策略的是（　　）。

A. 贫困基金捐献　　B. 处理内部信访
C. 召开部门间的联谊会　　D. 对中间商数量折扣

6. 促销的目的是引发刺激消费者产生（　　）。

A. 购买行为　　B. 购买兴趣
C. 购买决定　　D. 购买倾向

7. 对于单位价值高、性能复杂、需要做示范的产品，通常采用（　　）策略。

A. 广告　　B. 公共关系
C. 推式　　D. 拉式

8. 在产品生命周期的投入期，消费品的促销目标主要是宣传介绍产品，刺激购买欲望的产生，因而主要应采用（　　）促销方式。

A. 广告　　B. 人员推销
C. 价格折扣　　D. 营业推广

9. 促销的主要任务是（　　）。

A. 宣传与说服　　B. 引起消费者的注意与兴趣
C. 传递与组织有关的信息　　D. 促进消费者购买

二、简答题

1. 促销活动策划主要解决什么问题？
2. 连锁企业的促销与大型独立百货商店的促销有何区别？
3. 列举节假日公关促销策划策略。

三、案例分析题

案例一　98 元体验式营销为企业赢得开门红

在北京某大型高档小区内，一家刚开业的 SPA 美体俱乐部大派优惠券，优惠券上标明，凡持优待券的消费者只需花费98元，即可体验价值分别为280元和380元的面部芳香美容护理和背部芳香美容护理各一次。由于新店装修豪华，且周边居住的消费者具有较高的消费能力，在促销的三个月当中共发放优惠券4000余张，结果有近300个人使用优惠券进行了消费，并有20余人成为该店的会员。

问题：试分析这家美容院营销策略的成功之处？

案例二　两败俱伤：为什么受伤的总是我

沈阳两家医药保健品龙头企业，中秋之际暗自较劲，总想知道对方如何制定促销政策、用何种形式等。然而，对方的保密措施却让企业无计可施，没办法只能狠心将价格、买赠比例降到最低，将规模做到最大，促销不为挣钱，只要收支平衡就算成功，结果是让消费者着实得到了一把实惠。促销后，双方陷入了一个销售低谷期，企业利润大幅下降，促销带来的伤害将企业拖入了恶性循环的怪圈。

问题：这两家企业的促销手段合理吗，为什么？

案例三　一厢情愿：其实你不懂我的心

某企业代理了一种以膳食纤维为主要原料的功能性保健品。产品上市时，企业搞了个名为“凭你尝”的免费试吃促销活动，顾客只要凭“三高”证明和身份证就可以免费吃，吃完后认为值多少钱就给多少钱。结果捧场的人不少，付钱的时候都只给两块三块，有的人还把桌子上的牙签、餐巾纸，甚至盘子带走，挑剔服务员不提供茶水，服务慢，不开空调等，最后是人越来越少，产品消耗了不少，销售寥寥无几。

问题：企业采用这种促销手段的目的是什么？为什么最终的效果不佳呢？

四、实践实训

项目实训一

【任务】门店促销方式调查分析。

【目的】通过实训，了解、认识门店促销的类型、特点和技巧。

【要求】（1）分组，4~6人为一组，找一家本市连锁门店，观察其采取的促销方式。

（2）分析门店促销方式的特点、促销规模、促销频率、使用的媒介及存在的问题，写出调查报告。

（3）评定每个小组的成绩，教师总结（自评20分，他评30分，教师评分50分）。

项目实训二

【任务】撰写促销活动策划书

【目的】通过实训，掌握促销活动策划的流程，熟悉促销策划书撰写的要求。

【要求】（1）分组，4~6人为一组，寻找本市一家连锁门店，了解该门店促销的特点，总结其促销战略，为该门店制定一个虚拟的促销流程和制度。

（2）针对某一节假日，确定促销主题，为该门店制定一份较为详细的促销活动计划书，提交一份完整的“促销活动策划书”。

（3）评定每个小组的成绩，教师总结（自评20分，他评30分，教师评分50分）。

5 项目五 门店商品销售作业管理

学习目标

知识目标：了解和掌握门店销售流程及服务规范；了解顾客的购买心理特征；掌握顾客接待技巧和商品的销售技巧；能有效地防止与排除和顾客的冲突。

能力目标：能够对顾客的购物心理进行科学分析；能够把握顾客接待的时机；能发现顾客需求；能根据不同特征有效处理异议，促成商品销售；能有效防止和排除与顾客的冲突。

职业素养：树立正确的顾客服务意识，能够与顾客进行很好的沟通，能为顾客提供优质服务。

引导案例

一次成功的地砖销售

一个40岁左右的中年人带着母亲来买地砖，两个人在展厅里一边走一边看，这时儿子接了一个电话，老太太一个人在一款“晶花芙蓉”产品前停了很长时间。于是导购员走上去。

导购：“大妈，您非常喜欢这一款，是吗?”

老太太：“是的，就是太贵了。”

导购：“大妈，我想您和我妈一样，一辈子全为儿女操劳了，没用过自己舒心的东西。把这个您喜欢的东西买回家，自己天天看着就舒服，那多好啊。”

导购看到大妈听得很认真，接着又说：“您儿子还真孝顺，他买地砖还把您带上，不就是想让您老人家拿个主意，买您老人家看着舒服的东西！我看您儿子也不缺这几个钱。”

老太太的儿子打完电话走了过来。

导购迎上去:“这位大哥,您妈妈非常喜欢这一款,您看……”

中年人看了看那款砖,又看了看老太太,老太太没有传出反对的意思,接着他看了看砖的标价牌说:“贵了点”。

老太太似乎不悦,但没说什么。场面有点尴尬。

导购:“大哥,我们到那边坐一下怎么样?”

(导购和那位中年人走到休闲区坐下来。另一位导购倒了一杯水,递给老太太。)

导购:“大哥,我建议您买这一款。老太太看上一件东西不容易,老太太既然看上了,铺到家里她就看着舒服,老人心里舒服,一家人心里都舒服;老人要是心里不舒服,一家人都会跟着难受。老太太心里舒服就少生病,老人健康,我们做儿女的就少担心,也才能集中精力做我们自己的事情。再说句不好听的话您别介意,老人哪一天不在了,这不都还是您的?”

中年人看了一眼还在原地看产品的老太太,几秒钟后,他没有流露出反对的神情。

导购走到前台,拿过来一张合同。

导购:大哥,您贵姓?

中年人:我姓李。

导购:留一个您的手机吧?

中年人:×××

导购:您看我什么时候可以送货?……

资料来源:“雀巢与家乐福供货商管理库存系统”,百度文库:http://wenku.baidu.com/view/。

讨论:

(1)顾客购买过程分为哪几个心理阶段?不同心理阶段应该采取什么样的销售手段和技巧?

(2)这个导购员身上有哪些地方值得我们学习?

任务一
顾客购买心理和购买行为分析

任务描述

一个优秀的销售员一定要善于分析判断顾客的类型、顾客购买心理的变化等,那么如何来判定顾客的类型以及他的购买心理阶段呢?

一、顾客购买的心理过程分析

销售是门店经营中比较重要的一个环节，也是决定门店经营业绩好坏的关键。一般来说，销售从顾客的到来开始，随着顾客的离开而结束。营业员在顾客进店门的时候就要分析判断顾客心理特征，根据顾客购物过程中心理状态的变化，采取适当的步骤和方法做好门店销售工作。

（一）顾客购买的心理过程

顾客购买的心理过程是客观事物在顾客头脑中的动态反映。依据反映的形式和性质不同，这一过程具体分为认识过程、情绪过程和意志过程。在销售活动中，尽管顾客的心理活动内容不一样，但顾客的心理活动过程都是大致一样的，并且心理活动支配顾客的购买行为。因此，研究顾客在购买行为中发生的心理活动过程，对销售人员了解顾客的心理变化，采取相应的销售方法和策略有很大的帮助。一般来说，顾客购买的过程有以下10个阶段（见表5－1）。

表5－1　顾客购买的心理过程

序号	阶段	顾客的行为	门店成交的阶段
1	店貌感受	店容店貌的感受	门店装饰、卫生、秩序、商品的陈列
2	知晓商品	有意（无意）注目	容易看到
3	观察了解	接近柜台或货架	注意顾客
4	引起兴趣	止步	具有吸引力的展示
5	产生联想	注视特定商品	接近顾客，了解其动机
6	激发欲望	浏览	将商品呈现在顾客面前
7	比较判断	注意价格、功能、款式等以及其他商品	咨询、建议
8	决定购买	做出购买决定	坚定顾客信心
9	采取行动	挑选、付款	成交、继续要求一些关联商品
10	购后体验	高兴离开	包装商品，找回零钱

（二）购买者分析

虽然我们总结了顾客购买心理的活动过程，但是，对不同个体来说，同一个心理阶段所表现出来的心理活动内容并不相同，只有了解每一位顾客的购物心理，才能激发顾客的购买兴趣，采取恰当的销售方法促成商品的销售。

1. 不同年龄的顾客购买心理差异分析。

（1）老年顾客的表现。

①喜欢购买惯用的产品，不易接受新产品；

②购买习惯稳定且不易受广告影响；

③希望购买方便舒适；

④对营业员的态度反应敏感。

（2）中年顾客的表现。

①多属于理智型购买，比较自信；

②讲究经济实用；

③喜欢购买被证明使用价值高的优秀产品；
④对能改善家庭经济条件、节约家务劳动时间的产品感兴趣。
（3）青年顾客的表现。
①对消费时尚敏感，喜欢购买新颖时髦的产品；
②购买具有明显的冲动性；
③购买动机易受外部因素的影响，不太考虑价格因素；
④容易接受新产品。

想一想

销售人员接待青年顾客的策略？

2. 不同性别的顾客购买心理差异分析。
（1）男性顾客的表现。
①常常有目的和理智地购买产品；
②选择商品以质量性能为主，对价格不敏感；
③比较自信，不喜欢导购员喋喋不休的介绍；
④希望快速完成交易，对排队等候现象缺乏耐心。
（2）女性顾客的表现。
①购买动机具有冲动性和灵活性；
②选择商品十分有耐心；
③购买心理不稳定，易受到外部因素影响；
④购买行为受情绪影响较大；
⑤选择商品注重外观、质量和价格。
3. 不同性格的顾客购买心理差异分析。
（1）理智型购买者的表现。
①购买决定以商品和知识为依据；
②喜欢搜集有关商品信息，独立思考，不喜欢别人介入；
③善于比较挑选，不急于作决定；
④购买过程中不动声色。
（2）冲动型购买者的表现。
①个性心理反应敏捷，易受外部刺激的影响；
②购买目的不明显，常常即兴购买；
③凭直觉和外观印象选择商品；
④比较迅速做出购买决定；
⑤喜欢购买新产品。
（3）情感型购买者的表现。
①购买行为通常受个人情绪和情感支配，没有明显的购买目的；
②想象力丰富；

③购买中易情绪波动。

(4) 习惯型购买者的表现。

①凭以往的习惯和经验购买;

②不易受广告宣传或他人影响;

③通常是有目的的购买，购买过程迅速;

④对新产品反应冷漠。

(5) 疑虑型购买者的表现。

①个性内向，行动谨慎，反应迟缓，观察细微;

②缺乏自信，对导购员也缺乏信任，购买时疑虑重重;

③通常选择商品时动作迟缓，反复挑选，费时较多;

④购买时犹豫不决，事后反悔。

想一想

销售人员应对疑虑型购买者的方法有哪些?

(6) 随意型购买者的表现。

①缺乏购买经验，购买中常不知所措;

②信任导购员，乐意听取导购员的建议;

③对商品不过多挑剔。

二、顾客购买的行为过程

顾客购买行为是顾客为满足自身需要而发生的购买商品的行为，是一个从产生需要到满足需要的过程，一般分为五个具体步骤:

(一) 确定需要

需要是购买活动的开始，是顾客受到某种刺激面对某种商品产生的欲望和需求。这种刺激来自于两个方面：一是顾客自身的心理和生理的缺乏状态产生的刺激。如因口渴的刺激产生喝水的需要。二是顾客受外部环境的刺激。如商品独特的外观、造型，广告的宣传、诱导都会刺激顾客产生购买的需要。

(二) 搜集信息

顾客在确定需要的前提下，会大量搜集与需要相关的信息。顾客搜集信息的渠道有四种：(1) 相关群体：口头传播的有关商品的信息。(2) 自身经验：顾客通过观察、试用和实际使用商品得来的信息。(3) 市场信息：营销人员、广告、包装、产品介绍等提供的信息。(4) 公众来源：从报纸、杂志、电视、广播、互联网等大众传播媒介获得的信息。

(三) 分析选择

在搜集到足够的商品信息后，顾客就会根据自己的实际需要对信息进行分析和评价。由于同一种商品往往不能满足顾客的多种需要，顾客这时会通过信息的筛选找出最佳性价比和最大满足度的商品。这是一个购买动机不断强化、明确的过程。

（四）决定购买

1. 试购阶段。由于顾客没有实际购买、使用的经验，常先购买少量商品试用，以减少风险。

2. 重复购买阶段。试购的效果如理想，会促使顾客重复购买，以减少再次选择新商品带来的风险，同时提高顾客对该商品的忠诚度。

（五）购后评价

顾客购买后常用满意度来评价购买行为的正确与否。如果满意度高，即商品完全符合自己的购买意愿，甚至物超所值，顾客会重复购买，并且会起到一个积极的宣传作用；反之，满意度低，商品的使用效果比预想的低，则顾客不仅不会再购买，而且会有消极的宣传作用，阻止他人购买。可见，购后评价常作为一种经验，反馈到购买活动的初始阶段，影响顾客的购买行为。

拓展阅读

顾客的消费心理阶段

阶段一：注意，是指客户注意到商品，这是购买心理的第一阶段。

阶段二：了解，直观的效果传播下去，消费者对产品有一定的认知和了解。这一阶段，销售人员需要充分利用视觉、听觉、嗅觉结合的效果告知产品的存在，给消费者传达正面的信息，提示产品独一无二的功能，以便和其他产品区别。

阶段三：欲望，让客户产生购买欲望才是真正的营销，在这方面，要强调产品的硬指标、优势等。

阶段四：比较，当消费者对产品拥有欲不断升高的时候，便会与其他同类商品作比较，在这一阶段，消费者困惑，便是导购提供建议的最好时机。要把握机会，进一步说明。

阶段五：信赖，消费者经过比较，最终了解自己所需要的，相信该产品适合自己而决定购买。让消费者产生这种信念的主要原因：一是对导购的信赖；二是对品牌、商家的信赖。

阶段六：购买，当客户决定购买时，他已经信赖产品，销售员需要做的是更坚定的信心和观念，向客户解释产品能满足其需求的合理原因，让他感觉自己的决定是对的。

阶段七：享用，在客户享用产品阶段，销售员需要定期回访，对客户存在的疑惑及时解决。

阶段八：深度营销，有两个目的：一是形成二次购买，二是形成口碑传播效应，影响其他人购买。在今天，深度营销成为非常有效的营销方法。

◆ 案例分析

乔治与众不同的推销

销售人员来到爱德华先生这里，都详细介绍自己公司的轿车性能多么的好，多么的适合他这样的公司老板使用，甚至还嘲笑说："你的那台老车已经破烂不堪，不能再使用了，否则有失你的身份。"这样的话无疑让爱德华先生心里特别反感和不悦。

销售人员的不断登门，让爱德华先生感到十分烦躁，同时也增加了他的防御心理，他心想：哼，这群家伙只是为了推销他们的汽车，还说些不堪入耳的话，我就是不买，我才不会上当受骗呢！

不久又有一名叫乔治的汽车销售人员登门造访，爱德华先生心想，不管他怎么说，我也不买他的车，坚决不上当。可是乔治只是对爱德华先生说："我看您的这部老车还不错，起码还能再用上一年半载的，现在就换未免有点可惜，我看还是过一阵子再说吧！"说完给爱德华先生留了一张名片就主动离开了。

乔治的言行和爱德华先生所想象的完全不同；而自己之前的心理防御也一下子失去了意义，因此其逆反心理也逐渐地消失了。他还是觉得应该给自己换一辆新车。于是一周以后，爱德华先生拨通了乔治的电话，并向他订购了一辆新车。

资料来源：根据相关资料整理。

问题：乔治的推销成功给你什么启发？

【分析提示】

不同心理特征的顾客表现出不同的反应，应该采取不同的推销策略。乔治的推销成功主要是他很好地了解了爱德华先生的心理特征，爱德华先生逆反心理很强，强行向他推销介绍新产品的好处，指出他的产品存在的不足，只会让他更反感，而乔治采取立场转换的方式，站在爱德华的角度说明车子可以继续使用，让可信度缓解客户的抵制心理，缩小与顾客的心理距离，进而赢得顾客的接受。

任务二
销售人员接待顾客流程和服务规范

任务描述

陈明在学习完顾客接待流程和销售服务规范后，开始上岗了。销售理论掌握得很好，但真正实践起来却有些力不从心，看到自己的师傅一天的销售量比自己大很多，于是向师傅提出问题：我感到我的服务比较规范，为什么不能打动顾客？我怎样接待顾客才能称得上好呢？接待顾客又有哪些技巧可以运用呢？

一、销售人员接待顾客流程

销售人员要针对顾客心理过程中各个阶段的不同特征，采取相应的销售方法。一般来说，销售人员接待顾客流程分为六个步骤（如图 5－1 所示）：

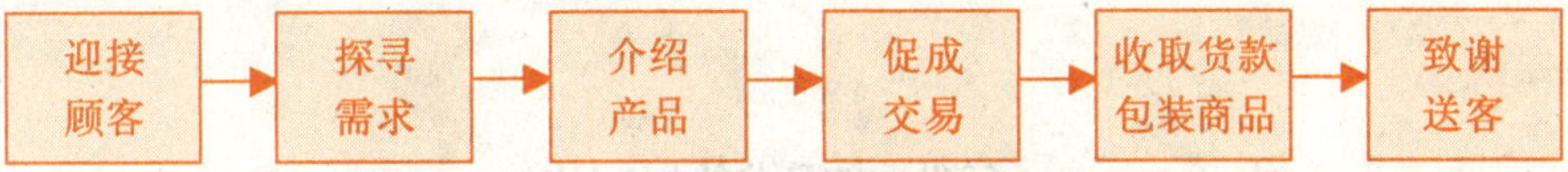

图 5－1　销售人员接待顾客流程

（一）迎接顾客

顾客进店后走近柜台或货架离营业员还有三米远的时候，营业员就可以和顾客打招呼、微笑、目光接触，注意寻找合适的时机和顾客接触搭话。首先要仔细观察和判断顾客临近柜台或货架的意图，是有购买需求的，还是只是随便观看的顾客，以便及时和顾客接触搭话，为顾客提供购物帮助，促使交易完成。但营业员要注意分寸，不要过分热情，不要老远就和顾客打招呼，当顾客走进货架时，不要尾随而至，寸步不离，并且喋喋不休地开始介绍自己的产品如何如何。作为顾客来说喜欢有一种宽松的自由的购物环境供他们观赏和挑选，不分青红皂白的介绍反而会让他们感到一种无形的压力而趁早“逃之夭夭”。所以营业员在接待顾客时不要“过分热情”。接待顾客中经常遇到的难题和应对方法见表 5－2。

表 5－2　　接待顾客常见难题和应对方法

常见问题	应对办法
不好意思向顾客打招呼	要自信，养成良好的问候习惯，讲解礼貌的用词，如您好，欢迎光临，请稍后，让您久等了等
无论营业员怎么引导，顾客都一言不发，不回答营业员的询问，表现得很不友好，甚至怀有敌意	注意观察顾客的表情动作，以具体的方式提问来诱导顾客，给顾客相对自由的空间
一进店就恶意攻击本店的某品牌产品	客户可能以前对本店有过误会，给一次宣泄的机会，微笑也许是很好的解决之道，将其引到办公区进行客户抱怨处理
夸奖其他品牌的产品，视营业员不存在	任何商品都有优劣，知道了比较的对象更方便、有针对性地介绍自己产品的特征、优势
只对价格关心，对产品性能不作过多了解	可能顾客已进入决定购买阶段，推荐合适价格的商品，顾客的价格需求已经表现出来，介绍重点放在顾客需求的方面
来去匆匆的客户	礼貌接待，热情服务，给顾客留下好的印象，为下次光顾留下机会

（二）探寻需求

进入商店的顾客，购买意图存在着多种差异，有的抱有明确的购买目标，进店的目的是直接实现购买行为；有的并无确定的购买目标，进店的目的在于观察比较，若对某件商品产生兴趣、好感，则有可能诱发购买欲望；还有的顾客没有购买意图，只是随意浏览参观。这时，对销售人员来说，就需要了解并鉴定顾客的需求，帮助他们确定需要的商品。而顾客的性格及购买心理的不同，销售人员很难一开始就能准确判定顾客的实在需求，这就需要我们的销售人员通过耐心地倾听顾客对商品的描述以及自己对顾客高质量的询问来鉴定顾客的真实需求。

相关知识

了解顾客需求的提问法

1. 漫谈式提问：目的——了解客户的基本情况，从中发现有价值的线索。

提问模式：您今天有时间？想买些什么？

2. 探寻式提问：目的——寻找客户目前存在的问题，确定洽谈的主方向。

提问模式：您为什么对这款产品感兴趣？

3. 提示性提问：目的——提示客户目前存在问题可能会造成的损失或带来的危害。

提问模式：如果这个问题不及时解决会……？

4. 确认性提问：目的——对客户存在的问题进行确认，锁定需求目标，准备往产品上引导。

提问模式：你同意这个观点吗？

（三）介绍产品

在这一阶段，顾客要求掌握大量的商品信息，为购买进行信息的积累，此时，销售人员应提供有关商品介绍的服务，力求全面清晰地介绍商品，强化顾客的心理感受，促使顾客产生丰富的联想和想象，诱发购买欲望。

为了满足顾客需要全面掌握商品信息的要求，在推荐与介绍商品阶段，销售人员要做好以下工作：一是要根据顾客的实际情况，合理地推荐商品；二是如实介绍商品的性能、质量、使用效果等情况；三是通过恰当的推销手段来向顾客介绍商品，如我们可以通过商品演示、试穿、试用等手段，增强顾客对商品的亲身体验和全面感知；可以从商标、品牌、造型等方面展示商品的独特性，增强顾客获得精神享受的欲望；四是用简单明了的语言介绍商品，尽量少用专业术语向顾客介绍商品，结合顾客的利益需求，用通俗的话语将产品的特点转化为优点，并尽可能地列举相关的例证，以打动顾客，促成购买行为发生。

案例

冰箱的省电作为卖点

（特点）你好，这款冰箱最大的特点是省电，它每天的用电才0.35度，也就是说3天才用一度电。

（优势）以前的冰箱每天用电都在1度以上，质量差一点可能每天耗电达到2度。现在的冰箱耗电设计一般是1度左右。你一比较就可以知道一天可以为你省多少钱。

（利益）假如0.8元一度电，一天可以省可以0.5元，一个月省15元。就相当于省你的手机月租费了。

（证据）这款冰箱为什么那么省电呢？

（利用说明书）你看它的输入功率是70瓦，就相当于一个电灯的功率。这款冰箱用了最好的压缩机、最好的制冷剂、最优化的省电设计，所以它的输入功率小，所以它省电。

（利用销售记录）这款冰箱销量非常好，你可以看看我们的销售记录。假如合适的话，我就帮你试一台机。

资料来源：根据相关网络资料整理。

（四）促成交易

促成交易就如同足球比赛的"临门一脚"。但"射门"是一回事，球进不进又是另外一回事。做到"射门后球进门"，才是销售所追求的结果。在确定顾客已做出购买决定后，有经验的销售人员常会辅以恰当的语言和动作，加速顾客做出购买行为。促成销售常见的方法有：

1. 二者择一法。二者择一法是指销售人员提出选择性问句，让顾客在提供的选择范围内做出回应，即强迫顾客从A或B中做出决定。顾客离开门店再折返的几率很低，所以在最后阶段要多提一些二选一的问题。

案例

两个摆煎饼摊子的下岗女工仅因一句话的差别，结果一个生意越做越大，一个却生意没做下很快撤摊走人。前一个下岗女工在做煎饼时问顾客是要一个鸡蛋还是要两个鸡蛋，结果顾客要么要一个鸡蛋要么要两个鸡蛋，鲜有不要蛋的，从而带动了鸡蛋销售，利润也随之骤增。而后一个下岗女工问顾客是要鸡蛋还是不要鸡蛋，结果少数人选择了要鸡蛋，更多人选择了不要鸡蛋，她的生意也就难以为继。

在引导顾客的过程中，使用二者择一法可以有效地避免顾客讲出"不"字。但在实际销售过程中，销售人员往往不注意发问的方式，而习惯于用一些封闭式问句。例如："今天您能不能下订单？""不能！""今天您有没有空？""没有！"封闭式问句很容易引起顾客下意识地做出防卫性的否定回答。这种结果往往是因为销售人员不讲究技巧带来的。

2. 假定成交促进法。假定成交促进法，就是销售人员假设顾客已经做出购买的决定，销售人员直接引导顾客进入相关购买手续的成交阶段。即销售人员以成交的语气询问顾客"可以将商品包起来了吗？""可以开单了吗？"

案例

汤尼·亚当斯有一套新西装，但是缺少一条可以搭配的领带。他走进了一家服装饰品店准备选购领带。

店里有一个玻璃柜台，柜台后站着一位年约18岁的少年。见到客人进来，少年说："先生，请问你想买什么？"

“我想买条领带，配我那套蓝灰色的西装。”亚当斯回答说。

“好的”，少年很有信心地表示：“你在这里一定可以找到你喜欢的领带。”

少年从柜台下面抽出三只木盒，木盒里放满了各式领带。放眼望去，一条条并列的领带煞是整齐好看。

少年说：“在你选领带以前，我想给你一个建议，选领带时，选择第一眼看去就喜欢的领带，不要想得太多，以为继续找下去可以找到更好的，结果，徒增困扰，下不了决心。”

亚当斯看中一条丝质领带，颜色既不是纯黑的也不是纯蓝的，好像是夜晚的天空。混合着黑色和蓝色。领带上面还镶着许多斑点，像金孔雀的眼睛。

“这条不错。”亚当斯说。

“这条不错”，少年附和着，“很适合蓝灰色西服。”少年从亚当斯手中取回领带，小心翼翼地叠好，说：“就这条吧，这条领带的价格是6英镑，我给您包起来吧？”

亚当斯觉得太贵，一时竟犹豫起来，考虑“要不要买”。精致的包装袋吸引了亚当斯，从包装袋的质料上看，可以看出这是专门为高价产品设计的包装袋。禁不住“精致”的诱惑，亚当斯终于买下了那条“不错”的领带。

资料来源：根据相关网络资料整理。

3. 有限数量或期限法。人们对期限或数量有反应敏感的习惯，一旦商家设定一个数量或期限，很多顾客就开始担心万一错过这次机会再也买不到，担心被别人买走就没有了。所以销售员要适时的提醒顾客“今天特价最后一天”、“限时特价”、“下星期一，价格就涨了”、“只剩最后一个了”，这些话能让顾客有一种紧迫感，一般能促使顾客下定购买决心，促成交易完成。

案例

2011年5月6日，苹果第二代平板电脑iPad2开始在北京、上海发售。近千人的购买队伍从5日晚间就开始出现。“加价200到500元就可以免去你3个小时的排队时间。”6日上午，开始有黄牛公开叫卖。“从这些直营店里出货的iPad2，预计国内有3/4都在黄牛手中。”一位长期关注苹果的人士表示。

不管市场对这款产品的呼声多高，苹果公司始终坚持限量供应。不少人或许是因为买不到，而想买一部试试。有人甚至花很大的代价得到了自己并不了解的东西，他就会满足于得到的喜悦，有时候甚至闹不清自己想要的究竟是什么，而苹果的饥饿营销则正好利用了人们这种赶潮流、追时尚的心理。它高高吊起人们的胃口，却不急于满足。不满足引来更多关注，限量版比大路货更让人追逐。因为不容易拥有，便会更显得珍贵，更加不同。

资料来源：根据相关网络资料整理。

4. 利益诱惑法。向顾客提示现在购买商品给他带来的好处，从而打动顾客的心，刺激其购买欲望。销售人员可以适时提醒顾客“现在是促销，比平时购买要便宜20%，而且还有精美的礼品赠送”、“整箱买可以便宜10%，你想要一整箱还是零买?”

5. 激将法。想要顾客成交，采用反向借力法则暗示对方没有购买能力，从而激起顾客的挑战或斗胜心态，促使他用行动来维护自尊，证明其能力，促使其购买。

案例

在北京某友谊商店里，一对外商夫妇对1只标价68万元的翡翠戒指很感兴趣。此时，售货员热情接待，告知翡翠戒指来自南非，品质优良，同时告知，前两天某国总统夫人也曾对它爱不释手，只因价钱太贵，没买。这对夫妇听了此言，欣然买下这枚翡翠戒指。销售人员的介绍起到暗示总统夫人买不起这枚戒指，同时使得顾客产生这样联想——我比总统夫人富有，我能买得起。显然，在售货员的刺激下，这对夫妇以此表明自己比总统夫人更阔气。

资料来源：根据相关网络资料整理。

（五）收取货款，包装商品

顾客一旦下了购物决定，采取购买行动后，营业员就应该收取货款，包装商品。在这一环节，务必要做到“三唱一复”：“三唱”即“唱价”（确定顾客所购商品的价格）、“唱收”（确认所收顾客现款金额）、“唱付”（确认找给顾客余款余额）；“一复”即“复核”（确定所付商品与收进货款是否相符）。

（六）致谢送客

货款结算完毕后，销售人员应将商品交给顾客再次核对，并妥善包装，以便顾客携带，在包装同时还应询问顾客是否需要别的商品（主要是与顾客所购买的商品相关的商品）。当将包装好的商品交到顾客手里时，要主动口头向顾客表达谢意，赞扬顾客的明智选择，并请顾客对商品的质量放心，欢迎其再次惠顾，使顾客体验到买到满意商品和享受良好服务的双重满足感，为企业与顾客建立长期购销关系奠定基础。

以上是成功地完成销售所进行的基本步骤。若由于种种原因未能交易成功，营业员也不能怠慢顾客。否则，顾客会认为这家门店的服务态度差，影响企业形象，造成顾客的流失。

二、销售人员服务基本规范

（一）仪容、仪表规范

1. 仪容大方。

（1）男士严禁留长发，胡须刮净，鬓角长度适当，要勤洗头，不能有头屑，头发不要遮住脸。

（2）女士上班必须化淡妆，禁止浓妆艳抹，香水不可过浓。气味不可太怪异；头发须梳洗整齐，干净，无头屑，长发不要遮住脸，不准披肩，禁止头发染成彩色；禁止留长指甲，食品部的销售人员禁止涂有色指甲油。

2. 保持个人卫生。牙齿要清洁，不能有异味，勤洗澡防汗臭。

3. 服饰要求规范、整洁、统一。

（1）男士：上班时间着衬衫，衬衣前后摆包进裤内，扣子要扣好，尤其是长袖口的扣子要扣好，切记不能挽袖子、裤腿。特别注意，应着浅色衬衣，以白色为主，衬衣里的内衣应低领，领子不能露在衬衣领外；不得穿黑色或异彩衬衣，冬季应着深色西服，不得穿休闲装。女士：上班时间规定着职业装，浅色、简约、大方。

（2）有制服的员工要爱护制服，保持制服干净、整洁、笔挺，上班前应检查是否出现破缝、破边、破洞现象。且要牢记清洁第一，经常换洗制服，不得有异味、污渍（尤其是领子和袖口的清洁）。

（3）服装口袋不要放太多太重的物件，否则会令服饰变形。

（4）员工必须着黑皮鞋，要经常擦拭皮鞋，使其保持清洁、光亮。

（5）男员工应选深色袜子（黑色、深灰色、深蓝色），不得穿白色袜子。女员工应选肉色长筒丝袜，不能穿黑色及有花纹、图案的袜子，袜子不能太短以免袜口露出裙外。

（6）员工应将员工卡端正佩戴在正确的位置。

（7）上班时间一律不能佩戴变色眼镜、墨镜。

4. 整理仪容仪表。整理仪容仪表须到卫生间或工作间进行。

（二）仪态规范

1. 站姿。

站立端正、抬头、含颚、挺胸收腹、提臀、面带微笑、双肩自然下垂。男士：双脚分开，比肩略窄，双手交叉，放于腹前或体后。女士：双脚并拢呈 V 字形或“丁”字状站立，双手交叉放于腹前。

2. 形态。

（1）行走时身体重心可稍向前倾，昂首、挺胸、收腹，上身要正直，双目平视，嘴微闭，面露笑容，肩部放松，两臂自然下垂摆动，前后幅度约 45 度，步幅要适中，脚尖正对前方，先落脚跟再过渡到脚尖。行走前进路线，女员工走一字线，双脚跟走成一条直线，步子较小，行如和风；男员工行走脚跟走成两条直线迈稳健大步。（2）注意行走时不应摇头晃脑、左顾右盼、手插口袋、吹口哨、慌张奔跑或与他人勾肩。

3. 手势。向顾客介绍引导，指明方向时，应将手臂伸直，手指自然并拢，手掌心朝上，以肘关节为轴，指向目标，同时眼睛也要转向目标，并注意对方是否看清目标。切记不可只用食指指指点点，而应采用掌式。

4. 蹲姿。要拾取低处物品时不能只弯上身、翘臀部，而应采取正确的蹲姿。下蹲时两腿紧靠，左脚掌基本着地，小腿大致垂直于地面，右脚脚跟提起，脚尖着地，微微屈膝，移低身体重心，直下腰拾取物品。

（三）服务语言规范

1. 礼貌用语。

（1）称呼语：小姐、夫人、太太、先生、同志、大姐阿姨您好。

（2）欢迎语：欢迎光临、您来了。

（3）问候语：早上好、上午好、下午好、晚上好。

（4）道歉语：对不起、请原谅、打扰了、失礼了、久等了。

（5）祝贺语：节日快乐！生日快乐！圣诞快乐！新年快乐！

（6）告别语：再见！欢迎下次光临！请慢走！

（7）道谢语：谢谢！非常感谢！

（8）应答语：是的、好的、我明白了、不客气、没关系。

（9）征询语：我能为您做什么吗？您喜欢……？请您……好吗？

（10）敬语：您、您好、请、劳驾、麻烦您、久仰、对不起、拜托、请稍候。

2. 待客规范。

（1）面对客人时需面带微笑，态度要诚恳、亲切。

（2）对客人的询问要全神贯注用心倾听，眼睛望着客人面部，切忌死盯着顾客，不要打断客人讲话。

（3）和客人谈话时，需停下手中的工作，眼望顾客，面带笑容。

（4）回答客人问题时，要态度和蔼，声音大小要适宜，语调要平和沉稳，应答迅速明确。

（5）接待顾客应使用普通话，遇到讲外语或方言的顾客，要请会外语或方言的营业员接待。

◆ 案例分析

一场失败的“察言观色”

在前不久的一天，店里来了一位顾客，大拖鞋，旧裤子，我感觉他就是来凑热闹的，没抱希望，也就没有主动招呼他。他在店面里转了一圈，开口问我一款瓷片的价格，我就和他简单地讲了一下，看在他是顾客的份上，我给他耐心地介绍了我们瓷片的产品特征、价格优势等，并拿了一款产品和其他产品通过试水实际操作来验证。此时他说了声“价格太高”就转身要走，说再到其他店面看看。我很恭顺的拿了张名片给他，还装腔作势地微笑着向他要电话：“公司有团购活动或其他活动时，我们及时给您电话或发短信。”我心想，即便他不会买太贵的东西，可也说不准会抓到一个救命稻草呢？他很配合，留下了电话。过了几天，公司有个小区活动，我不经意看到了他的电话，要不试试？于是给他发了一条信息。没有想到的是，他还真的来了，还带着他的家人，他拿出来的那张平面装修图让我傻眼了：那是本市最好地段的一个楼盘，面积是近400平方米，基本上算是一个小工程了。我有点受宠若惊，于是对空间搭配等方面细心介绍，他的家人显然对我们的产品和价位十分满意，最终他们定下了我们的瓷片和地砖。我想：要是我当初在店里将轻蔑和不屑真实地表现出来，这个订单恐怕就黄了。

资料来源：根据相关网络资料整理。

问题： 1. 为什么说是一场失败的“察言观色”？

2. 本案例给我们有何启示？

【分析提示】

都说销售人员一定要学会“察言观色”，要能通过顾客的“穿着打扮、举止神态、语言”等方面来判断顾客的购买行为特征。这话不错，但营业员不能仅仅从穿着来判定顾客，对顾客“察言观色”，但要注意这几点：一是购买力和购买行为特征不是相同的概念。我们要判断的是顾客的购买特征，而不是购买力；二是“察言观色”得到的顾客购买行为特征和购买行为没有直接的对应关系，因为每个人的分析不同，得到的结果也有不同。比如仅仅认为穿着随便的顾客一定不是高端人群，可能得到让人啼笑皆非的结果。所以，以貌取人不可取；顾客进店是有购买目的的，或是购买的参与者，或是信息搜集者，每一位都值得重视、抓住。

从案例看出：销售人员不能简单以貌来判定顾客的购买行为；销售人员应该有丰富的产品知识以及服务能力，如果这位导购能够对进店的顾客提供更加专业的服务，成功的可能性或许会更大。还有销售人员不要放弃任何机会，这位导购在小区推广时给顾客发了个短信，是本次交易的关键。如果这位导购没有发这个短信，而是其他品牌的导购发了短信呢？或许就是另外一种结果了。

任务三
营业员处理顾客异议的技巧

任务描述

陈明严格按照入职培训的要求及师傅的教导，微笑待客，热情周到服务，但销售业绩还是不理想，对于顾客提出的异议不能巧妙地化解，有次和顾客还发生了口角，起了一点小冲突，幸好师傅及时圆场。陈明想我应该怎样来有效地化解顾客的异议，促进产品的销售？

顾客异议又叫推销障碍，是指顾客针对推销人员及其在推销中的各种活动所做出的一种反应，是顾客对推销品、推销人员、推销方式和交易条件发出的怀疑、抱怨，提出的否定、反对意见。在实际推销过程中，推销人员会经常遇到：“对不起，我很忙”、“对不起，我没兴趣”、“价格太贵了”、“质量能保证吗?”等被顾客用来作为拒绝购买推销品的问题，这就是顾客异议。

在推销洽谈过程中，顾客往往会提出各种各样的异议，并且这些异议自始至终地存在。这既是整个推销过程中的一种正常现象，也是使推销走向成功必须跨越的障碍。从这个意义上说，遇到顾客异议，才算是整个推销工作的开始。因此，正确对待并妥善处理顾客所提出的有关异议，是门店营业员必须具备的能力。推销人员只有正确分析顾客异议的类型和产生的原因，并针对不同类型的异议，采取不同的策略，妥善加以处理，才能消除异议，促成交易。

一、顾客异议的类型

(一) 从顾客异议性质来划分

1. 真实异议。顾客确实有心接受推销，但从自己的利益出发对推销品或成交条件提出质疑和探讨。例如，对商品功能、价格、售后服务、交货期等方面的考虑。在这种情况下，顾客会十分注意推销员所做出的反应。此时，推销员必须做出积极的响应，或有针对性地补充说明商品的有关信息，或对商品存在的问题做出比较分析和负责任的许诺。如用质量性能好来化解价格高的异议，用允许退换、长期保修的承诺来消除顾客对商品某些质量不足的疑虑。推销员如果回避问题、掩饰不足将会导致推销的失败。承认问题，并提出解决问题的办法，才能解决这类顾客异议。

2. 虚假异议。顾客并非真正是对推销品不满意，而是为了拒绝购买而故意编造的各种反对意见和看法，是顾客对推销活动的一种虚假反应。虚假异议的产生有多种原因，例如，有的顾客为了掩饰自己无权做出购买决定，就推说商品质量有问题，或者托词要比较比较再做决定。而有的顾客已经决定要购买其他商品，只是为了了解更多相关产品的情况也会提出虚假异议。一般情况下，对虚假异议，推销人员可以采取不理睬或一带而过的方法进行处理。因为即使推销人员处理了所有的虚假异议，也不会对顾客的购买行为产生促进作用，故虚假异议又称无效异议。

3. 破坏性异议。顾客不听推销人员的解释和建议，从主观意愿出发，提出缺乏事实根据或者不合理的意见。对这类型的异议，推销员不能因为顾客不正确而一定要分出一个是非输赢不可，应引导其将注意力放到能对推销品做出正确认识的方向上来。例如，有的顾客认为进口的电视机比国产电视机有更好的显示效果，国产货的质量没有保证等理由拒绝考虑国产电视机，促销人员可以采取沉默或者用国产厂家的质量不差，服务更有保障回应顾客的异议。

(二) 从顾客异议指向的客体来划分

1. 价格异议。价格异议是指顾客认为商品的价格过高或过低而产生的异议。在推销工作中经常会听到这样一些议论："这个商品的价格太高了"，"这个价格我们接受不了"，"别人的比你的便宜"。这是顾客受自身的购买习惯、购买经验、认识水平以及外界因素影响而产生的一种自认为推销品价格过高的异议。

商品的价格是顾客最敏感的问题之一，也是最容易提出异议的问题之一，因为这与顾客的切身利益息息相关。因而不论产品的价格如何，总有一些人会说价格太高不合理。有的顾客心里已经认为价格比较低廉，也会在口头上提出异议，希望价格降低获得更多的利益或者心理满足。许多顾客在产生购买欲望之后，首先就对价格提出异议。对价格的异议通常包括价值异议、折扣异议、回扣异议、支付方式异议以及支付能力异议等。折扣异议和回扣异议是顾客对价格折扣和回扣的数量及方式等提出的异议。支付方式异议对用现金支付还是非现金支付，是一次付清还是分期付款等产生的异议。支付能力异议是顾客以无钱购买为由提出的一种异议。通常顾客出于面子和信用的考虑，是不愿意让别人知道其经济状况不佳的。如果提出这种异议，可能是寻找借口拒绝购买。

2. 需求异议。需求异议是顾客提出自己不需要所推销的商品。常见的需求异议有："我们已经有了"，"我们还有很多"，"这个东西有什么用"等等。这种异议是对推销的一种拒绝，根本就不需要洽谈如何购买。顾客提出这类异议，或许是确实不需要推销的商品，或许是借口，或许是对推销品给自己带来的利益缺乏认识。推销人员应该对顾客需求异议做具体分析，弄清顾客提出异议的真实原因，妥善加以处理。从现代推销理论来讲，早在顾客审查阶段，推销人员就对顾客的需求状况做了严格的资格审查，在接近准备阶段又进行了更具体的需求状况分析，因此推销人员对顾客的需求和爱好应该是心中有数的。推销人员应该利用所掌握的情况巧妙转化顾客的异议。如果是顾客对商品缺乏认识，推销员应当详尽地介绍产品，帮助顾客认识产品给自己带来的利益。当然，也有可能是推销员判断失误。如果顾客确实不需要推销品，推销员就应当停止推销，因为推销商品必须建立在满足顾客需要的基础之上，明知顾客不需要仍然要强行推销是很难达成交易的，及时勉强成交，顾客事后也可能产生不满。

3. 产品异议。这是顾客对推销品的使用价值、质量、式样、设计、结构、规格、品牌、包装等方面提出的异议。它表明顾客已经了解自己的需要，但是却担心推销品能否满足自己的需要。这类异议带有一定的主观色彩，主要是顾客的认识水平、购买习惯以及其他各种社会成见影响所造成的，与企业的广告宣传也有一定的关系。推销员应在充分了解产品的基础上，采用适当的方法进行比较说明，消除顾客的异议。

4. 企业异议。顾客的这种异议往往和产品异议有一定的联系，有时由于对产品的偏见还会影响到对企业的看法。顾客把企业的社会知名度和美誉度不高、企业厂址过于偏僻和企业规模太小等因素与企业的产品性能相联系而产生了顾虑。在企业信誉不佳，市场竞争激烈，售后服务跟不上，特别是顾客对推销人员代表的企业不了解，受传统的购买习惯约束的情况下容易提出这类反对意见。其实顾客是需要推销的商品的，也愿意购买，只是对眼前的生产单位有疑虑，这是推销人员应当有锲而不舍的精神，采用反复接近法增加洽谈次数，增进感情联络。推销人员还应当对顾客提出的现有供货单位进行了解，弄清顾客的真实意图，消除顾客疑虑。如果顾客只是对推销员所属的企业不了解，则应加强对自己的企业及其推销产品的宣传和介绍。如果顾客以此为借口另有所图，要在弄清其真实目的的基础上给予可能的让步或优惠。如果确实存在着竞争者，应在不贬低对手的前提下，说明自己的推销品所具有的比较优势，以及给顾客带来更大的利益。

5. 营业员异议。这是顾客针对某些特定的营业员提出的反对意见，这可能是由于营业员本身的不足造成的。顾客因对营业员不信任或反感而提出异议，意味着顾客并不是不想购买推销品，只是不愿意向某位特定的营业员购买，营业员异议属于真实的异议。对营业员的异议，顾客一般不直截了当地表达出来，而是以其他方式表示出来。

顾客提出的营业员异议，要求营业员一方面提高服务质量，并向企业提出建议以改进营销工作，塑造良好的企业形象；另一方面要不断地提高自身素质和修养，善于运用各种推销策略与技巧来改变顾客的主观看法，以达到推销的目的。

6. 货源异议。货源异议是顾客对产品来源，如：原产地、生产厂家、品牌型号等提出的异议。由于经济全球化带来的变化，许多跨国公司在全球组织生产与销售，而有些企业为了提高品牌含金量，把公司在国外注册，然后在国内组织生产和销售，给人一种国外进口品牌的印象，而且由于产品型号日益繁多，功能也五花八门，顾客很难对同一品牌或者同一型号的产品进行真实性鉴定。这些现象很容易导致顾客对某些货物来路的真实性产生疑问，或者是不愿意接受信不过或不知名企业、品牌的推销品。顾客常常会提出，“我们常常用某某厂的产品”、“没听说过你们这家公司”、“这种产品的原产地是哪里”、“你们是××品牌的代理商吗”、“你们有产品进口报关手续吗”等问题。

7. 服务异议。服务异议是顾客对推销品交易附带承诺的售前、售中、售后服务的异议，如对服务方式、方法、服务延续时间、服务延伸程度、服务实现的保证措施等多方面的意见。从营销学的产品整体概念分析，服务是产品的附加部分，有关服务的异议属于产品异议。但是在市场竞争日趋激烈的情况下，加强服务，提高商品的附加值已经成为企业竞争的一种重要手段。顾客购买行为的发生，在很大程度上取决于企业能够提供什么服务及服务的质量和水平。优质的服务能够增强顾客购买商品的决心，树立企业及产品的信誉，防止顾客产生服务异议。对待顾客的服务异议，推销员应诚恳接受并耐心解释，以树立企业良好的形象。

（三）从异议产生的主体来划分

1. 购买时间异议。购买时间异议是顾客有意拖延购买而提出的反对意见。一般有三种可能性：第一种情况是顾客对推销品已经认可，但由于目前经济状况不好，手头现金不足，提出延期付款和改变支付方式的要求，比如采取分期付款。第二种情况是顾客对商品缺乏认识，还存在各种各样的顾虑，害怕上当受骗，于是告诉推销员：“我们考虑一下，过几天再给你准信”，“我们不能马上决定，研究以后再说吧”。第三种情况是顾客尚未做出购买决定，所提异议只是一种推诿的借口。

顾客提出推迟购买时间，说明他不急于购买。你急他不急，反正他有足够的时间，还可能提出其他优惠条件要求。所以推销人员对顾客提出时间异议要有耐心，但是也必须抓紧时间及时处理。在市场瞬息万变的情况下，顾客拖延购买时间过长，可能招致竞争者的介入，给推销工作带来更大的困难。推销人员可以用“时间价值法”，说明尽快购买的好处，还可以和顾客约定具体购买的时间，或签订预售合同。

2. 权力异议。在产品推销洽谈中，有时顾客会拿出“我无权决定”，“我做不了主”等理由来拖延或者拒绝购买。这类关于决策权力或者购买人资格的异议，是顾客自认为无权购买推销品的异议，被称为权力异议。就权力异议的性质来看，真实的权力异议是直接成交的主要障碍，说明推销员在顾客资格审查时出现了差错，应及时予以纠正，重新选择有关销售对象；而对于虚假的权力异议，应看作是顾客拒绝推销人员和推销品的一种借口，要采取合适的转化技术予以化解。

3. 财力异议。财力异议也称为支付能力异议，即顾客自认为无钱购买推销品而产生的异议。这类异议也有真实的和虚假的两种。一般来说，顾客是不愿意让人知道其财力有限，出现这种虚假异议的真正原因可能是顾客早已决定购买其他产品，或者是顾客不愿意动用存款，也可能是因为推销员说明不够而使顾客没有意识到产品的价值。推销员对此应采取相应措施化解异议。如果顾客确实无力购买推销品，推销员最好的解决办法是暂时停止向他推销。

4. 政策异议。是指顾客对自己的购买行为是否符合有关政策的规定而有所担忧进而提出的一种异议，也称为责任异议。提出政策异议的顾客大多属于组织购买者。在现实生活中，购买政策多属于向社会公开的信息，在顾客看来，推销人员理应熟悉和掌握推销品的有关购买政策。可以说政策异议是顾客向推销人员发出的请求帮助的信号，是顾客在探询推销人员并寻找应对措施的一种方法。

顾客异议是多种多样的，推销人员必须根据推销品的特点，在推销计划实施之前，对各种可能出现的顾客异议做出分析和预测，做好化解各类顾客异议的准备，这样就能大大提高推销洽谈中的应变能力，有利于妥善处理好顾客异议。

二、顾客异议的成因

在推销过程中，顾客异议的成因是多种多样的。既有必然因素，又有偶然因素；既有可控因素，又有不可控因素；既有主观因素，又有客观因素。推销活动的最终目的是要达成交易，但是不论推销品能为顾客带来多少利益，顾客必须为此而付出代价。顾客总是处在有限的支付能力与无限的消费欲望的矛盾之中，他必须评价并考虑商品交易给他带来的风险和收益。从这个意义上来讲，顾客是天生的推销异议的持有者。从社会心理上看，顾客为了保护自己会避开被迫接受的交往。只有在推销人员与之建立起协调的可信赖的关系，让他感到推销员及其所代表的企业能真正地给予帮助时，顾客才不会拒绝推销。从这两方面看，顾客异议是不可避免的，是推销活动中的正常现象。为了更科学地预测、控制和处理各种顾客异议，推销人员应该了解产生顾客异议的主要原因。归纳起来主要有以下四个方面的原因。

（一）顾客方面的原因

1. 拒绝改变。人们大都不习惯改变，而买新产品就会让顾客的生活产生改变，比如从目前使用的 A 品牌转换成 B 品牌等。多数人对改变都会习惯性地产生抵触情绪，这样就使得顾客在购买过程中产生异议。

2. 顾客的情绪不好，心情欠佳。人的行为有时会受到情绪的影响。顾客遇到不开心的事情时，就很可能提出各种异议，甚至恶意反对，借题大发牢骚，肆意埋怨。

3. 顾客没有认识到自己真正的需求；顾客没有意愿购买或者顾客的意愿没有被激发出来，产品没有能引起他的注意及兴趣。

4. 顾客缺乏商品知识。现代科学技术的发展，使产品的市场寿命周期越来越短，新产品层出不穷，产品的科技含量大大提高。一些新产品，尤其是科技含量较高的产品特点与优势并不能立即被认识和接受，从而导致了顾客异议的产生。

一般来说，顾客的文化程度越低，所懂得的购买与消费方面的知识越少，往往在新技术产品的购买、消费方面知之甚少，甚至无知，容易导致异议。

5. 顾客的购买经验与成见。顾客在日常购买活动中的经验往往用以指导后续的购买行为，如果顾客在以往购买实践中有过较大的经验教训，顾客可能会牢记心间并形成对某个或某类推销品或营业员的成见。

6. 顾客有固定品牌的产品在使用。

7. 顾客缺乏足够的购买力。顾客的购买力是指在一定的时期内，顾客具有购买商品的货币支付能力。它是顾客满足需求、实现购买的物质基础。如果顾客缺乏购买力，就会拒绝购买，或者希望得到一定的优惠。

8. 顾客的决策权有限。在实际的推销洽谈过程中，推销人员会遇到顾客说："对不起，这个我说了不算"、"等我家里人回来再说吧"、"我们再商量一下"等托词，这可能说明顾客确实决策权力不足，或顾客有权但不想承担责任，或者是找借口。

9. 顾客抱有隐藏的异议，不方便说出来。

（二）推销品方面的原因

推销品自身的问题致使顾客对推销品产生异议的原因也有很多，大致可归纳为以下几方面：

1. 销售品的质量。销售品的质量包括：销售产品品的性能（适用性、有效性、可靠性、方便性等）、规格、颜色、型号、外观包装等。如果顾客对推销品的上述某一方面存在疑虑、不满，便会产生异议。当然，有些异议确实是推销品本身有质量问题，有的却是顾客对推销品的质量存在认识上的误区或成见，有的是顾客想获得价格或其他方面优惠的借口。

2. 销售品的价格。美国的一项调查显示：有 75.1% 的推销人员在推销过程中遇到有价格异议的顾客。顾客产生价格异议的原因主要有：顾客主观上认为推销品价格太高，物非所值；顾客希望通过价格异议达到其他目的；顾客无购买能力等等。

3. 推销品的品牌及包装。商品的品牌一定程度上可以代表商品的质量和特色。在市场中，同类同质的商品就因为品牌不同，售价、销售量、美誉度都不同。一般来说，顾客为了保险起见，也就是顾客为了获得的心理安全度高些，通常在购买商品时都会挑选名牌产品。

商品的包装是商品的重要组成部分，具有保护和美化商品、利于消费者识别、促进产品销售的功能，是商品竞争的重要手段之一。一般顾客都喜欢购买包装精巧、大方、美观、环保的商品。可见，无论是品牌还是包装，它们都是商品的有机组成部分。如果顾客对它们有什么不满，也可能引起顾客的异议。

4. 推销品的销售服务。商品的销售服务包括商品的售前、售中和售后服务。在日益激烈的市场竞争中，顾客对销售服务的要求越来越高。销售服务的好坏直接影响到顾客的购买行为。

在实际推销过程中，顾客对推销品的服务异议主要有：推销人员未能向顾客提供足够的产品信息和企业信息；没能提供顾客满意的服务；对产品的售后服务不能提供一个明确的信息或不能得到顾客的认同等。

对企业来讲，商品的销售服务是现在乃至将来市场竞争中的最有效的手段，推销人员为减少顾客的异议，应尽其所能，为顾客提供一流的、全方位的服务，以赢得顾客，扩大销售。

（三）推销人员方面的原因

1. 门店营业员素质不高，如行为举止、态度让顾客反感。

2. 门店营业员形象不佳，不能给人舒服和信任的感觉。

3. 做了夸大不实的陈述。比如以不实的说辞哄骗顾客，结果带来了更多的异议。

4. 使用过多的专业术语。如专业术语过多，顾客觉得自己无法胜任使用并提出异议。

5. 事实调查不正确。门店营业员引用不正确的调查资料，引起了顾客的异议。

6. 不当的沟通。说得太多或听得太少都无法把握住顾客的需求点，因而产生许多异议。

7. 展示失败。展示失败会立刻遭到顾客的质疑。

8. 姿态过高，让顾客理屈词穷。比如处处强势，使顾客感觉不愉快，提出主观异议。

（四）企业方面的原因

在推销洽谈中，顾客的异议有时还会来自于企业。例如，企业经营管理水平低，产品质量不好，不守信用，企业知名度不高等。这些都会影响到顾客的购买行为。

三、处理顾客异议的方法

（一）价格异议处理的方法

顾客在购物时，价格是他们最关心的要素之一，所以因价格引起的异议是很常见的。价格异议处理，我们常采用两种方法，即转移与取舍。

1. 声东击西——转移法。顾客谈价格，我们永远不要谈价格，只谈两个字：价值。价格转移法又叫“声东击西”，是指我们把顾客从价格引导到价值上来。

案例

“老板，这条裙子多少钱？”

“280 块。”

“50 块卖不卖？”

“裙子最重要是您穿上合适不合适，漂亮不漂亮，您说是吗？您这边先试下，如果真的喜欢，我用最优惠的价格卖给您，您看好吗？”老板挑个码数递给顾客。顾客穿上走出试衣间在穿衣镜前一站，眼睛一亮，很喜欢，问老板。“50 块卖吗？”

“小姐，50 块的裙子能穿吗？您看款式、面料、品牌……难得这条裙子穿在您身上穿得这么有品位，交个朋友您给 200 块整吧！”

女孩付款成交，满意地离开服装店。

老板不是纠缠价格而是转移到试穿、款式、面料等关于产品价值上面去，先让顾客喜欢上其产品，或者先让顾客认识到产品的价值，成交就是水到渠成的事情了。

2. 价格谈判——取舍法。谈判就是交换，顾客要我们降低价格，但是也要有一个要求，这就是取舍，然后让顾客自己去选择。

案例

一对小夫妻去拍婚纱照，打完折价格是 4500 元，丈夫只愿付 4000 元。

服务小姐很爽快地说了声：“可以。”

他还挺高兴，结果那位小姐说，“先生，这已经是折后实价了，如果您真的一定要 4000 块整的话，您房间那个 45 寸的放大如果不要的话，就可以做。”（价格取舍）

"不行，你们利润是非常大的，45 寸的放大不能少，4000 块，如果可以就交款。"

"先生，像我们大品牌的婚纱摄影店，要是优惠太多了，我们可能做不到，我们注重的是品质和服务。"（价格转移）

"不行，再优惠一些。"

"先生，我也知道结婚会花不少钱，我也希望您能以最低的价格享受到最高品质的服务，价格这块已经是我们的实价了，没有办法少了，不过，您看这样好吗？我们这里有个消费 5000 块便赠送一套精美茶杯的活动，这个活动已经结束了，您消费 4500 块，我找店长也给您申请一套，价值 500 块以上，您看可以吗？"

"两套！"那位丈夫说。

"我马上打个电话问问……"她拿出手机，当着顾客的面打出。

"张店长，我这边有个 VIP 客户，是我的好朋友，给我个优惠好吧，那次活动的精美茶杯还有吗？看看有多少？只有一套了吗？再帮我找找，啊！只有一套了吗……"

"先生，公司只剩下一套了。"

"算了算了！就这样了！"

"那请到这边办一下手续吧！"

收银台签单成交。

资料来源：根据相关网络资料整理。

想一想

顾客体验满意，但在买单时说价格太高，门店导购员该怎么做？

（二）产品异议处理的方法

产品是交易的载体，满意的产品也是顾客很看重的，由此引发的异议也是非常常见的，产品异议处理的方法有五种：

1. 转化法。转化就是把缺点转化为优点，利用顾客的反对意见自身来处理，顾客的反对意见是有双重属性的，它既是交易的障碍，同时又是一次交易的机会。门店导购员要是能利用其积极因素去抵消其消极因素，未尝不是一件好事。比如顾客说："我穿这件衣服太花太艳了！"门店导购员可以立即答复："正因为花和艳您才更要买了！这样才显得您时尚和年轻，多有特色呀！"

顾客说："这套沙发造型太另类和古怪了！"门店导购员立即回答："正因为另类和古怪，您才要购买呀，现在什么都讲究个性化，都和别人一样那多没意思。"

顾客说："太贵了！"门店导购员立即回答："价格高才能体现您的身份和品位！"

这种办法是直接利用顾客的反对意见，转化为肯定意见，但应用这种技巧时一定要讲究礼仪，不能伤害顾客的感情。此法通常不适用于与成交相关的或敏感性的反对意见。

2. 转移法。转移就是转换话题，顾客谈我们的缺点，当这个缺点无法转化为优点的时候，我们就采用转移。转移到哪儿去呢？当然是我们的优点了，值得注意的是你此时转移的一个优点话题不仅要是一个事实，而且还得与顾客谈到的缺点有关联，即可以弥补这个缺点。

顾客："怎么翘皮了？"

门店导购员："我们采用的是××材质，同行是很少有采用的，因为成本太高，我们为了体现顾客的尊贵才不惜成本为顾客打造……"

3. 解释法。当顾客提出的异议是一个事实，忽略不了，转化、转移都不行，这个时候你就得采用解释法。解释法的原则是四个字："因为……所以……"记住，解释法不先给出答案（即使是肯定的），解释后再给答案，这样才显得你专业，顾客才容易信任你，从而接受你的答案。

"会变形吗？"

"因为我们的产品是采用××技术，经过××处理……所以不会变形！"（导购员一般会直接回答：不会！）

"会起球吗？"

"因为我们的产品采用的材料经过××几道工序……所以不会起球！"（导购员一般会直接回答：不会。）

在运用这一方法的时候，你一定要显得很专业，最重要的是你要熟知产品的材质、工艺、环保等级等方面的知识。

4. 道歉法。这一方法可以说是万能的，对所有异议、所有顾客都适用。说一句"对不起，非常抱歉"，异议就等于消除了一大半。

作为门店导购员，由于各方面的原因，我们不可能任何事都做到完美无缺，总有疏忽的地方，这就需要我们持有勇敢承认错误的态度。在顾客面前承认错误会得到顾客的体谅，这样再大的异议就都可以感情化地解决。

（三）异议处理的其他方法

顾客异议表现形式多种多样，异议原因错综复杂，推销人员要积极深入地分析根源，探寻有效解决异议的方法，为排除推销障碍，促成交易打下良好的基础。由于顾客异议发生的时间、地点、环境条件各不相同，因此处理顾客异议的方法应该也是多种多样的。

1. 沉默处理法。沉默处理法又叫不理睬法，是推销员判明顾客所提出的异议与推销活动以及实现推销目的无关或无关紧要时避而不答的处理异议方法。

这种方法可以使推销人员避免在一些无关、无效的异议上浪费时间和精力，也避免发生节外生枝的争论，可以使推销员按照预定的推销计划、推销策略展开工作，把精力集中在推销的重点问题上，从而提高推销效率。

案例

某涂料店营业员在向一位顾客进行产品推销介绍活动。

顾客："你们公司生产的外墙涂料日晒雨淋后会出现褪色的情况吗?"

营业员："经理请您放心，我们公司的产品质量是一流的，中国平安保险公司给我们担保。另外，您是否注意到东方大厦，它采用的就是本公司的产品，已经过去10年了，还是那么光彩依旧。"

顾客："东方大厦啊，我知道，不过听说你们公司交货不是很及时，如果真是这样的话，我们不能购买你们公司的产品，它会影响我们的工作。"

营业员："经理先生，这是我们公司的产品说明书、国际质检标准复印件、产品价目表，这些是我们曾经合作过的企业以及他们对我们公司、产品的评价。下面我将给您介绍一下我们的企业以及我们的产品情况……"

从该案例中，我们可以知道采用不理不睬法处理顾客异议，就是回避、忽视它，将顾客的注意力转移到其他问题上来。使推销人员避免在一些无关、无效的异议上浪费时间和精力，也避免发生节外生枝的争论，从而可以节省时间，提高工作效率。

但是，这样做可能会使顾客觉得自己的异议没有得到应有的重视而产生不满。推销员运用这种方法时，要注意即使顾客述说的是无效或虚假的异议，也要耐心聆听，态度要温和谦恭，让顾客感到受尊重；在不理睬顾客的某一异议时，注意马上找到应该理睬的问题，避免顾客感到受冷落；有时为了沟通感情，也可以花费一点时间回答顾客一些无关紧要的问题。

2. 反驳处理法。反驳处理法是推销人员根据比较明显的事实与充分的理由直接否定顾客异议的方法。推销人员采用这种方法给顾客直接、明确、不容置疑的否定回答，迅速、有效地输出与顾客异议相悖的信息，以加大说服的力度和反馈速度，从而达到缩短推销时间、提高推销效率的目的。如：

顾客："听说这种布下水后缩得很厉害。"

销售员："不，这种布料经过工艺处理，基本上不缩水。"

使用这种方法，要注意沟通方法的选择。采用比较和善的语气和进行简单的铺垫，在反驳顾客的时候要站在顾客的立场上，摆事实、讲道理，让顾客消除疑虑，而不是靠强词夺理压服顾客。在说理的过程中，要特别注意给顾客提供更多的信息，推销员的言词要坚定，态度要诚恳真挚、平易近人、尊重顾客。推销员反驳异议，是对事不对人，给顾客留下台阶和回旋余地。

3. 转折处理法。转折处理法是推销人员根据有关事实和理由间接否定顾客异议的方法。采用这种方法时，推销人员首先要承认顾客异议的合理成分，然后用"但是"，"不过"，"然而"等转折词将话锋一转，对顾客异议予以婉转否定。如：

顾客说："这架照相机太复杂了，用起来不方便。"

营业员："这是一架高级照相机，操作是稍微复杂一点，不过，只要掌握了使用方法，用起来还是很方便，而且效果特别好。"

这种方法适用于顾客因为有效信息不足而产生的片面经验、成见、主观意见，而且顾客能自圆其说的情况。

4. 利用处理法。利用处理法也叫转化法，是推销人员直接利用顾客异议中有利于推销成功的因素，并对此加工处理，转化为自己观点的一部分去消除顾客异议，说服其接受推销。

转化法是一种有效的处理顾客异议的方法。这种方法是“以子之矛，攻子之盾”，推销员可以改变顾客异议的性质和作用，把顾客拒绝购买的理由转化为说服顾客购买的理由，把顾客异议转化为推销提示，把成交的障碍转化为成交的动力，不仅有针对性地转变了顾客在最关键问题上的看法，而且使之不再提出新的异议。推销员直接承认，肯定顾客意见，在此基础上转化顾客异议，这样可以保持良好的人际关系和洽谈气氛。

顾客提出：“你们的产品又涨价了，我们买不起。”

营业员回答：“你说得对，这些东西的价格又涨了。不过现在它所用的原材料的价格还在继续上涨，所以商品的价格还会涨得更高。现在不买，过一段时间价格会更贵。”

这个例子中推销员就是利用产品涨价这个问题，向顾客解释了涨价的原因，并引导顾客及时做出购买决定。

5. 抵消处理法。抵消处理法又叫补偿法，是推销员在坦率地承认顾客异议所指出的问题的确存在的同时，指出顾客可以从推销品及购买条件中得到另外的实惠，使异议所提问题造成的损失得到充分补偿，增强顾客购买的信心。

案例

在一次冰箱展销会上，一位打算购买冰箱的顾客指着不远处一台冰箱对身旁的推销员说：“那种AE牌的冰箱和你们的这种冰箱是同一类型、同一规格、同一星级，可是它的制冷速度要比你们的快，噪音也要小一些，而且冷冻室比你们的大12升。看来你们的冰箱不如AE牌的呀！”推销员回答：“是的，你说的不错。我们冰箱噪音是大点，但仍然在国家标准允许的范围以内，不会影响你家人的生活与健康。我们的冰箱制冷速度慢，可耗电量却比AE牌冰箱少得多。我们冰箱的冷冻室小但冷藏室很大，能储藏更多的食物。你一家三口人，每天能有多少东西需要冰冻呢？再说吧，我们的冰箱在价格上要比AE牌冰箱便宜300元，保修期也要长6年，我们还可以上门维修。”顾客听后，脸上露出欣然之色。

资料来源：根据相关网络资料整理。

推销人员在运用这种方法时应当注意：使用此法的前提是顾客得到补偿的利益要大于异议涉及问题所造成的损失，否则得不偿失的结果反而会动摇顾客的购买决心；推销人员承认与肯定的顾客异议必须是真实而有效的，最好是单一的有效异议，并对已经承认的顾客异议，及时提出推销品及其成交条件的有关优点和利益给予补偿；在劝说中，应淡化顾客异议，强化符合顾客主要购买动机的推销品优点，使顾客认为异议得到了补偿。

6. 问题引导处理法。是指推销人员利用顾客提出的异议，直接以询问的方式向顾客提出问题，引导顾客在回答问题过程中不知不觉地回答了自己提出的异议，甚至否定自己，同意推销人员观点的处理方法。

运用询问法来处理顾客异议，使推销人员掌握更多的顾客信息，为进一步推销创造了条件；带有请教意义的询问会让顾客感到受到尊重或重视，从而愿意配合推销人员的工作，使推销保持良好的气氛与人际关系；另外，询问法还使推销人员从被动听顾客申诉异议变为主动地提出问题与顾客共同探讨。

顾客："你的产品是不错，不过，现在我还不想买。"

营业员："先生，既然产品很好，您为什么现在不买呢？"

顾客："产品虽然不错，可它不值5万（元）一件啊！"

营业员："那您说说这样的产品应该卖什么价格？"

顾客："反正太贵了，我们买不起。"

营业员："看您说的！如果连您都买不起，还有什么人买得起？您给还个价。"

在上述的对话中，营业员对待顾客异议，没有马上讲事实摆道理，而是向顾客提出问题，引导顾客自己否定自己，最终达成交易。这种方法在实际推销过程中常常被推销人员所采用，并能取得成效。但这种方法如果运用不当，可能会引发顾客的反感与抵触情绪。顾客在推销人员的多次询问或追问下，可能会产生更多的异议，破坏推销气氛，阻碍推销工作的顺利进行。

推销人员在运用这种方法时，对顾客的询问应当及时。因为只有及时询问顾客，才能了解顾客的真实想法以把握出现购买障碍的真实根源；询问应紧紧围绕顾客的有关异议，避开次要的、无效的顾客异议，以提高推销效率；追问应适可而止，并注意尊重顾客。对于不形成购买障碍的，顾客不愿意讲的，或者根本说不清楚根源的异议就不要再追问。

处理顾客异议的方法还有很多种，如使用证据法、举证劝诱法、有效类比法、旁敲侧击法等等。推销人员应注意在实践中根据不同的具体情况灵活运用各种方法，并创造出行之有效的新方法，以争取创造良好的推销业绩。

◆ 案例分析

案例一

顾客：你们的售后服务怎么样？

门店营业员：您放心，我们的售后服务绝对一流。我们公司多次被评为"消费者信得过"企业，我们的售后服务体系通过了ISO9000的认证，我们公司的服务宗旨是顾客至上。

顾客：是吗？我的意思是说假如它出现质量问题等情况怎么办？

门店营业员：我知道了，您是担心万一出了问题怎么办？您尽管放心，我们的服务承诺是一天之内无条件退货，一周之内无条件换货，一月之内无偿保修。

顾客：是吗？

门店营业员：那当然，我们可是名牌，您放心吧。

顾客：那好吧。我知道了，我考虑考虑再说吧。谢谢你，再见。

门店营业员：噢……

案例二

顾客：你们的售后服务怎么样？

门店营业员：王先生，我很理解您对售后服务的关心，毕竟这可不是一次小的决策，那么，您所指的售后服务是哪些方面呢？

顾客：是这样，我以前买过类似的产品，但用了一段时间后就开始漏油，后来拿到厂家去修，修好后过了一个月又漏油，再去修了以后，对方说要收5000元修理费，我跟他们理论，他们还是不愿意承担这部分的费用，我没办法，只好自认倒霉。不知道你们在这方面是怎么做的？

门店营业员：王先生，您真的很坦诚，除了关心这些还有其他方面吗？

顾客：没有了，主要就是这个。

门店营业员：那好，王先生，我很理解您对这方面的关心，确实也有顾客问到过同样的问题。我们公司的产品采用的是标准的加强型油路设计，这种设计具有极好的密封性，即使在正负温差50℃，或者润滑系统失灵20小时的情况下也不会出现油路损坏，所以漏油的概率极小。当然，任何事情都有万一，如果真的出现了漏油的情况，您也不用担心，我们的售后服务承诺是，从您购买之日起1年内免费保修，同时提供24小时的主动上门服务。您觉得怎么样？

顾客：那好，我放心了。

资料来源：根据网络资料整理。

问题：同样的问题顾客得到的答案不一样，推销结果也不一样，为什么？

【分析提示】

在表面上看，案例一这个营业员对顾客提出问题的解释应该说是翔实全面，而且几乎是脱口而出，抢先回答了顾客的问题。在这样的对话结束后，门店营业员甚至会有一种强烈的成就感：觉得自己在异议化解话术的学习中所付出的努力没有白费，终于找到了用武之地；同时，也可能为自己能够在顾客面前展示敏锐的智慧而欣慰不已。但为什么顾客最终仍然没有兴趣继续话题呢？主要原因是门店营业员将对话的焦点放在自己而不是顾客身上。一方面，在没有弄清楚顾客问题的真相时（甚至有时候顾客的异议是假的），就给出了自以为是的答案，顾客没有感觉到应有的尊重，认为门店营业员回答得不够严谨。

而案例二中顾客对营业员的回答非常满意。这两个案例的区别不在于答案的不同，而在于后一个门店营业员采用了提问的方式，这种方式给予了顾客一种被尊重的感觉，同时也协助顾客找到了问题的真实动机，从而轻松化解了顾客的问题。

思考与训练

一、不定项选择题

1. 以下属于顾客购买心理过程经历阶段的有（　　）。

A. 知晓商品　　B. 观察了解

C. 比较判断　　D. 决定购买

2. 销售人员接待顾客流程包括（　　）。

A. 确定顾客需要　　B. 介绍商品

C. 完成销售　　D. 建立售后关系

3. 比较自信，不喜欢导购员喋喋不休的介绍的顾客多是（　　）。

A. 老年顾客　　　　　　B. 男性顾客
C. 女性顾客　　　　　　D. 冲动型顾客

4. 顾客购买行为过程，一般分为哪几个步骤（　　）。
A. 确定需求　　　　　　B. 搜集信息
C. 分析选择　　　　　　D. 决定购买
E. 购后评价

5. 营业员为了促成销售成功，常见的使用方法有（　　）。
A. 二者择一法　　　　　B. 有限数量或期限法
C. 激将法　　　　　　　D. 利益诱惑法

二、简答题

1. 为什么某些人不屑一顾的产品，而有人却愿付出巨大的代价以得到它？为什么有人为一顿饭一掷千金，却会对另外的商品斤斤计较？

2. 人们常说推销员是“见人说人话，见鬼说鬼话，人鬼不见说胡话”，这句话你是怎样理解的？

3. 顾客说“我在前面那家店也看到你们这个一样的款式，而且价格卖的比你们便宜？”假若你是营业员，你觉得应该怎么回答？

4. 假若顾客问你“一样的款式，价格怎么比去年贵那么多？”你应该怎样回答令顾客比较满意？

三、案例分析题

案例一　一位“吃过亏”的顾客的回答

一位汽车推销员正在电话里同顾客进行交谈。顾客虽然很有礼貌，但声音显得很强硬。

“不，谢谢你啦！我现在不需要购买新汽车，如果需要的话，我自己会找汽车经销商的。记得一年前，我经不起一个推销员的百般劝说，就向他买了一辆小汽车，可是还没用多长时间，那辆汽车就坏了。老实对你说吧，吃亏上当只有一次，我再也不会听你们那套销售经了。”

问题：该案例中的顾客为什么会有这么强烈的反应？假若你是推销员，你会怎样来面对这名顾客？

案例二　吸尘器推销

一位顾客在购买吸尘器时提出：“这种型号的吸尘器价格太贵，几乎比另外一个型号贵了一倍。”营业员回答道：“先生您说得很对，这个款式的价格确实是比较高。但是它的功能也是其他产品不能相比的，它有内置的可以灵活拆卸的垃圾桶，方便您及时清理吸尘器中的垃圾；它内置了雾化装置，确保洗尘过程中不会产生任何扬尘；而且它能够处理一些比较顽固的污垢，使洗尘效果更好，更加省时省力。所以，一分价钱一分货，它的性价比还是很高的。”

问题：该案例中的营业员主要用了什么方法处理顾客异议？

案例三　李老太买李子的三段对话

对话1：

李老太到集市买李子，她走到第一家水果店门口问店员：这个李子怎么卖？

店员回答说："1.8元每斤。这李子又大又甜，很好吃的……"

李老太没等她话说完，转身就走了。

对话2：

李老太走到第二家水果店门口，问："你这李子怎么卖？"

店员回答说："1.8元每斤，您要什么样的李子呢？"

李老太说："我要酸的李子。"

店员说："正好我这李子又大又酸，您尝尝……"

李老太选了一个尝了尝，有一点儿酸，于是买了两斤。

对话3：

李老太提着李子回家时路过第三家店，她想验证下她李子是不是贵了，于是她便问："你这李子多少钱一斤？"

店员回答说："1.8元每斤，你要什么李子呢？"

李老太说："我要酸的李子。"

店员奇怪："您为什么要酸的呢，这年头大家都要甜的？"

李老太说："我儿媳妇怀孕四个月了，想吃酸的。"

店员说："原来这样？那您为什么不买点猕猴桃呢？猕猴桃口味微酸，营养丰富，含有特别丰富的维生素，同时这些维生素很容易被小宝宝吸收呢？既可满足您儿媳妇的口味，也为小宝宝提供了丰富的维生素，一举多得呢!?"

李老太觉得有理，于是又买了两斤猕猴桃。

问题：该案例李老太与营业员的三段对话，形成三个销售结果，从这个案例中，你觉得一个优秀的营业员应该具备怎样的能力？

四、实践实训

项目实训一

【任务实训】

【任务】分组进行接待顾客的演练。

【目的】熟知服务的规范，掌握接待顾客的步骤和技巧。

【要求】（1）分组，4~6人为一组，进行接待顾客演练。

（2）讨论分析每组运用了哪些步骤和技巧。

（3）评定每个小组的成绩，教师总结（自评20分，他评30分，教师评分50分）。

项目实训二

【任务实训】

【目的】了解顾客购物心理及购买行为，锻炼学生的应变能力，掌握顾客异议的处理方法。

【内容】顾客购物心理，销售技巧。

【步骤】(1) 训练前，教师详细讲解和演示实训内容。

(2) 分组。3人一组，顾客1人，销售员1人，销售主管1人。

(3) 让每组销售主管和销售员商议选定商品，向顾客进行销售，由教师及另外5名学生组成的评审小组对销售过程进行打分。

【评价标准】对顾客的购买心理和购买行为判定准确，很好地与顾客进行沟通，得到顾客的认可，销售技巧与顾客异议处理方法运用得当。

6 项目六 门店理货作业管理

学习目标

知识目标 熟悉理货员的职责与作业内容；掌握商品陈列与补货的要领与技巧；掌握商品的养护和设备的使用与保养知识；熟悉理货员作业流程和业绩考核方法。

能力目标 能够按照流程与规范要求，进行日常商品陈列与补货作业；能妥善有效地保护商品安全；能熟练使用门店主要设备并予以保养；能熟练为顾客提供咨询和导购服务；能有效防止和排除与顾客的冲突。

职业素养 树立正确的顾客服务意识，能够与顾客进行很好的沟通，能为顾客提供优质服务。

引导案例

新来的理货员

一天中午，店长正在门店食品区域帮助计货，忽然听到卖场传来阵阵的嘈杂声，起初店长不以为然，后来，声音越来越大，当中还不断夹杂着骂声，店长才发觉事态严重，立即赶过去了解发生了什么事情。

原来是店里新来的理货员在打扫卫生时，不小心用拖把撞到了顾客的脚，那位顾客坚持说理货员是故意的。由于这位理货员是新手，顿时不知所措，只是一再向顾客表示，自己是不小心，不是故意的，但是那位顾客仍然非常生气，对着这位新来的理货员大骂，指责他怠慢顾客，态度傲慢，做错事又不承认。

店长在了解事情的经过以后，先把那位理货员支开，然后向顾客道歉，并向顾客说明该理货员刚来，经验不足，遇到事情难免会手忙脚乱。由于店长的态度相当诚恳，顾客又嘀咕了一阵子，才渐渐地消了气。事后，店长也告诫这位理货员，或许有时顾客真的是无理取闹，但身为连锁门店的一员，一定要摆出低姿态，尽量让顾客感受到被尊重，这样才能减少摩擦。

资料来源：中国人力资源工作网，www. chinahrw. net。

讨论：

1. 理货员应当具备哪些基本素养？
2. 怎样才能成为一名合格的理货员？

任务一 门店理货作业认知

任务描述

刘燕中专毕业后，在一家大型超市当一名理货员。起初，她对这份工作有些不以为然，认为理货员不就是摆摆货、搞搞卫生吗，技术含量低，学不到什么东西。但工作时间长了，她发现理货员工作并不简单，其中的学问还真不少，理货员除了要理货、搞卫生以外，还要补货、标价、防损、为顾客提供咨询服务，等等。她慢慢安下心来，踏实工作，从每一个细节做起。

一、理货作业概述

连锁门店的理货员是门店的基层作业人员，需要掌握所属商品的品名、规格、保质期等基本信息，巡视货场并耐心解答顾客提问，正确标明商品价格和陈列商品，保证商品安全，理货员的作业质量和服务水平，直接影响到门店的声誉和业绩。

（一）理货员与理货岗位

在连锁门店有这样一类人，他们掌握所属部门商品的品名、属性、规格、价格以及保质期等信息，哪里缺货哪里就能看到他们的身影，这就是理货员。在卖场中，他们与收银员一样都是最基层的工作人员。他们在一定意义上，代表着门店的形象，是影响门店商品销售的重要因素。

（二）理货员的基本素质与服务规范

1. 道德素质。

（1）恪守职业道德，树立正确的思想观和价值观。

（2）规范服务，顾客至上，树立良好的服务意识。

（3）爱岗敬业，营造良好的购物环境。

（4）爱惜商品，忠于职守，保证商品安全。

2. 业务素质。

（1）熟练掌握商品陈列技巧。

（2）熟练掌握商品补货技巧。

（3）熟练掌握商品整理、保洁与养护技巧。

（4）熟练掌握与顾客沟通交流技巧。

（5）做好门店主要设备的保养工作。

（6）协助做好门店安保工作。

（7）发现问题，及时汇报。

想一想

理货员应当具备怎样的职业素养？

3. 服务规范。

（1）上班时间务必穿着工作服，佩戴工号牌，维持服装仪容整洁。

（2）上班前5分钟到达工作岗位，见到同事要互相问候，迟到除按规定接受处理外，还应向同事及店长表示歉意。

（3）服从店长的命令和指示，接受指导和监督，不得顶撞或故意违抗，如有意见分歧，应通过正常途径予以报告或沟通。

（4）上班时不得任意离开工作岗位，有事离开须先向店长请示报告。

（5）上班时间不得与人争吵，更不能打架。

（6）严格遵守作息时间。

（7）爱护门店内一切商品、设备、器具。

（8）随时保持门店的环境整洁。

（9）接触商品要轻拿轻放，并按规定要求补充货架或进行商品陈列。

（10）制作POP广告要实事求是，绝不能虚拟“原价”，引起顾客的误解。

（11）价目卡要如实填写，以免误导顾客。

（12）无论是门店给顾客的赠品，还是供应商给门店或顾客的赠品均属于企业的财物，绝不能占为己有。

二、理货员的主要工作职责

（一）主要职责

1. 严格遵守职业道德准则。

2. 严格执行门店服务规范，做到仪表端庄、仪容整洁、礼貌待人、诚实服务。

3. 熟悉产品或产品包装上的标志，熟悉相关的商品知识。

4. 了解有关商业法规，严格遵守门店各项规章制度。

5. 掌握商品标价知识。

6. 注意查看商品的有效期。

7. 了解门店的整体布局和商品陈列的基本方法。

8. 随时了解责任区域内商品的销售动态。
9. 要有强烈的责任心。
10. 了解门店内主要设备的性能。
11. 做好商品、设备、货架与通道责任区的卫生保洁工作。
12. 对顾客的合理化建议要及时记录。
13. 服从店长的安排。

（二）辅助工作

1. 做好顾客服务。理货作业时，不影响顾客挑选商品；顾客遇到疑难问题时，耐心给予解答；顾客发生纠纷时，及时予以调解；遇到顾客有拆包等违规行为时，及时予以制止；遇到自己不能解决的问题时，及时请求帮助或向主管汇报，通过给顾客做好服务，维持门店正常的作业秩序。

2. 做好器材管理。身上随时携带笔、便签、封箱胶等用品；梯子、货架配件和封箱胶、打包带等物品要放到指定的位置，保持门店干净整洁。

3. 做好市场调查。按照门店的规定及时、正确地做好市场调查，为门店决策提供参考依据。

4. 做好日常记录。每天工作结束以后，按照门店要求，认真填写工作日志，交代未完成的工作事项，以方便接班人员落实。

三、理货员的主要工作内容

（一）理货

1. 检查商品有无条形码。
2. 货物正面面向顾客，整齐靠外边线码放。
3. 货品与价格卡一一对应。
4. 不补货时，通道上不能堆放商品。
5. 破损或拆包货品应及时处理。

（二）补货

1. 补货时必须检查商品有无条码。
2. 检查价格卡是否正确，包括 DM（促销）商品的价格检查。
3. 商品与价格卡要一致。
4. 补货完毕把卡板送回，将空纸箱送到指定地点。
5. 新商品要在进货当日上架，所有库存商品必须标明货号、品名及收货日期。
6. 必须做到补货及时、不得出现在有库存的情况下有空货架的现象。
7. 补货要做到先进先出。
8. 检查库存商品的包装是否正确。
9. 补货作业期间，不得影响通道顺畅。

（三）库管和盘点

1. 库存商品必须封箱保管，码放规范、安全有序且有库存单。

2. 库存商品盘点必须做到准确无误。

（四）条码与标价

1. 按照规范打印价格卡和条形码；价格卡必须放在排面最前端，缺损的必须及时补上。
2. 剩余的价格卡和条形码要收集统一销毁。

相关链接

商品标价知识

（1）门店内所有商品的价格标签位置保持一致。

（2）打价前要核对商品的代号和售价，核对领货单据和已陈列在货架上商品的价格，调整好打价机上的数码，先打贴一件商品，再次核对如无误，方可打贴其余商品。同样的商品上不可以有两种价格。

（3）标价作业不要在门店进行，以免影响顾客的购物。

（4）标价出现错误时，应当认真听取顾客的意见，诚恳地向顾客道歉，并保证不再出现类似事件。必要时，门店管理人员与当事人一起向顾客道歉，让顾客在精神上得到一定的满足，以赢得顾客的信赖。

案例

一品三价

某日，某顾客在商场买了三瓶芬达饮料，标价是1.7元，当顾客去买单时，打出来的价格分别为1.8元与1.85元（这批芬达饮料是从深圳与广州两地订的货，进价不同）。一品三价，到底是怎么回事？顾客非常不满，于是进行了投诉。

（五）促销和控损

1. 按照要求填写“三级商品账记录”，每日定期准确计算进、销、存数量。
2. 及时回收零星商品。
3. 落实岗位责任制，减少商品损耗。

拓展阅读

理货员在工作中应主动发现哪些问题并及时上报

（1）商品质量方面的问题。

（2）商品标价方面的问题。

（3）新商品的促销问题。

（4）安全防损、门店秩序和卫生问题。

（5）超市设备、用具、货架等可能临时发生的问题。

任务二
理货作业流程

任务描述

面对熙熙攘攘的顾客，刘燕心里直犯嘀咕：这理货工作该从哪里做起呢？我一天当中都应该干些什么呢？

一、理货作业

理货作业可按日来安排作业流程，每日作业流程可分为营业前、营业中和营业后三个阶段。

（一）营业前

1. 打扫责任区域内的卫生。
2. 检查购物篮、车。
3. 检查劳动工具。
4. 查阅交接班记录。

理货员营业前一般作业流程，见表6－1。

表6－1　某连锁门店理货员营业前工作自查表

时段	检查项目	完成情况	
		是	否
营业前	①服装干净整洁，佩戴好工号牌。		
	②办理交接。		
	③清洁整理货架。		
	④清洁责任区。		
	⑤清洁整理冷柜、冷风柜。		
	⑥商品标价补货。		
	⑦清洁、整理商品。		
	⑧核对价目表。		
	⑨整理补充备用品，包括记录本、笔和抹布等。		
	⑩整理仓库。		
	⑪检查冰箱温度。		

门店名称：　　　　自查人：　　　　检查日期：　　　　班次：

注意：①工作完成时画“√”否则画“×”；②请签名后再下班。

（二）营业中

1. 巡视责任区域内的货架，了解销售动态。

2. 根据销售动态及时做好领货、标价补货上架、货架整理、保洁等工作。

3. 方便顾客购货，回答顾客询问，接受友善的批评和建议。

4. 协助其他部门做好销售服务工作，如协助收银、排除设备故障。

5. 注意卖场内顾客的行为，用温和的方式提防和制止顾客的不良行为，确保店内秩序良好和商品安全。

理货员营业中一般作业流程，见表6－2。

表6－2　　某连锁门店理货员营业中工作自查表

时段	检查项目	完成情况	
		是	否
营业中	①站立服务、礼貌待客、热情和蔼回答顾客提问。		
	②检查POP广告的书写与张贴是否规范。		
	③巡视门店、手拿干净抹布清洁货架。		
	④整理货架商品。		
	⑤检查冰箱温度。		
	⑥整理冷藏冰箱内的商品排面。		
	⑦核对价目牌及商品标签价格。		
	⑧厂商进货验货、上架。		
	⑨收好纸箱、空箱、空瓶。		
	⑩冷藏冰箱的定时补货。		
	⑪冷藏冰箱的不定时补货。		
	⑫货架的定时补货。		
	⑬货架的不定时补货。		
	⑭检查过期、变价、损耗商品。		
	⑮记录过期、变价、损耗商品。		
	⑯商品的安全管理。		

门店名称：　　　　自查人：　　　　检查日期：　　　　班次：

注意：①工作完成时画“√”否则画“×”；②请签名后再下班。

（三）营业后

1. 打扫责任区域的卫生。

2. 整理购物篮、车。

3. 整理劳动工具。

4. 整理商品单据，填写交接班记录。

理货员营业后一般作业流程，见表6－3。

表 6－3　　某连锁门店理货员营业后工作自查表

时段	检查项目	完成情况	
		是	否
营业后	①所有用品归位。		
	②所有单据整理归位。		
	③交接班读账、填写交接班日报表。		
	④挂好制服、交代事项留言。		
	⑤协助现场人员处理善后工作。		

门店名称：　　　　自查人：　　　　检查日期：　　　　班次：

注意：①工作完成时画“√”否则画“×”；②请签名后再下班。

拓展阅读

小韩的一天

2012 年 2 月 3 日早上 7 点，北京某超市理货员小韩，骑上自行车直奔超市。7 点 30 分到达，比上班时间早到了 20 分钟。

7 点 50 分，超市开门了，打卡签到，更换工作服，戴上工号牌后开始打扫卫生，准备迎接顾客。

8 点整，超市正式营业。

首先，按检查记录进行大量的补货；保持排面整齐，依次向前递补，把新补充的商品放在后面；做到商品正面面向顾客。缺货时及时补货，补货按照有关补货作业的流程及规章进行。

接下来，检查标签是否对位，有变价的商品与价格是否相符，所贴条码是否正确，摆放位置是否正确，货架上商品有无缺货状况，有无破损品或过期变质品，这些都应做详细检查并记录下来。

11 点 40 分，两位先去吃饭的同事回来了，小韩到食堂吃饭，超市用餐时间是在 11：00～13：00 点，由于超市要保证不空岗，5 位上班的同事分开轮流用餐，每个人有 45 分钟的吃饭时间。

12 点 20 分，吃饭后继续补货，货补完了，开始围着自己的辖区到处转转，看到有碎纸屑及空箱子就收起来，通道地面时刻保持清洁。同时还要充当安保角色。发现有可疑人员，要及时报告安保人员并做好跟踪工作，当发现偷窃行为时要交保安处理。另外就是收拾被顾客遗弃的商品，顾客选好了某样商品，中途又改变主意的情况很多，有的顾客甚至将楼上楼下的商品对调，发现没有放回原处的商品，理货员就要随见随收，将其归位。

临近下班时间，来到收银处，收起当天顾客未结算的商品，并办好有关手续，把未完成的事情和当天遇到的问题向主管汇报。

14 点 30 分，小韩结束了一天的工作，晚班人员开始上班。

资料来源：根据相关资料整理。

二、补货作业

补货作业可以分为卖场巡视、整理补充商品、取货、补货陈列、标价五个步骤，如图6－1所示。

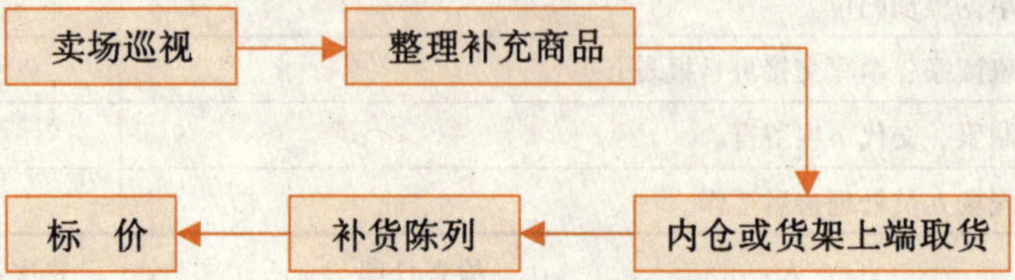

图6－1　理货作业流程

（一）补货作业要领

补货作业是指理货员将标好价格的商品，依照商品各自既定的陈列位置，定时或不定时将商品补充到货架上去的作业。定时补货是指在理货员每班次上岗前或非营业高峰时期的补货。不定时补货是指只要货架上的商品即将售完，就立即补货，以免脱销。事先要根据商品陈列图表，做好商品陈列定位化工作；补货时先将原有商品拿下，清洁货架及原有商品，将新货放到货架的后段，再将原货放在整理前商品的排面，以呈现商品的丰富感；对冷冻食品和生鲜食品的补充要注意时段投放量的控制等。

（二）补货的原则

1. 要根据商品陈列配置表，做好商品陈列的定位化工作。

2. 严格按照连锁企业总部所规定的补货步骤进行商品补货。

3. 注意整理商品排面，以呈现商品的丰富感。

4. 对冷冻食品和生鲜食品的补货，要注意时段投放量的控制，应采取三段式补货陈列。一般补充的时段控制量是：在早晨营业时将所有品种全部补充到位，但数量保持在当日预定销售量的40%，中午再补充30%，下午营业高峰前再补充30%的陈列量。

（三）卖场巡视和商品的整理工作

1. 清洁商品。清洁的商品对维持卖场气氛、促进商品销售非常重要。理货员在巡视卖场时，尤其要在营业低峰时段，随时带上抹布，做好货架和商品的清洁工作。

2. 做好商品的前进陈列。即当前面一排的商品出现空缺时，要将后面的商品移到空缺处去、商标朝前陈列，这样既能体现商品陈列的丰富感，又符合了商品陈列先进先出的原则。

3. 检查商品的质量。如发现商品损坏（如服装等）、商品变质、破包或超过保质期（如各类食品），应立即从货架上撤下。

4. 商品下架。在连锁门店以下商品必须下架：

（1）过期商品、有变质迹象的商品。

（2）接近失效期的商品（以保质期3/4为期限）。

（3）各种严重瘪罐或严重锈蚀现象的商品。
（4）真空包装遭破坏的商品。
（5）遭灰尘严重玷污的商品。
（6）各种标志不清的商品（包括生产日期、保质期、计量、厂名、厂址等）。
（7）商品更改包装后的旧包装商品。
（8）有破损、缺件现象的商品。

5. 补货上架作业流程管理。补货上架要按照以下六个步骤进行：
（1）先检查需要补货货架的价格卡是否和要补充的商品售价一致。
（2）将货架上原有的商品取下。
（3）清洁货架。
（4）将准备补充的新货放至货架的后段。
（5）清洁原有商品。
（6）将原商品放于货架的前段。

拓展阅读

理货员作业时应当注意的问题

（1）领取商品：必须凭领货单或在领货簿上记录商品信息。

（2）提供商品：对内仓管理员提供的商品，必须逐一进行核对。

（3）标价：标价位置要一致，且不可压住商品说明文字。

（4）打价：要核对进货传票及陈列处的牌价卡，一种商品不可以有两种价格。

（5）标价纸：妥善保管标价纸。

（6）变价：调高价格应去除原标签，调低价格则可将新标签压在原标签上，每项商品不可同时有两个不同的价格标签。

（7）补货上架：随销随补，消灭货架空档，确保满陈列，补货后的废弃物应及时清理，确保地面、通道、货架、商品的整洁。

（8）理货：顾客移位的商品应及时复位，由该区域责任人负责；要轻拿轻放，爱护商品，注意商品安全；及时整理牌价卡，确保一货一卡，七标齐全，标价正确；要检查上架商品及架上商品的保质期及其他质量状况，确保上架销售商品的质量可靠。

（9）顾客询问：应热情回答顾客询问，引导顾客到所需购买的商品陈列处。发现顾客有不文明行为（如拆包、饮食、吸烟等）应和善提醒、劝阻、说明，并致谢。

（10）防损：理货员应有防损、防盗意识，但不要轻易判定偷窃行为，必要时可与现场安保人员及时联系。

◆ 案例分析

买伞风波

某日，顾客林小姐去某商场购物。走到二楼日用品区，天花板上挂着自己心仪已久的小黄太阳伞，便要求理货员取一把给她。理货员回答道："这款已经没有黄颜色的，你可以看一下其他的款式。"因为林小姐非常喜欢样品伞，在此之前已经来看过，便要求理货员将悬挂的样品拿给她。这时，理货员说："样品悬挂这么高，拿取不方便，拿下来你不要怎么办?"然后又执意向林小姐推荐其他款式的黄伞，并指着伞具柜台不耐烦地说："这里有这么多黄颜色的伞，你为什么非要那把?"边说边取下其他款式的黄伞，放在林小姐面前，让林小姐哭笑不得。而林小姐就是看上那款小黄伞，所以再次要求理货员帮其取下来，并说："只要伞没有质量问题，我肯定会买的。"理货员又说："那万一你不要怎么办?我还得重新将它挂上去，真麻烦。"这时又拿了一把其他款式的黄伞，递到林小姐手里语气强硬地说："这把也是黄色的，难道不漂亮。"最后，林小姐等了十几分钟后，该理货员才慢慢腾腾、非常不情愿地将那把悬挂的黄伞取了下来。林小姐虽然最终买到了自己心仪已久的太阳伞，却窝了一肚子的气，并发誓再也不会到这家商场购物。

资料来源：http://www.chinairn.com。

问题： 1. 怎样理解优质服务?

2. 对待案例中的顾客林小姐应当怎样接待?

【分析提示】

在零售业竞争非常激烈的今天，优质服务已经越来越成为各商场竞争的焦点，满足顾客需求是最基本的服务标准。在门店里悬挂样品，其目的是为了招揽顾客，更好地实现销售。对于顾客的要求，理货员没有任何理由加以拒绝，应当积极主动地给予满足。

思考与训练

一、不定项选择题

1. 理货员的作业规范包括（　　）。

A. 上班时间着工作服，佩戴工号牌　　B. 上班前5分钟到达工作岗位

C. 维护卖场、作业场地的环境整洁　　D. 爱护商品、设备和器具

2. 理货员在营业前作的准备工作包括（　　）。

A. 打扫责任区域内的卫生　　B. 检查购物篮、车

C. 方便顾客购货，回答顾客询问　　D. 检查收银员工作

3. 理货员的作业内容不包括（　　）。

A. 商品标价　　B. 排面整理

C. 商品陈列与补货　　D. 为顾客办理结算

4. 商品陈列应当遵循的原则不包括（　）。

A. 从左到右　　B. 从上到下

C. 从大到小　　D. 先进先出

5. 理货员判断肉品的鲜度的标志不包括（　）。

A. 味道　　B. 颜色

C. 重量　　D. 组织弹性

二、简答题

1. 一天，一位顾客来到某商场的糖果柜前挑选糖果，糖果很多，价格不一，顾客一时拿不定主意，便向旁边的理货员询问，理货员正在和另外一个营业员说话，就简单地回答“标牌上面都写着，你自己看吧？”

理货员的行为符合职业规范要求吗？

2. 某日，张奶奶在超市蔬菜柜台选择蔬菜，看中一个白萝卜，当她正准备伸手去拿的时候，她发现有两张标牌挨在一起，一个标牌是1.0元/斤，另一个标牌是1.2元/斤。她找来营业员，营业员一边拿掉1元的标签，一边解释说：“奶奶，实在对不起，这个1元的标签是旧的，昨天晚上标价时，我们忘记换掉了，请您原谅。”老奶奶也表示理解。

营业员在标价时应当注意哪些问题？

3. 一天，超市新进了一批货，一条过道被一些货物占了，理货员小刘正忙着清理货物，正在这时，一个顾客来到小刘跟前，要求小刘帮她找一双女式拖鞋，小刘一边忙着手上的活，一边对顾客解释说：“不好意思，我这有点忙，要不你等会儿过来吧。”顾客二话没说，掉头走了。

请问小刘的做法对吗？

4. 一天，理货员正在把顾客移动的货物复位，一位带小孩的女顾客走过来，要求帮她从高架上取下一个儿童用的浴盆，理货员望了望顾客，迟疑地问道：“你确定要哪个浴盆吗？”“我喜欢这种款式，就是颜色深了一点。”顾客回答。“那你确定好了再找我吧？”理货员依旧忙碌着。

请问理货员的行为妥当吗？

三、案例分析题

案例一：只要您满意就好

某日，顾客李小姐去某购物广场购物，看中了一款自己喜欢的相册，便取下来翻看，发现里面的纸张质量不是很好，夹相片影响不大，正在犹豫之时，旁边的理货员走过来问道：“小姐，你有什么问题吗？”李小姐把想法告诉了她，“噢，是这样啊。”理货员边说边又从货架上拿下了几款相册让李小姐挑选，李小姐看了看还是不太满意，便说：“我还是比较喜欢刚才那种，封面很漂亮，只可惜里面的纸张质量有点不太好。”听完李小姐的话，理货员马上蹲下身在最底层的货架翻了半天，帮李小姐找了两个款式相似的相册，李小姐看了看还是觉得不太理想，理货员见李小姐面有难色，马上说："您是不是不太喜欢？没有关系，我再帮您仔细找找。"边说边小心翼翼地移开放在货架前面摆放整齐的一本本相册，仔细在里面翻看，"呦，太好了，这里正好有两本"，理货员从最里层的货架里取出了两本相册，李小姐一看正好是自己心仪的那款，开心地付了款。临走时，她对理货员说："谢谢你，刚才你那么耐心，我都不好意思了。""没事，没事，只要您满意就好，您慢走。"李小姐拿着影集愉快地离开卖场，边走边回味着刚才那位理货员说的那句话"只要您满意就好。"

问题：此例中理货员是怎样诠释优质服务的？

案例二：卖鞋

某日，一位顾客在某商场入口处，看中了一双鞋，想买下来，由于还要买其他东西，就先到商场里边去了。半小时以后，顾客逛完商场，到收银台买单时发现商品的价格变了，由原来的28元变为38元，比原先贵了10元钱。理货员向他解释说：商品价格做了调整，只是标价牌还没有及时更换，是自己疏忽了。但顾客坚持说："我在购买开单时是28元，就应该按这个价买。"这位理货员最后决定自己掏10元，抵作差价，让顾客以28元买了单。

问题：理货员的行为妥当吗？

案例三：不应有的失误

有一天，陈女士在某商场购买了两件儿童服装，当时衣服挂牌上价格为65元，然而陈女士无意中发现挂牌竟有两层价格，撕开外面一层，里面还有一层标价为45元，相差20元，金额虽然不大，但商家此种行为令人费解，是否为价格欺诈？为此，陈女士特意来到当地消协投诉为其主持公道，后经当地消协调解，此举为营业员失误所致，本着双方互谅的态度，商家退还顾客20元，当场表示道歉，并对营业员进行批评教育，陈女士对此结果表示满意。

问题：此例中营业员失误的根本原因在哪里？

四、实践实训

项目实训一

【任务实训】

【任务】补货实训演练

【目的】熟悉补货流程与技巧

【步骤】(1) 分组：5~6人为一组，一组一个货架，一轮四组同时进行。

(2) 作业演练：每组成员轮流担任理货员，进行补货作业。

(3) 评定成绩，分小组和个人两项评分，教师总结（自评20分，他评30分，教师评分50分）。

项目实训二

【任务实训】

【任务】标价实训演练

【目的】掌握标价流程与技巧

【步骤】(1) 分组：5~6人为一组，一组一个货架，一轮四组同时进行。

(2) 作业演练：每组成员轮流担任理货员，进行补货作业。

(3) 评定成绩，分小组和个人两项评分，教师总结（自评20分，他评30分，教师评分50分）。

项目七
7 门店收银作业管理

学习目标

知识目标 熟悉收银员的工作职责与服务规范；掌握收银机的使用、维护与保养；掌握收银作业流程和收银作业技巧。

能力目标 能够熟练掌握和运用收银服务用语；能够熟练使用电子收银系统、为顾客提供收银服务；能熟练掌握装袋和清点现金技巧；能把握顾客接待的时机，能及时处理收银错误，有效防止和排除和顾客的冲突。

职业素养 树立正确的服务意识，能够与顾客进行很好的沟通交流，能为顾客提供优质服务。

引导案例

擅自离岗失信于顾客

2012年5月1日上午，某购物广场迎来了客流高峰期。一位顾客推着一车物品，在收银台前排队结账。当商品条码扫描进行到一半时，收银台前来了两位佩戴红色工牌的商品部门课长。只见这两位课长跟收银员说了几句什么，收银小姐立即放下了手中扫描了一半的商品，跟那两个员工核对起什么来。顾客没说什么，等着。然而5分钟过去了，他们三个人的核对仍然没有结束，顾客还是没说什么。10分钟过去了，核对没有结束，顾客与他的家人无奈地交换着表情。15分钟过去了，顾客实在忍无可忍发了火："你们有完没完，能不能把我的东西算完账再说。"顾客边说边向其他等待买单的顾客说："连个招呼都没有，就把我们晾到一边去了。"其他顾客连连点头表示赞同。三个人这才结束了核对，收银员又继续开始工作，自始至终，没有人对该顾客说一句"对不起"，顾客很不满意地离开了。

资料来源：百度文库：http：//wenku. baidu. com。

讨论：

1. 顾客结账过程中，收银员是否可以中途离开？
2. 收银员遇到紧急情况，需要临时离开岗位时，应该怎样处理？

任务一
门店收银作业管理

任务描述

张亮中专毕业以后受聘于一家品牌连锁企业当收银员，她很珍惜这份工作，但是她没有接触过收银课程，感到压力很大：收银机怎样使用？怎样才能有效地避免收银错误？出现收银错误又该怎样处理？如何才能为顾客提供满意的收银服务？这些都是摆在她前面的新课题。

一、收银作业概述

收银区域是顾客前来门店的必经区域，是门店的窗口，在连锁门店的作业管理中居于十分重要的地位。收银员的作业水平和服务质量直接体现了连锁门店的形象和管理水平，意义十分重要。

（一）收银员与收银员岗位

收银员是指从事收取现金、支票、信用卡等，为顾客开具发票并对本收银台当班销售额进行核算的专业人员。门店的收银区域大多设置在出入口，顾客进店第一眼看到的往往是收银员，出店结账接触到的还是收银员。收银员除了为顾客提供结算服务以外，还担负着为顾客提供咨询、商品防损、促销活动推广以及安全管理等工作，收银作业体现出专业性、责任心、服务性、效率性等特点。

（二）收银员的基本素质与服务规范

1. 道德素质。

（1）恪守职业道德，树立正确的金钱观和价值观。

（2）爱岗敬业、忠于职守，树立良好的服务意识。

（3）熟悉业务，准确核算，保证门店现金和商品安全。

2. 业务素质。

（1）熟练掌握收银机的操作和维护。

（2）熟练掌握现金、银行卡、购物卡和支票等支付手段的处理。

（3）熟练掌握促销商品的价格和促销内容。

（4）熟练掌握商品装袋技巧。

（5）熟练掌握礼品包装技巧。

（6）做好收银设备的检查和维护工作。

（7）协助做好卖场安保工作。

（8）发现问题，及时汇报。

想一想

收银员应当具备怎样的职业素养？

3. 服务规范。

（1）仪表端庄。收银员的仪表要求着装整洁，发型整齐，可以适当的化淡妆，保持双手干净卫生。

（2）态度亲和。收银员对待顾客应笑脸相迎，主动、礼貌地接待每一位顾客，为顾客提供优质服务。

（3）技术熟练。熟悉收银作业的操作规程，迅速、准确为顾客办理收银结算。

（4）认真对待顾客投诉，主动化解矛盾。

4. 规范用语。

（1）您好！欢迎光临（当顾客走近收银台时）。

（2）对不起，请您稍等一下（临时欲离开收银台）。

（3）对不起，让您久等了（当顾客等候了一段时间）。

（4）是的，好的，我知道了，我明白了（顾客在叙述事情或接到顾客指令时，不能默不作声，必须有所表示）。

（5）谢谢！欢迎再次光临（当顾客结束购物时，必须感谢顾客的惠顾）。

（6）一共××元，收您××元，找您××元（结账服务时）。

（7）遇到顾客抱怨，应先将顾客引到一旁，仔细聆听顾客的意见，必要时予以记录，如果问题严重，立即请店长出面解释。其用语是："是的，我明白您的意思。我会将您的建议报告店长，并且尽快改善。"

（8）不知如何回答顾客的询问，或对答案没有把握时，绝不可回答"不知道"，应回答："对不起，请您等一下，我请店长来为您解决。"

（9）顾客询问商品是否新鲜时，以肯定、确认的态度告诉顾客："一定新鲜，如果您买回去不满意，可以退换。"

（10）顾客要求包装商品时，微笑地告诉顾客："好的，请您先在收银台结账，并装袋。"

（11）当顾客询问特价商品信息时，口述数种特价商品，同时拿宣传单给顾客，并告诉对方："这里有详细的内容，请您慢慢参考选购。"

（12）收银空闲而顾客又不知道要到何处结账时，应该对顾客说："欢迎光临，请您到这里来结账好吗？"（以手势指向收银台，并轻轻点头示意）

（13）有多位顾客等待结账，当最后一位顾客表示只买一样东西，且有急事等办时，对第一位顾客应说："对不起，能不能先让这位只买一件商品的先生/小姐先结账，他有急事？"当第一位顾客答应时，应再对他说声"对不起"。当第一位顾客不答应时，应对提出要求的顾客说："很抱歉，大家好像都很急。"

（14）收银员如与顾客在商品价格或无条形码的商品方面发生意见分歧，应首先与店长取得联系，由店长做出初步处理。店长应首先为顾客服务，然后将出现的问题进行登记汇总后，提交给值班店长来解决问题并采取更正措施。如果事情紧急，应立即找店长采取措施，使问题圆满解决，防止事件再次发生。

想一想

收银员在收银过程中不能使用哪些禁忌语言？

拓展阅读

四权限、五不计较、六必须

四权限：

（1）有权拒收涂改和过期的发票。

（2）有权拒开不符合规定的发票。

（3）有权拒绝各种借支行为。

（4）有权拒绝非收银员操作收银机。

五不计较：

（1）顾客称呼不当不计较。

（2）顾客举止不文雅不计较。

（3）顾客态度粗俗、语言欠妥不计较。

（4）顾客提意见不客观不计较。

（5）人少事多得不到谅解不计较。

六必须：

（1）按规定整齐着装。

（2）发型规范，站姿端正。

（3）精神饱满，主动热情，微笑待客。

（4）文明礼貌，使用文明语言。

（5）保持收款台桌面、地面干净整齐。

（6）保证账款一致，唱收唱付。

二、收银作业流程

收银作业可按日来安排作业流程，每日作业流程可分为营业前、营业中、营业后三个阶段：

（一）营业前

收银员营业前一般作业流程，如表 7－1 所示。

表 7－1　营业前收银作业流程

收银前	1. 领取机号。 2. 清洁整理作业区域。 （1）收银台、包装台、收银机。 （2）收银柜台四周地板、垃圾桶收银台前头柜。 （3）购物车、篮放置处。 3. 领取、补充必备的物品。 （1）购物袋、包装纸、胶带、胶台、笔、便条纸、剪刀、订书机、订书针。 （2）圆磁铁、点钞油、卫生筷子、吸管、汤匙、铃、钟或警铃、干净抹布。 （3）统一发票、空白收银条、必要的各式记录本及表单。 4. 补充收银台前头柜的商品。 5. 准备放在收银机内的定额零用钱，包括各种币值的纸钞、硬币。 6. 检验收银机。 （1）发票存根联及收执联的装置是否正确，号码是否相同。 （2）机内的程式设定和各项统计数值是否正确或归零。 7. 收银员服装仪容的检查。 （1）制服是否整洁，且合乎规定，是否佩戴识别证。 （2）发型、仪容是否清爽、整洁。 8. 熟记并确认当日特价品、变更售价商品、促销及重要商品所在位置。 9. 礼仪训练。

（二）营业中

收银员营业中一般作业流程，如表 7－2 所示。

表 7－2　营业中收银作业流程

收银中	（1）招呼顾客。 （2）为顾客做结账服务。 （3）特殊收银作业处理。 ①赠品兑换或赠送、现金抵用券或折价券的折现。 ②点券或印花的赠送、折扣的处理。 （4）无顾客结账时： ①整理及补充收银台各项必备物品、整理购物车、篮。 ②整理及补充收银台前头柜的商品、兑换零钱、整理顾客的退货。 ③擦拭收银台柜台，整理环境。 （5）收银台抽查作业。 （6）顾客作废发票处理。 （7）中间收款作业。 （8）协助、指导新人及兼职人员。 （9）顾客询问及抱怨处理。 （10）收银员交班结算作业。 （11）单日营业总额结账作业。

（三）营业结束后

收银员营业后一般作业流程，如表 7－3 所示。

表 7－3　　营业结束后作业流程

收银后	1. 暂停收银。 2. 执行结班程序，打印结班清单。 3. 整理作废发票以及各种点券。 4. 结算营业总额，填写班结单、将现金装袋送主管核实签名。 5. 整理收银台及周围环境。 6. 关闭收银机电源并盖上防尘套。 7. 擦拭购物车、篮并放于指定位置。 8. 协助现场人员处理善后工作。

案例

"秀气"的收银员

2002 年中秋节这天，收银台前人潮涌动，大家都在排队买单，收银员也一个个手如飞梭：扫描—收款—点钞—找零，突然，人们发现有个收银台前不断传来顾客的争吵声，顾客排的队也特别长，但移动的速度却出奇地慢。原来是收银小姐特别"秀气"，慢慢地拿过顾客的商品——慢慢地一个个扫描——再缓缓地取过顾客递过来的钱——轻轻地放入收款箱——然后非常"秀气"地在箱内寻找零钞——再"小心翼翼"地递到顾客手中——再"慢慢地"接待下一个顾客……整个过程都在缓慢进行。和动作麻利的伙伴相比，显得非常"斯文"，非常"秀气"。可在一边早已等得不耐烦的顾客实在无心欣赏与留恋这等"秀气"景观，一个个吵嚷起来："你们这位收银员怎么这么慢啊?""别的收银台这会功夫早就过去了几个人，这儿却这么慢!""怎么回事啊? 等得都急死人了!"……埋怨声不绝于耳。

资料来源：根据相关资料整理。

任务二
门店收银错误的作业管理

任务描述

经过半个月的努力学习，张亮熟悉了收银机的操作使用，掌握了收银作业的流程和基本技巧，已经基本上适应了收银这份工作，心里踏实了许多。但是当遇到一些特殊情况，特别是像遇到排队等候收银的顾客很多的时候，张亮还是显得手忙脚乱，容易出错；当遇到顾客投诉的时候，甚至不知所措。张亮下定决心：接下来重点训练收银技巧，提高速度和准确率，尽可能减少差错，争当一名出色的收银员。

一、收银员错误产生的原因

1. 收银员收款错误或找零错误。
2. 收银员零钱没有找出。
3. 收银员收到假钞。
4. 收银员盗窃收银款。
5. 收银员操作错误。
6. 收银员在兑换零钱时出错。

拓展阅读

收银员的不当行为

1. 打错了商品的金额。
2. 收银员与顾客借着熟悉的关系，故意漏扫部分商品或私自键入较低价格充抵。
3. 收银员因同事熟悉的关系而发生漏打、少算的情形。
4. 由于价格无法确定而错打金额。
5. 对收银工作不熟练。
6. 对于未贴标签、未标价的商品，收银员打错，误打后的更正手续不当。
7. 收银员虚构退货而私吞现金。
8. 商品特价期已过，但收银员仍以特价销售。

想一想

造成收银发生不当行为的原因有哪些？

二、收银员错误的处理原则

1. 收银员错误应当在24小时内，由收银室负责处理。
2. 错误数额超出规定时，收银员应当在第一时间报告安全部和收银主管，并接受警告处分。
3. 所有收银员的错误必须进行登记，错误原因由收银室负责核查。

案例

不一样的红富士

2014年6月上旬的一个上午，某购物广场防损员对收银台偶尔出现的商品与条码不符的情况进行了跟踪。商场进口的日本红富士上贴有商品标签，防损员拿掉标签后去计量科计量，计量员没有看到标签，就按普通红富士的价格给防损员计了价（一斤进口红富士5块多钱一斤，而一斤普通红富士只卖两块钱）。去收银台买单，收银员也未发现，防损员将掉包后的苹果轻而易举地拿出了商场。试想，如果有不诚实顾客将价格不一的同类商品混装起来按低价打价买单，必将造成商场商品的流失，从而影响门店利益。

资料来源：根据相关资料整理。

三、减少收银错误的措施

1. 加强职业道德教育，增强道德意识，杜绝盗窃行为。
2. 加强培训，熟练操作技能，规范操作规程，提高作业水准，降低差错率。
3. 增强安全管理意识，对收银员的作业过程实施有效的监管。
4. 加强收银高峰时期的大钞提存工作，减少现金积存，避免盗窃事件发生。

四、收银错误的处理

（一）收银员结账错误的处理

1. 必须礼貌地先向顾客解释、致歉，并立即更正。

2. 当收银员误将商品价格多打时，可询问顾客是否还要购买其他商品，如顾客不需要，则应将发票作废重新登录。

3. 如果发票已经结出，应立刻将打错的发票收回，重新打印一张正确的发票交给顾客。

4. 礼貌地请顾客在作废发票记录本（或作废发票）上签字。待顾客离去之后，在一定时间内将废票记录本填妥，并立即通知相关主管前往签名作证。

（二）结算作废错误的处理

1. 作废发票记录本其格式应为一式二联，其中一联可随同作废发票转会计或其他相关部门，另外一联可由收银部门自己留存。

2. 若将作废的发票遗失，即不能办理发票作废，应成为收银员的收银短缺，由收银员自行负责，以免收银员借此舞弊。

3. 作废发票记录本上的任何记录及签名必须如实填写。所有作废发票的办理应在营业总结账之前即办理妥当，不可在结账后才补办发票。

4. 若同一笔交易有多张发票，只有其中一张发生错误时，应将多张发票同时收回一并办理作废，再重新登录多张发票。

（三）营业款收付发生错误的处理

1. 收银员下班之前，必须先核对收银机内的现金、购物券和当日事先收入保险箱的大钞等营业收入的合计数，与收银机结出的应收数额核对，若二者金额不符，且差额（不论是短缺或盈余）超过一定额度时（此数额可依各超市之营业状况决定），应由收银员写出报告，说明短缺或盈余的原因。

2. 如果营业收入短少，收银员可以根据经验、收银机当日收入金额等因素，分清造成短少原因，以决定是否应由收银员全部或部分赔偿。

3. 如果是发生盈余时，不论什么原因，应当由收银员支付同等盈余金额。因为收入中出现盈余时，说明收银员多收了顾客的钱，这将有损于收银员和门店的形象，也可能使顾客不愿意再次光临本店，应当让收银员引以为戒、吸取教训。

4. 收银员如果当班作业时出现错误，必须填写收银员结账评估表，以说明原因。

◆ 案例分析

十元钱

2002年6月24日，顾客欧先生携子来某商场购物，买单时言称收银员多收了他十元钱。商场方非常重视：防损部联合电脑部迅速做出反应，查点营业款，确认无误后给顾客做出了合理解释，欧先生满意而归。

问题：欧先生的满意说明了什么？

【分析提示】

十元钱虽少，但事关商场信誉，任何人、任何部门均必须引起重视。收银结算工作基本处于顾客服务流程的末端，往往会因收银员一个不经意的动作或一句无心的话语伤害顾客的感情，真正实现“100－1＝0”的服务。正因为如此，就对收银员提出了更高的要求：在礼貌待客、唱收唱付的基础上，做到处变不惊，有礼有节地面对顾客，做好服务的每一环节。

◆ 案例分析

“谁偷走了我的东西？”

2002年3月18日晚19：29分，一赵姓阿姨打来电话投诉：她上午在某商场购买食品，晚上食用时发现电脑小票上多了一样自己没购买的东西，于是打来电话问个究竟。接待员在电话里详细听了赵阿姨的诉说，口气委婉地告诉赵阿姨出现此种情况有几种可能。可是赵阿姨没听完商场服务台人员的话就挂了电话。

第二天，赵阿姨气冲冲来到前台要讨个说法，并态度坚决地认定是收银员藏了她的商品，服务员再三解释都无济于事，连收银部助理、营管部助理在一边劝解也爱莫能助。这时值班经理闻讯赶来，将偏执的阿姨劝进了办公室，经过耐心的交流，赵阿姨终于消了气，也认同了发生这种事情有如下可能：A. 收银员给您装了袋，但您忘记拿（遗留在收银台）；B. 收银员为您单独装了袋，不慎被其他顾客提走；C. 物品在您回家路上不慎丢失；D. 物品被收银员私藏。又经过了一番分析，排除了收银员拿其物品的可能性。最后，经过值班经理耐心细致的解释与分析，赵阿姨终于解除了心头的疑虑，高兴而去。

问题：赵阿姨的气是怎样消的？

【分析提示】

以上案例的发生追其根由，源于收银员工作流程不顺畅造成：唱收唱付后，未将购物袋、找零连同电脑小票一并交给顾客，造成失误，产生投诉。此例中接待员、值班经理表现突出，做到：“心平气和聆听，冷静全面处理”的服务，但部分管理人员的服务技巧及现场处理顾客投诉的灵活应变方法仍须进一步提高和加强。

思考与训练

一、不定项选择题

1. 收银机的组成不包括（　　）。
A. 主机与显示器　　B. 打印机
C. 键盘与线箱　　D. 顾客显示屏
2. 收银员发生错误时，下列属于不正确的处理原则是（　　）。
A. 收银员错误应当在24小时内处理　　B. 收银员的错误必须登记
C. 收银员错误由收银室负责核查　　D. 收银员错误由店长负责核查
3. 收银作业过程中，收银员应当做到“三唱一复”的“三唱”不包括（　　）。
A. 唱收　　B. 唱付
C. 唱价　　D. 唱零
4. 减少收银错误的主要措施有（　　）。
A. 增强道德意识，杜绝盗窃行为
B. 对收银员的作业过程实施监管
C. 规范操作规程，降低差错率
D. 加强收银高峰时期的大钞提存和保管
5. 顾客携带现金不足或临时决定退货时，收银员正确的处理方法是（　　）。
A. 建议顾客办理相当于不足部分的商品退货
B. 予以谅解，不恶语相加
C. 如顾客愿意回去拿钱，必须保留与差额等值的商品
D. 不予退货

二、讨论题

1. 一位顾客拿了一件10元的商品来结账，当他付给收银员100元整钞并在收银员将钱箱打开时，说有零钱并将这张百元纸币拿了回去。经过一番寻找后，该顾客说不好意思，没有零钱，却对收银员说“那你找吧。”然后就等收银员找零。收银员疏忽大意，在没有收到钱款的同时又“找零”给顾客。

请问：收银员是怎样受骗的？

2. 2009年3月18日，高一学生谌某到某商场购买学习机。收银员点钱后，认为其中有两张票面额为100元的人民币是假币，于是不由分说，没收了谌某的两张可疑的人民币，并以商场的名义开具了一张没收单据。其内容为：“没收谌某假币200元，某商场”。3月19日，谌某的父亲拿着没收单据找该商场索要那200元钱，但遭到拒绝。3月25日，谌某的父亲向法院提起民事诉讼，要求该商场返还人民币200元。

请问：收银员的行为合法吗？

3. 一顾客对商场情有独钟，经常来购物。一天，在二层买鞋交钱时，问收银员能不能使用信用卡。收银员只顾接待别的顾客，没有回答。顾客又问收银员，收银员答复："有告示自己看。"

请问：收银员的错误在哪里？

4. 一顾客买了一件商品，交完钱后，想把一张20元的纸币换成4张5元的。当向收银员提出自己的这一要求时，收银员生硬地回答："不行，商场有规定不能换。"无论顾客怎样解释，收银员还是那句话"不行。"顾客对这种回答非常不满。

请问：收银员的行为妥当吗？

三、案例分析题

案例一：两次遇见同样的问题

一次，一顾客买了许多食品，其中有两盒冰激凌，每盒标价6元。交完钱，顾客无意中看了一眼小票，发现小票打印的是三盒冰激凌的钱。经与收银员复核确认后，顾客拿到了退款。过了几天，顾客又来买食品。鉴于上次的经验，顾客这次拿到小票后特意多看了一会儿，果然发现小票上变成了三盒。顾客慨叹道："我一直非常信任你们商场，可两次发生这样的情况，实在太令人失望了。"

问题：该案例中收银员问题出在哪里？

案例二：因小失大

2013年1月20日晚上9时左右，一外国男子来到山西太原市五一商厦一楼一连锁工艺品店选中了价值人民币100多元的工艺品。付款时，这名男子用英语告诉收银小姐，自己是印度人，身上没有人民币，希望能按1:6的比率用美钞购买这件商品。收银小姐认为1:6低于银行汇率，有钱可赚，便自己收下了这张100元面值的美钞，并找回了400多元人民币，之后自己又掏腰包将100多元人民币的购物款补了进去。次日，自以为占了便宜的收银员到银行鉴定时，才知道是张假美元，大呼上当。

问题：分析该案例中收银员上当的原因有哪些？

案例三：顾客的遗憾

一顾客晚上九点多钟到商场闲逛，对一款43元的头饰爱不释手。当开完票准备交钱时，离商场闭店还有十分钟。收银员说："对不起，商场的电脑系统已经关闭，现在不能收款了。您如果非买不可，必须给我正好的钱。"顾客翻遍了身上所有的口袋，也没有找到正好的钱，只好放下心爱的头饰，无奈地离开了。

问题：收银员的做法对吗？怎样做才能使顾客不留遗憾呢？

四、实践实训

项目实训一

【任务】收银实训演练

【目的】熟悉收银机的使用，掌握收银作业流程与技巧

【步骤】(1) 分组：5～6人为一组，一组各一台，一轮四组同时进行。

(2) 作业演练：每组成员轮流担任收银员和顾客，按规范和流程作业。

(3) 评定成绩，分小组和个人两项，教师总结（自评20分，他评30分，教师评分50分）。

项目实训二

【任务】收银错误的处理

【目的】掌握收银错误处理技巧

【步骤】(1) 选定错误案例，宣布分组：5～6人为一组，一组各一台，一轮四组同时进行。

(2) 作业演练：每组成员轮流担任收银员和顾客，按规范和流程作业。

(3) 评定成绩，分小组和个人两项，教师总结（自评20分，他评30分，教师评分50分）。

8 项目八 门店安全与损耗管理

学习目标

知识目标 了解门店安全管理的意义和安全事故发生的原因以及门店经营中损耗产生的原因；掌握损耗的防范方法和措施；熟悉门店安全管理的内容及系统的解决方法。

能力目标 能防范门店消防、治安事件、食品安全作业等事件的发生，能处理一般的防盗系统报警事件，具备一定的门店防损和安全事务管理的能力。

职业素养 拥有高度的政治思想觉悟、高尚的思想品德和强烈的责任心，具有奉献精神和集体主义精神。

引导案例

沃尔玛防止收银过程中所导致的损耗

收银员在收银过程中所导致的损耗，占整个商场损耗的1/3左右。

首先是漏扫商品。在沃尔玛公司有两个代名词，一个是“BOB先生”，一个是“LISA小姐”。这听起来是对两个人的称呼，而实际上它们各有含义。

“BOB”是指顾客拿在手中或放在购物车及购物篮里的、未被收银员注意到的商品，如小孩手中拿的糖果、小玩具，放在购物车下面的整箱酒、饮料，大袋的米、面或烫衣板等等。收银员在顾客结算时，要主动帮助顾客把商品从购物车或购物篮中拿到收银台上。这既可以显示出收银员对顾客的热情，又可以看清有无漏掉的商品。

“LISA”是指所有非原始包装且包装内可放其他物品的商品，必须开箱检查，如棉被、箱包、电饭煲等，因为里面可放些牙膏、鞋油、面霜等小件的商品，或可把贵重的商品放入廉价的包装盒内，诸如此类容易造成损耗的商品很多。

如果收银员在忙碌之中忘记做防损工作，须由周围的同事（领班或主管）来提醒。

但为什么要这样称呼呢？就是怕直接指出来会使顾客反感，误以为把他当成小偷。所以，同事要像找人一样地提醒收银员："有没有见到 BOB"或"LISA 在哪里"，使收银员在顾客没有任何察觉的情况下做好防损工作，为公司挽回不必要的损失。

其次是扫错条码。一种情况是整箱的商品，由于商品录入的不同，有些包装箱上的条码是单品的价格，收银员误以为是整箱的条码，又不核对价钱，导致商品流失。另一种情况是促销装的商品（即赠品）与商品捆绑式售卖，由于捆绑不规范，将赠品的条码露于表面（应将赠品条码覆盖或在电脑中删除），使收银员错扫了价值低的赠品，而把商品漏掉。或者"买二赠一"的商品采用捆绑式售卖时，本应把绑在一起的两件商品分别扫描，但由于楼面与收银员沟通不及时，收银员错扫成"买一赠二"，给公司造成损失。

再有，就是要核对所扫商品是否与电脑打出的一致，尤其是生鲜食品及糖果的称重码，一定要核对商品名称、型号、重量、价格。如有任何疑点，要立即让领班重新拿到楼面核对条码或重新称重，避免给公司造成损失。

资料来源：http：//blog. sina. com. cn/s/blog_ 573093c8010007td. html。

讨论：

1. 找出连锁企业门店损耗产生的原因？
2. 如何做好防损工作？

任务一
门店安全管理

任务描述

某超市店长常说：我们不仅要把安全工作上升到相当的高度，更要把安全作为我们对待生活的态度，只有这样安全才能真正深入人心，实实在在地做到安全第一！你认为门店应如何开展安全管理工作？安全管理有什么意义？

一、门店安全管理概述

（一）安全管理的概念

安全的一般意义是指没有危险，不受到威胁和不发生事故。连锁企业门店的安全是指门店及顾客、员工的人身和财产在门店所控制的范围内没有危险，也没有其他因素导致危险的发生。

门店安全管理是为了实现安全营运而组织和使用人力、物力、财力等各种物资资源的过程，其目的是制订出最佳的安全保障方案和管理措施，减少和避免意外事故的发生，保护门店的财产安全和减少损耗，为门店最终赢利做出贡献。

门店安全管理主要包括以下几个方面的内容：在门店控制的范围内，使门店和员工、顾客的人身和财物不受侵害；工作秩序、生活秩序、购物秩序良好；不存在安全隐患，即不存在导致人身和财产受到伤害的因素。

安全管理是门店管理的重要内容之一，是整个门店综合管理水平的重要指标。

（二）安全事故发生的原因

1. 设备陈旧。门店购买的一些安全设施、设备和工作器械，如消防设施、逃生设备等，平时不按规定进行定期检查、多年不更新，设备易老化甚至不能正常使用，不仅会危害公共利益，也使得内部员工的工作安全性难以得到保障。

2. 员工缺乏安全常识。由于企业对安全工作不重视，对员工的安全培训不到位，员工缺乏安全意识，造成许多安全隐患。

3. 缺乏警惕。许多意外事故在造成重大伤害之前已有苗头，常常是由于员工缺乏高度的警惕，没有及时改善，而导致一发而不可收拾的局面。

拓展阅读

连锁店安全管理职责

1. 店长安全职责。

（1）自觉遵守各项安全制度和操作规程，努力学习安全常识，提高自身的安全意识和危机处理的能力。

（2）对门店的安全工作全面负责。

（3）具体贯彻落实公司各项安全制度和安全措施，模范遵守各项安全制度，在组织本店员工工作时，要向员工交代安全防患事项，采取可靠的危机处理措施。

（4）定期组织开展安全检查，及时消除各种安全隐患。

（5）定期对员工进行安全知识培训。

（6）坚持每日班前、班后的安全检查，发现问题及时解决。对解决不了的隐患必须当日上报上级营运部，并设置专项安全检查记录本，做到有记录可查。

（7）发生各种灾害和突发事件要积极组织扑救，并及时报警，协助领导调查事故原因，提供情况要实事求是，不得隐瞒。

2. 门店员工安全职责。

（1）自觉遵守各项安全制度和操作规范，努力学习安全知识，提高自身的安全意识和安全事故的处理能力。

（2）发现问题及时汇报，并有权制止任何违反安全规章制度的行为。

（3）坚持每日营业前、营业后的安全检查，发现问题及时解决。对解决不了的隐患必须当日上报店长，并设置专项安全检查记录本，做到有记录可查。

(4) 发现安全事故后积极扑救，并及时报警，协助领导调查起火原因，提供情况要实事求是，不隐瞒事实真相。

(5) 每日结束营业后，要对门店内进行安全检查，切断电源，关闭门窗，废纸随时清理，不在室内存放易燃物品。

(6) 不以任何理由损坏消防栓等各种安全设备，定期检查、更换消防器材。

二、门店安全管理的内容

（一）公共安全

1. 消防安全管理。

案例

巴拉圭首都一超市火灾酿悲剧

2004 年 8 月 1 日巴拉圭首都亚松森的一家大型超市发生严重火灾，造成 504 人死亡。这是巴拉圭有史以来损失最惨重的一场灾难，也是人类有史以来商场火灾中死亡人数最多的一次。客观上是超市内餐厅煤气泄漏爆炸，并导致地下停车场车辆燃爆，超市内部出现坍塌；主观上，经营者为避免商品被窃下令关门，不交钱不开门，先收钱再放人，进一步导致人群在恐慌中踩踏。其二，超市建筑设计有明显缺陷，2000 多人的大型公共建筑没有任何应急出口，是一个“死亡陷阱”；其三，超市没有警报及疏散系统，超市员工平时没有应急演练。

资料来源：根据相关资料整理。

想一想

导致这次火灾有哪些原因？

门店消防中心的主要任务有以下几点：

(1) 负责对门店员工进行消防业务知识培训，开展防火宣传教育；制订相应的火灾灭火预案，同时不断配合进行防火演练。

(2) 制定各种防火安全制度，督促各部门贯彻落实防火安全知识，负责调查违反消防规定的原因，提出处理的意见；负责购置和补充防灭火器材，对消防设备定期进行检测、保养和维修，及时排除消防设备故障。

(3) 不断排查重点消防隐患，诸如隐蔽在工程内的电源、电路和电器是否匹配，是否有超功率、超负荷运转，是否有因接触不良而引起短路等情况，检查消防通道是否畅通，检查消火栓是否漏水、无水，检查工作人员工作过程中容易导致火灾的环节等。

(4) 负责对进店的外来施工的人员进行安全监督管理及出入登记手续，保证店内改建施工期间的安全，防止外来施工人员或其他人员造成的不安全事故发生。

2. 顾客安全管理。顾客安全管理一般是指顾客在卖场购物时应防止其被摔伤、挤伤及顾客间的争斗等，具体包括：

(1) 儿童/顾客的安全。

①儿童坐在购物车上，是否有广播、文字、店员提醒顾客有危险。

②是否有儿童在电梯上玩耍或乘坐电梯无人照顾。

③顾客在选购商品时，因不慎损坏商品而引发不安全因素。

④开业或节假日，是否会导致顾客的哄抢而引发不安全因素。

⑤特价商品的促销，是否会导致顾客的哄抢而引发不安全因素。

⑥顾客之间的矛盾导致在门店购物中相互伤害而引发不安全因素。

(2) 商品展示的安全。

①商品展示时，电、水、电器的使用是否安全。

②商品展示完毕后，电源是否关闭，带有危险的器具是否收回。

③商品展示台是否过大，导致通道过窄，引起拥挤。

3. 门店环境的安全管理。门店有责任为顾客提供安全、整洁的购物环境，员工也有义务维护和保持良好的商场环境。好的环境不仅仅体现顾客服务的宗旨，也可为员工创造一个舒畅、安全的工作条件。

(1) 店内地面、通道的安全。

①溢出物。溢出物是地面上的液体物质，如污水、化学液体、饮料、黏稠液体等。门店内的任何地方有溢出物，都必须立即清除，特别是在销售区域。如果溢出物属于危险化学品或专业用剂，则必须用正确的方式予以清除，必要时需要专业人员的帮助。正确处理溢出物的目的是避免不必要的滑倒和人身伤害。

②垃圾。垃圾是指地面上的杂物等丢弃物。销售区域的垃圾主要指废纸、塑料袋等。门店的任何地方有垃圾，都必须立即清除。在销售区域的垃圾任何员工都有责任将其拾起，放入垃圾桶内。处理非操作区域的垃圾时应遵循有关的垃圾处理程序，特别是对化学用品垃圾的处理，必须遵循相应的指示规定。

③障碍物。障碍物是指与购物无关、阻碍购物或存放不当的物品。例如，在消防通道的梯子、销售区域的叉车甚至散落在通道上的卡板、商品等，都是障碍物。正确处理障碍物的目的是消除各种危险的和不安全的因素，使物品摆放在应有的区域。

(2) 商品陈设的安全。

①货品陈列安全。货品陈列过高或摆放不整齐时，容易因地震或人为碰撞而使商品倒塌或掉落，给顾客或员工造成意外伤害。而安全牢固的货架不仅能承受一定分量的商品，还能为顾客提供安全的购物环境，避免因货架倒塌而引起不必要的事故。目前，在我国的连锁企业门店中，在对待货架投资上最为仔细谨慎的超市之一是物美超市，该超市给货架生产商提供的货物规格要求中的细则部分可以精确到每一个货架组建的大小、材质和涂层。

堆头陈列的高度有一定的限制，同时要注意堆积技巧的使用，以使商品稳固。

散装的商品必须全部装入纸箱。

②卖场装潢安全。连锁企业门店的经营者为了吸引消费者，往往在装潢上做出相当的投资。但是在美观之余，还必须注意其安全性。例如，部分连锁卖场喜欢利用玻璃作为装饰，

但玻璃制品易碎，除了容易给员工或顾客带来伤害之外，还不容易清理干净，使其他的员工或顾客受伤。

③货架装设安全。货架摆设的位置不当、不稳固，或是有凸角产生，都可能使顾客在购物时发生意外事故。高货架的商品库存存放必须符合安全标准。

（3）设施、设备的安全。

①辅助设施的安全。商场提供的休息处、儿童游乐处，是否有不安全因素；所有的销售区域的消防设施有无受损；所有可能与顾客接触的明电线是否符合安全标准；购物车篮是否损坏，如断裂、少轮子等。

②陈列设备的安全。陈列设备的承重是否在安全极限内；陈列设备是否足够光滑，有无锋利的边角可伤及顾客和商品。

（4）店外的安全。

①车辆的进/出安全。车辆是否按规定的进/出道行驶，按规定的区域进行停放；车辆的行驶速度是否放缓；是否有提醒顾客注意安全的警示标语。

②购物车的安全。购物车是否被顾客推离停车场的范围；购物车零散地停放在停车场内；购物车的轮子是否损坏，是否有可能伤人的毛刺。

③恶劣天气时的安全。恶劣天气时，门店进/出口是否有员工提醒顾客注意安全；恶劣天气时，店外的高空悬挂物是否取下；雨天是否向客人发放雨伞袋，门店进/出口地面是否放好脚垫；雪天是否将门店的广场或进/出口通道的积雪清理干净。

4. 食品安全管理。近年来，食品安全问题层出不穷，给广大消费者的健康和生命财产造成了极大的危害，并已成为全社会关注的焦点问题。近年来，沃尔玛、家乐福等国际知名企业都发生过销售过期食品的事件，这在损害消费者利益的同时，也给企业造成了很大的负面影响。因此，作为一个有社会责任感的企业，必须时刻将食品的安全管理放在经营管理的首位，常抓不懈，不断提高管理水平，以保证门店销售和加工的食品不给消费者带来任何危害。

（1）食品安全的概念。1996 年，世界卫生组织将食品安全界定为“对食品按其原定用途进行制作，食用时不会使消费者健康受到损害的一种担保”。基于以上认识，门店食品安全的概念可以表述为：食品（食物）的加工、包装、储藏、运输、销售、消费等活动符合国家强制标准和要求，不存在可能损害或威胁人体健康的有毒、有害物质等会导致消费者病亡或危及消费者及其后代的隐患。该概念表明，门店的食品卫生安全既包括结果安全，也包括过程安全；既包括现实安全，也包括未来安全。

门店的食品安全管理是指连锁企业门店为了承担自身相应的社会责任，保证社会公共利益和消费者的利益，保证自身产品的质量和企业信誉，动员和运用有效资源，采取计划、组织、领导和控制等方式，对食品在运输、储藏、加工、包装、销售等各个环节所采取的检疫、卫生、环境保护等一系列技术措施和监督的活动过程。

（2）食品安全管理体系的建立。对于连锁企业门店来说，食品安全管理主要包括以下内容：

①食品存储的控制。

②食品现场制作的控制。门店应从人员卫生、防止交叉感染、清洗消毒、工艺设定等方

面制定现场制作食品的操作规范并要求员工执行。

③食品销售中的控制。食品销售中的控制主要是指食品温度、货架期、食品标签的控制以及散装食品的展示。

④虫害控制。为营造良好的购物环境，保证食品安全，门店应该与具备良好资质和能力的灭害服务商合作，对卖场进行有效的虫害控制，并从基础卫生和防护做起，利用物理、生物、化学及管理办法综合控制虫害，减少化学用药。

⑤问题商品的撤架和召回。根据政府公布的商品检验信息、顾客投诉分析、店内自查问题反馈，以及供应商自主声明等，及时撤架出现问题的商品，将撤架的商品存放在规定的位置，并且按照要求销毁食品或者退回供应商。

食品召回是门店对存在质量和安全问题的已出售食品进行的一种改正和矫正行为。食品召回制度是为了保护消费者，使其免受污染食品、伪劣食品及标志不清楚的食品的潜在不利影响而采取的制度，包括自愿性食品召回和强制性食品召回。

⑥员工培训和教育。食品安全需要从每一个人做起，有效的培训和教育能够帮助员工掌握食品安全知识，形成良好的日常操作习惯。食品安全培训和教育内容包括：员工的入职培训及年度培训、管理层的培训、专题培训、食品安全宣传栏、食品安全知识竞赛。

(3) 食品安全的检查、监督及衡量机制。门店应该设定食品安全考核方法和指标，注重食品安全绩效，从而在食品安全方面形成持续改进的机制。食品安全检查、监督及衡量机制主要包括以下内容：

①供应商审核评分。

②门店食品安全审核结果及问题分析。

③员工食品安全培训内容、次数及考核成绩。

④门店产品抽样实验室检测结果。

⑤政府部门检查问题数量及内容。

⑥顾客食品安全投诉数量及各类投诉原因分析。

⑦顾客食物中毒事件的数量及原因。

合理及完善的监督机制能够确保高级管理层及时掌握全面地企业食品安全现状，并根据实际存在的问题采取相应的改进措施。持续地追踪、衡量食品安全绩效将使企业食品安全管理得到持续进步和发展。

相关知识

生鲜管理食品安全二十言

表 8-1

1	工牌工装要齐备，整洁更要勤换洗。
2	仪容仪表是形象，口罩帽子不能少。
3	厕所进出要洗手，双手脏了不拿货。
4	商品证件问清楚，品质合格才入场。

续表

5	商品上柜勤挑选，不良品种早下柜。
6	冷柜温度按时记，冻库更要如此做。
7	冷冻冷藏分类存，先进先出货分开。
8	隔离密封要分清，保存得当少损耗。
9	加工过程是细节，操作安全要记牢。
10	原料使用前检查，变质过期不要用。
11	菜品制作有配方，不能随意添加和更改。
12	添加剂用途记得牢，依法使用不侥幸。
13	成品出台先检查，色香味形认真品。
14	两小时检查仔细看，做好记录别漏掉。
15	各个岗位须坚守，不能随意串来往。
16	用品用具和设施，天天清洁别忘了。
17	消毒方法要正确，配兑比例掌握好。
18	一洗二涮三冲四消毒，消毒过后要保洁。
19	生产场所勤冲洗，天天检查要通报。
20	食品安全查细节，人人守责保品质。

（二）内部安全

1. 加强开（关）店的安全管理。开（关）店作业时仔细检查各类设施、设备及环境有无异常，提高警惕，确保店内的每一角落安全。

2. 设备安全。铝梯、叉车、托盘/卡板等设备存放于指定的安全地点，严禁占用通道、销售区域及门店的各出入口。使用前必须检查设备本身及使用地的环境，特定设备使用前，操作人员必须经过培训，并严格按操作规程使用设备。

3. 强化员工的安全管理，包括安全意识、用品设备、操作规范等。

4. 钥匙管理。

（1）店门、店长室和金库的钥匙应有备份，专人保管。未经许可，不得任意另行备份。

（2）金库的保险箱密码应只有必要的相关作业人员知道。当门店店长或副店长换人时，应及时更换保险箱密码。

（3）钥匙应编号管制，以利于追查责任。

5. 金库管理。金库室（店长室）除必要人员外，其他不相关人员不可随意进入；金库门应随时关闭并上锁。

6. 业务侵占之防范。

（1）定期抽检员工的储物柜，以及离开公司时的手袋及所携带物品。

（2）定期抽检收银人员、商品验收人员和负责现金处理的相关主管人员的作业情况，避免发生工作人员借职务上的便利，侵占公司钱财，或为亲友图利等情况。

7. 夜间行窃防范。对于歹徒的偷窃，除了一般的营业时间之外，晚上打烊之后也必须加以防范。

8. 抢劫。由于门店的现金流量较大，收银柜台又邻近出入口，在现金一进一出的同时，难免引起歹徒觊觎，因此门店对抢劫情形必须加以防范。

9. 顾客的扰乱行为。进出门店的顾客，不仅人数众多，层次也不一。有些顾客来到门店并不以购物为主要目的，而带有其他的扰乱或实施暴力的目的。

10. 专柜的安全管理。门店必须将专柜一并纳入安全管理范围，除了提供必要的安全设备以外，还必须将专柜人员视同门店人员一同实施安全训练和演习，以确保门店的整体安全。

11. 恐吓事件。随着犯罪形态的日新月异，食品及零售业界遭受歹徒恐吓、胁迫事件屡见不鲜，给社会、企业和消费者带来了莫大伤害。有鉴于此，门店必须研拟一套有效的应对程序，才能将危机事件的伤害程度降至最低。

12. 诈骗事件。由于零售业的现金多、商品多，加上员工的年龄都不大，所以经常成为歹徒诈骗的对象。常见的案例有要求兑换现金、送货、以物抵物，或是声称存放在寄物柜的贵重商品遗失等。

13. 停电应变处理。由于国内的电力管理仍未完善，而电力又是门店必备的营业条件，一旦停电，除了会加速低温商品的损坏、无法保持商品的营养成分以外，还有可能出现顾客或员工乘机窃取公司财物的情况。因此，门店必须针对停电拟定一套应变作业程序，以减少门店损失。

14. 保安报告管理。

（1）门店发生的任何安全事故，店长均应在了解事故发生的原因之后，迅速向上级相关主管报告，以便进一步做更有效的处理或追踪。

（2）任何给警方或上级主管的保安报告，其内容都必须简短、明确，并且包括人、事、时、地、物等，以使对方能迅速了解发生的状况。

（3）门店保安人员应熟记119消防电话、110盗窃电话、当地派出所的电话、当地电力公司营业所的电话和上级主管的呼叫器或行动电话号码，并抄录、张贴在电话机旁、公布栏上或其他指定地点。

三、门店安全管理作业

（一）建立安全机制

尽管有一些门店设立了保安部门，但就大多数超市而言，基本上没有专职的负责安全和防盗的保安经理。

事实上，无论销售额有多少、店铺有多大，门店都应该建立和运转一套处置、监控、审计机制，以防因偷窃和暴力抢劫而承受各种不应有的损失。

1. 明确管理人员的职责。门店的法定代表人或非法人单位的主要负责人是本单位安全工作的第一责任人，对本单位的安全工作负全面责任，依法履行各项安全职责。

门店应逐级落实安全责任制和岗位责任制，明确岗位职责，确定各级和各岗位安全责任人。

2. 成立安全管理小组。(1) 总指挥一人，由店长担任；(2) 副总指挥一人，由副店长担任；(3) 救灾组；(4) 人员疏散组；(5) 通讯报案组；(6) 医疗组，担负伤员的抢救及紧急医护等任务。

店长应将安全管理小组的成员列成名册，并特别注明总指挥、报案人以及重要工作的代理人姓名，同时将“防灾器材位置图”和“人员疏散图”张贴在店内的指定位置。

3. 安全审核。门店的新建、改建、扩建和内部装修工程需经公安消防机构审核合格后，方可施工；工程竣工后，需经公安消防机构验收合格后，方可投入使用或开业。未经验收或经验收不合格的，不得投入使用。

内部装修面积在200平方米以下，不改动防火分区、火灾自动报警、自动喷水灭火、防排烟等消防设施，并且装修材料符合“内部装修设计防火规范”要求的非高层建筑，可不报公安消防机构，由商场、超市负责安全的部门审核、备案。

（二）安全培训

1. 每月对店内员工至少开展一次安全教育、考核，未经安全培训和培训考核不合格的人员不得上岗。

2. 新员工上岗前必须进行安全教育、考核，特殊工种要依法取得资质证书，持证上岗。

3. 员工应与各门店签订安全合同，明确双方责任，落实安全措施，并进行安全防火教育。

4. 门店应制订并完善火灾扑救和应急疏散预案、处置突发事故的应急预案，并由顾问或店长负责，每半年开展一次消防演习和应急救灾活动演习。

5. 各级安全员做好各种安全教育记录。

（三）突发事件处理

1. 突发事件的类型。包括火灾、恶劣天气、人身意外、突然停电、抢劫、示威或暴乱、爆炸、威胁（恐吓）等。

2. 处理原则。

(1) 预防为主，计划为先；

(2) 处理迅速、准确、有重点；

(3) 以人为先，减少伤亡和损失。

3. 制订紧急计划和事故应急预案。

(1) 紧急计划制订。紧急计划是门店安全管理的重要组成部分，它是以书面形式制订的防备各种潜在紧急情况发生的方案。计划包括紧急小组的成立和人员名单，各个岗位的具体责任和任务，发生各种紧急情况的处理办法，发生紧急事件时可以提供援助的机构或可以救援的机构、组织等，紧急情况下的通讯联系、紧急设备的维护等。

(2) 各类突发事件的处理。包括火灾应急预案、爆炸应急预案、停电应急预案、电梯突然停运应急预案、触电伤人应急预案、打架斗殴应急预案、突发疾病应急预案、发生踩踏应急预案等。

任务二
门店损耗管理

任务描述

王明是超市的一名防损员。春节将近，商家进入新一轮销售旺季，尤其是以敞开式货架销售商品的自选超市，由于其商品品种全面、销售方式方便而格外受到消费者的青睐，一些大型超市甚至从早到晚都人潮如涌。然而，随之而来的“防损、防盗”问题也令王明烦恼，他一直在思考：防损岗位有哪些工作职责？如何加强门店损耗管理并处理相关事情呢？

一、商品损耗概述

（一）商品损耗的概念

商品损耗，是指商品销售过程中由于各种原因造成的商品总价值的损失，是账面金额与实际盘点金额之差。

（二）防止商品损耗的意义

商品损耗的后果是严重的，会极大地影响门店的赢利水平，甚至威胁到门店的生存。具体来说，商品损耗会造成以下后果：

1. 从门店的角度看。

（1）增加了运营成本，降低了商品的获利能力。

（2）降低了本单位员工的收入和稳定性。

（3）降低了本单位的竞争力。

2. 从顾客的角度看。门店以营利为目的，必然把过高的商品损耗计人成本，势必会造成商品价格的提高，最终使顾客因为商品损耗而支付了更高的价格购买商品。

据统计，全世界零售业的平均损耗率为 1.7%，每年的商品损耗高达 1600 亿美元，我国也高达 250 亿元人民币。

目前的商业竞争程度可以用白热化来形容，零售业经营的利润空间已经降到了非常低的程度，严格控制和降低商品损耗已经成为零售企业，特别是连锁企业挖掘潜力利润的主要来源，对连锁门店经济效益的提高具有重要意义。

在门店运营中，有些损耗是可以避免的，但有些是不可避免的，如何有效地控制商品的损耗，并且把它控制在一定的范围内，是门店管理者迫切需要解决的问题。

二、门店损耗产生的原因

门店损耗产生的原因主要有两个方面：一是不可抗拒的自然灾害的突然发生：二是人为

因素造成的商品数量和价值的损失，称为可控损耗。自然灾害种类主要有水灾、台风、地震等；人为因素主要是指由于管理不善所带来的如火灾、停电、盗窃、员工作业失误等。据权威统计，在各类损耗中，88%是由于店员作业错误、店员盗窃或意外损失造成的；7%是顾客盗窃：5%是厂商盗窃，其中店员盗窃所遭受的损失最大。以美国为例，全年由员工盗窃造成的损失高达4000万美元，比顾客盗窃额高出5.6倍；再如我国台湾地区，员工盗窃的比例也高达60%。这些资料表明，防止商品损耗应该首先加强内部员工管理。

（一）作业损耗

1. 订货损耗。

（1）订货过程中品牌错误、品项错误、规格错误、数量错误、重量错误、品质错误、有效期限错误等，比如订货量过大，导致商品滞销、变质、超过保质期。

（2）自行采购商品损耗，如用现金采购的自采商品未经过正常的验收手续。

2. 收货损耗。

（1）商品品名、数量、重量、价格、有效期限、品质、等级、规格、包装、单位、质量等与标准或订单不符；发票金额与验收金额不符；商品未验收或未入库。

（2）赠品、折扣与合同不符。

（3）供应商的欺诈行为，如厂商套号，以低价商品冒充高价商品。

（4）员工与供应商勾结导致损耗。

（5）未严格按收货标准验货，含有水分。

（6）送货不及时，收货时间过长，导致商品“鲜度”降低。

（7）对厂商管理不严，出入门店时厂商带走商品。

（8）叉车等设备未安全操作，损坏商品。

（9）漏记进货账款或进货重复登记，收货数据录入错误。

（10）入库商品条码贴错。

3. 转移损耗。

（1）搬运工具使用不当，造成包装或商品破损。

（2）员工未按要求或商品特性搬运商品，造成商品破损无法正常销售。

（3）顾客拿放商品不当损坏商品。

（4）内部转货单据与实际不符，店铺间移出手续不完备。

（5）部门与部门之间移库，账务处理不当。

（6）使用自用商品未如实填报或未列入费用明细。

4. 储存损耗。

（1）库存环境不符合要求，比如冷库的温度过低、仓储湿度过高或鼠虫等侵害致使商品受损。

（2）储存方式不正确，导致商品损坏破包。

（3）交叉感染或串味。

（4）未按先进先出原则拿取商品。

（5）库管员工未真正履行商品的维护职责或未能按规定核查商品，导致商品储存时间过长而过期、变质。

（6）冷藏冷冻设备损坏或发生故障，致使商品变质而被废弃。

5. 商品管理损耗。

（1）陈列的损耗。商品的自然腐烂变质；商品的陈列方式不对导致的损耗，如冷柜温度不正确，导致商品变质。

（2）理货的损耗。未能正确处理商品而导致商品受损，如散货未及时清理而损坏（如面包、蔬菜、冷冻食品、鲜活品]；商品未按“先进先出”的原则拿取，导致商品过期。

6. 商品销售损耗。

（1）商品标价错误，POP 广告不清楚或错误，顾客要求以较低价购买。

（2）商品磅秤故障，使商品重量价格比实际低。

（3）商品在销售过程中受到污染。

（4）管理者对兑换券作业是否入账未尽督导责任，兑换券有效期已过，无法向厂商求偿。

7. 收银损耗。

（1）每日的收银现金差异（收银员错误收款、短款、假钞等）。

（2）遗漏商品扫描。

（3）收银员损坏商品。

（4）收银排队较长导致顾客未能付款或无零钞找补导致顾客不能付款等。

8. 退换货损耗。

（1）节庆商品逾期未售完，如灯笼因年节已过无法售出。

（2）国外进口商品，如进口葡萄酒、进口牛肉，因无法退货产生废弃损耗。

（3）对不该接受的顾客退货却接收，而又不能原价售出。

（4）开发的自有品牌商品由于自产自销无法退货而产生废弃。

（5）顾客或员工因一时疏忽毁损商品却无法退货给供应商。

（6）客服人员利用退货、换货等手段偷窃公司钱款。

（7）坏品未登记、未确定数额、未及时办理退货。

9. 盘点损耗。

（1）点数不准，漏点、多点、误点实物库存。

（2）数据抄写、录入错误。

（3）盘点的价格错误、计算错误。

10. 加工损耗。

（1）对原材料未能进行深加工、未能有效利用。

（2）配方操作未能标准化作业，导致损耗。

（3）加工技术不当，食品口味变差，难以销售。

（4）加工过程因卫生问题污染食品。

（5）包装耗材浪费严重。

（6）生产不合理。

（二）偷窃损耗

1. 员工偷窃。

（1）员工管理不当。员工偷吃、偷用店内商品，将商品标低售价卖给亲朋好友；兑换券未如实呈报，而且作业人员窃取私用；直接偷窃公司的商品、赠品或偷窃公司同事的私人财物。

（2）专柜人员管理不当。专柜人员偷吃、偷窃或掩护其他人偷吃、偷窃。

（3）收银人员管理不当。收银人员利用收银机退货键或立即更正键取消登录金额，乘机抽取现金；遇到熟人，故意漏扫其中的部分商品或私自按下较低价格进行充抵。

2. 顾客偷窃。

（1）顾客利用衣服、提包等藏匿商品，不付账带出超市。

（2）顾客更换商品包装，用低价购买高价的商品。

（3）顾客在大包装商品中，藏匿其他小包装的商品。

（4）顾客未付款在超市中偷吃商品。

（5）顾客撕毁商品的标签或更换标签，达到少付款的目的。

（6）顾客与店员相互勾结，进行盗窃。

（7）盗窃团伙的集体盗窃。

3. 供应商欺诈、偷窃。

（1）供应商派驻超市的促销人员偷盗商品。

（2）将已经收货完毕的商品，重新按未收货点数。

（3）利用收货员的疏忽，趁机偷窃商场的商品。

（4）随同退换货夹带正常商品出店。

（5）与门店员工勾结实施偷窃。

（6）以次充好，以少充多，指供应商送货商品的数量、质量、重量的作弊行为。

（7）供应商私自丢弃应属于退货且未办理手续的商品，从而减少退货数量。

（8）场外交易。供应商有意将应在门店实现的销售，秘密地在门店以外的地点销售。

（三）变价损耗

变价损耗主要是指竞价促销时，为吸引来客而降低商品售价所发生的降价损耗。

1. 固定促销变价，如月特卖品、定期特价活动、周年庆、开幕庆等。

2. 临时促销变价，为应对竞争店而临时降价，或生鲜食品因各种原因降价清存货。

3. 厂商调降市面零售价，存货因而产生降价损耗。

4. 快过期商品促销变价，因商品食用期限或使用期限已过2/3，为求销量增加，成立特价区而降低售价。

5. 为消耗量大的商品的库存变价，在月底或年关将近时，为减少库存所做的促销变价。

6. 部分促销商品在促销期结束后未能及时变更回原价，顾客要求以促销价购买产生的零售损耗。

（四）意外损耗

1. 自然意外事件，如火灾、水灾、地震、台风等。

2. 人为意外事件，如抢劫、夜间盗窃、诈骗等。

三、门店防损管理

（一）运营作业过程中的损耗防范

1. 订货作业管理。

（1）订货前，要认真检查卖场及后场存货状况。

（2）订货时，要注意未来的天气、气温及有否促销活动或竞争店动静如何。

（3）历史订货资料的保管与参考。

2. 进货作业管理。

（1）进场管理。供应商送货务必出示订货单，并将商品陈列整齐，由验收人员逐一核对；验收人员检验时务必要拆箱核对，检查是否与订货商品一致，尤其有拆箱痕迹时更需要检查；对于保质期限超过1/3以上之商品，或商品有凹罐情况，不得收货；商品验收无误后，应立即移至暂存区或卖场，不得逗留，避免混淆。

（2）供应商进入管理。供应商进入门店时务必先持证登记，更换厂商铭牌，离去时经检查再交回；供应商在卖场或后场更换坏品时，须有退货单或先向后场登记换货单，且经部门主管签字确认后，方可准予放行；供应商的车辆欲离去时，要接受门店人员的检查，无误后方可离开。

（3）商品移出入管理。门店与门店之间移库时要如实填写移库单，填明商品货号、品名、规格、数量、单价等资料，便于会计部门做账，以免混淆。移库必须先报备店长同意，并且与其他店达成协议后，方可进行。商品移出时的程序与进货、退货的程序相同，也要由验收人员确认验收。

（4）员工出入管理。员工上下班时，需从规定的出入口出入。员工下班离开门店时，一律要自动打开所带的皮包，由警卫或验收人员检查，店长也不例外。员工在店内购物后，需主动出示收银发票确认。员工不得携带皮包进入作业场或卖场，可将其暂存于员工休息区的衣物柜内。

3. 收银作业管理。

（1）收银员安全管理。为避免滋生事端，收银员每天应轮换不同的收银台；新进收银员上机时，务必要由资深收银员陪同，以免发生错误；收银主管要随时在收银台后管理，注意是否有异常状况。

（2）收银机管理。避免收银员使用“退货键”或“立即更正键”来消除已登录商品之记录；收银主管要注意不同时段各收银台的金额进度，有异常时要先停止该机台，进行查核；发票记录纸卷收回存档时，注意有否断裂或短少等情况。

4. 变价作业管理。

（1）固定促销活动变价，促销计划必须在一个月前提出，由商品行销部负责。

（2）门店促销活动变价，促销计划亦须在前一个月提出，由门店的部门主管负责。

（3）临时变价，由各部门主管随时提出计划，店长及各部门主管负责。

（4）正常商品变价，可随时提出计划，经商品部主管同意后公布实施。

（5）价格变动时，必须填写变价单，通知电脑部、会计部调整售价及会计账务。

（6）价格变动前，现场应盘点库存数量；促销结束后，再做残存量盘点，交给会计部登记。

5. 盘点作业管理。

（1）盘点前一定要先拟定盘点计划，将区域划分、盘点人员及注意事项逐一列出。

（2）盘点前一定要做一次盘点流程讲解并进行工作分配、支援人员分配。

（3）盘点要依据盘点作业规定进行。对于盘点后的商品，将数量写在纸条上，粘贴于商品前，以便主管抽查，亦可辨认盘点与否。

（4）对于营业中的盘点，要将盘点前的营业额记下，等盘点结束后，再将盘点后的营业额登记上，扣除盘点前营业额除以2，得到可能产生的误差值。

（5）盘点时，主管要随时了解盘点进度以及盘点是否按照计划执行。

（6）盘点人员容易将不同商品或售价相同的商品登录在同一货号下，或者把单价小但数量高的商品以概估情况计数，在盘点时应予以注意。

（7）盘点工作结束后，各组的盘点作业须先经过主管验收，无误后工作人员方可离开。

6. 自用商品使用管理。

（1）自用商品领用，要经过部门主管同意，且合乎领用范围，并填写自用商品表。

（2）后场检验人员依填写后的自用商品表领取商品，再交给会计部作进货账处理。

（3）未依照程序登记者，依偷吃、偷窃办法处理。

7. 坏品管理。

（1）坏品登记表每日由各部门负责人填写，并且加注原因说明，由店长抽查确认。

（2）生鲜区的坏品可于登记后立即丢弃，杂货坏品可每周一次集中报废，但需会同地区督导监督执行。

8. 标价机操作管理。

（1）标价机只有负责人及指定人员才能操作，以免错误发生。

（2）错误标签和废弃标签不得任意丢弃，以免他人误用。

（3）标价机操作完毕后，应锁住，以免他人操作。

9. 加强门店日常管理。对于夜勤工作、专柜工作、员工购物、兑换券的使用等，门店应加强损耗的防范管理。

（二）重点区域防损

1. 收货口、员工出入口的管理。其大体上与运营作业过程损耗防范中有关进货作业管理的相关要求相同。

2. 收银出口的管理。收银出口处应设立电子防盗门系统、安全员岗位，监管人员要及时了解卖场中的商品情况，并注意收银区前是否拥挤、防盗设备有否损坏。

3. 现金室的管理。

（1）所有进出现金室的人员必须是授权人员，非规定人员必须取得批准并得到监控人员的认可才能进入。

（2）现金室的门禁系统、监控系统全天24小时处于工作状态。

（3）现金室的资金必须按公司程序予以正确处理，确保安全。

（4）现金室的钥匙管理、密码管理必须符合公司的规定。

（5）所有资金的提取、进出，必须有安全人员陪同。

（6）现金室人员必须保持同时有三人以上的人员作业，进餐、交接班共同进行。

（7）现金室的任何变动，包括设施的移动、搬出、搬进，必须在管理层和安全员的共同监督下进行。

4. 精品区的管理。^

（1）顾客只能从入口进入，从出口出去。

（2）顾客不能将非精品区的商品带入精品区，可将其暂放在精品区外边。

（3）顾客在精品区内购买商品，必须在精品区内结账。

（4）检查顾客的购物小票是否与商品一致，特别是收银的包装是否符合精品区商品的包装要求。

5. 高损耗区域的管理。

（1）监管顾客的不良行为，及时发现盗窃行为，如私拆商品包装；将其他商品放入某商品包装中，调换包装；往身上藏匿商品；破坏防盗标签等。

（2）检查门店人员在防盗方面的工作是否有疏忽和漏洞。

（3）检查试衣间的员工是否执行试衣间的发牌/收牌、检查核实制度。

6. 垃圾口的管理。

（1）检查垃圾，保证所有垃圾中无纸箱、纸皮等可以回收的物品。可回收的纸皮离开门店不走垃圾口，需经过收货口办理手续。

（2）检查门店的垃圾袋，保证没有未执行报废手续的商品混杂在垃圾中。

（3）检查收货部的垃圾桶，保证所有报废商品必须经过相应的处理程序和处理手段，使其彻底失去使用价值。

（三）商品偷窃损失防范

1. 员工偷窃防范。员工偷窃与顾客偷窃是有区别的，顾客偷窃往往是直接拿取商品而不结账；而员工偷窃则有多种表现形态，如内部勾结、监守自盗、直接拿取货款，利用上下班或夜间工作直接拿取商品等，形式多样，防范难度大。某外资超市在上海的一家大卖场就曾发生过这样一件事：家电部的几位资深员工利用他们对卖场环境的熟悉，内外勾结、监守自盗时间长达半年之久，给这家大卖场造成高达几十万元的经济损失。

加强内部员工防盗管理，主要从以下几个方面入手：

（1）要针对员工偷窃行为制定专门的处罚办法，并公布于众，严格执行。

（2）严格要求员工上下班时，从规定的通道出入，并自觉接受卖场保安人员的检查，员工所携带的皮包不得带入卖场或作业现场，应存放在指定地点。

（3）对员工的购物情况要严格进行规定，禁止员工在上班时间去购物或预留商品；员工在休息时间所购商品应有发票和收银条，以备保安人员或防损人员检查。

（4）门店员工如携带物品、手袋等离开门店，应自觉让门店店长或防损员检查，门店店长或防损员有责任做好该项检查工作。

2. 顾客偷窃防范。

（1）顾客偷窃的防范。顾客随身夹带商品，顾客不当的退货，顾客在购物时将包装盒留下拿走里面的商品或调换里面的商品，顾客将食物吃掉并扔掉包装盒等不当行为都属于顾客偷窃的范畴。顾客偷窃已成为超市损耗的一个重要原因，针对这些情况，卖场的工作人员必须做到：

①禁止顾客携带大型背包入内或手提袋购物，将其把背包或手提袋放入服务台或寄包柜。

②顾客携带小型背包入内时，应留意其购买行为。

③顾客边吃东西边购物时，应委婉提醒其至收银台结账。

④要派专门人员加强对卖场的巡视，尤其应留意死角和多人聚集处。

⑤对贵重商品或小商品要设柜销售。

⑥定期对员工进行防盗教育和训练。

尽管顾客偷窃是门店面临的普遍性难题，但如果采取必要的防范措施还是会收到一定成效的。一般而言，顾客在选购商品的时候，通常会不慌不忙、平心静气地对商品的“三期”、“三址”等进行一系列的了解，选择符合需要的接近其消费水平的商品，而小偷则不同，他们选择商品时，心不在焉，东张西望，以选择商品为掩护，观察四周的动静，看是否有机可乘，与顾客相比，他们往往会在商场中东溜西窜，以寻找商场无人的角落对商品进行藏匿，而后若无其事地走出收银口，所以，他们在选购商品时显露出很强的随意性。对待这样的“顾客”，销售人员就要小心了。

对门店内的一些贵重的商品，除采取传统的柜台式销售外，可采取销售人员“面对面”的销售方式；对于一些体积小、单价却很高的商品可放在收银员面前的摊架上，这样，收银员也可以负担起一部分商品的看守职责，使被盗率大大减少。

（2）顾客偷窃事件的处理办法。目前，国内一些连锁企业私下实行“偷一罚十”的规定，这是不具备法律效力的。依据《行政处罚法》，只有国家机关才能进行处罚，任何门店都没有处罚权。即使是顾客错了，门店也绝不能以非法手段对待“小偷”，擅自处罚。通常，门店可以采取这样的处理方法：

①在认定偷窃之前给予顾客有表示“购买”的机会。具体办法是对隐藏商品的顾客说“您要××商品吗”、“让我替您包装商品”等。若在收银台时则说“您是否忘了付款”等，再一次提醒顾客“购买”。

②进一步提醒。如果提醒之后顾客仍无购买的意思，则要以平静的声音说“对不起，有些事情想请教您，请给我一点时间”，将其带入办公室，并做适当的处理。

③处理态度。在处理偷窃事件时，不要把顾客当作“窃贼”，讲话要冷静、自然，尽可能往顾客“弄错”的角度去引导其“购买”，不要以“调查”的态度来对待顾客，不要让店内的其他顾客有不愉快的感觉。

④误会的处理。如果误会了顾客，应向顾客郑重地表示道歉，并详细说明错误发生的经过，希望能获得顾客的理解，必要时应亲自到顾客家中致歉。

⑤对真正“小偷”的处理。一是将偷拿者移送到公安机关接受处理；二是向法院提起

民事诉讼，要求偷拿者赔偿。尽管这样做很“麻烦”，但只有走合法程序才能实现连锁企业对自身权益的合法保护，因为维权不能以违反法律、伤害他人合法权益为代价。

3. 供应商欺诈、偷盗防范。零售业是一个微利行业，加上目前中国零售市场上近乎白热化的竞争状态，必然导致零售链各环节之间的利润角逐。门店的利润主要源于三个方面：销售利润、租赁利润和采购收入。所以作为这场竞争中的主角之一，采购收入最为重要。多数门店把采购收入，即收取供应商的名目繁多的费用作为一项重要的利润来源，如通道费用、促销费用、年节费用、新店费用等，压力的传递迫使个别供应商产生了投机取巧的念头，所以供应商欺诈屡见不鲜，导致超市的损耗巨大。

（1）供应商欺诈、偷盗的防范。

①收货部严格执行收货制度，对所有入库的商品均进行严格的验收。

②防损员严格对供应商的进出进行控制和管理，对供应商进/出所携带的物品进行检查。

③禁止供应商进入仓库。

④由公司收货人员负责全过程的收货操作，禁止供应商及促销员参与收货。

⑤将已经收货和未收货的商品按区域严格分开。

⑥收货部做好商品的退换货工作，防损科加强监督。

⑦定期检查联营供应商的销售动态，对异常的大笔销售进行检查。

（2）供应商欺诈、偷盗的处理。

①若供应商送的货出现短少商品的现象，门店可要求以整件没收或以历史送货数量进行处理，如1件中少1包，历史送货是100件，门店可以按此商品的100包金额要求供应商进行商品损失的赔偿。

②供应商如果早于生产日期将商品送到门店，或者同一商品上有多个生产日期，供应商应按照合同约定支付违约金。

③供应商提供的商品要保证内在质量。凡发现商品有异味、杂物、虫蛀、霉变等现象，或者明显是第三方退回的不合格产品，可根据质变的严重程度，要求供应商按照采购合同的条款支付质量违约金1 000～5 000元。

④送货商品的保质期超过2/3的，门店可按照100元/个商品的标准对供应商进行处罚。

⑤若供应商有场外交易或隐瞒销售行为，要按照合同的条款支付门店未开具收银单金额10倍的违约金。同时，对该供应商处以1 000～5 000元罚款。

⑥对于已经认定的供应商欺诈行为，其情节无法参照以上处罚规定的，门店应首先追回损失，再报门店采购总监处理。

⑦对于多次出现偷盗或欺诈行为的供应商，将追究供应商的赔偿责任并立即终止与其的业务合作。

四、防损技术应用

改革开放以前，由于受经济发展的限制，我国的安全技术防范主要以人防为主，安全技术防范还只是一个概念，技术防范产品几乎是空白的。随着人民生活水平的不断提高，安防作为一个行业，在北京、上海、广州等经济发达城市和地区悄然兴起。同时，伴随着国民经济发展和经济全球化进程的加快，安防行业领域不断扩大，我国迅速发展成为世界上最庞大的安全防范产品市场。

防损技术作为安防技术行业的一个分支，近十几年来伴随着零售业的成熟也在日新月异地发展，新产品层出不穷，成本不断降低，起到了为零售企业的经营保驾护航的作用。

目前，连锁企业在安全和防盗方面最常用的防损技术手段包括闭路电视监控系统、报警系统、无线射频识别技术等。

（一）闭路电视监控系统

1. 闭路电视监控系统简介。闭路电视监控系统是门店安全技术防范体系中的一个重要组成部分，是一种先进的、防范能力极强的综合系统，它可以通过遥控摄像机及其辅助设备（镜头、云台等）直接观看被监视场所的一切情况，可以使被监视场所的情况一目了然。同时，电视监控系统还可以与防盗报警系统等其他安全技术防范体系联动运行，使门店安全防范能力得到整体的提高。

2. 闭路电视监控系统的组成和工作原理。该系统有摄像前段装置，包括各类摄像机、定焦或变焦变倍镜头、实现摄像机上下左右运动及旋转的云台、保护摄像机及镜头的保护罩、接收并执行主机命令的解码器，以及数码录像监控系统等组成。

工作原理：闭路电视监控系统是利用系统前端音/视频采集设备（如摄像机等）采集的音/视频信号，通过同轴电缆等传输介质，传至中央控制室监控主机，进行集中监控和管理，从而有效达到监控目的。

3. 监控点的位置设计。

（1）卖场的出/入口、员工通道、自动扶梯口。

（2）停车场的主要通道和出/入口。

（3）顾客服务台（带录音功能）、存包处。

（4）押款通道、交款处、收银台和金库区域。

（5）高值、易盗商品区域。

（6）卖场内的视觉死角区域。

（7）卖场内部的主要通道区域（可采用云台摄像机）。

（8）收货和仓库区域。

（9）防损办公室（带录音功能）。

（二）报警系统

1. 报警系统的组成。简单的报警系统由前端探测器、中间传输部分和报警主机组成。门店报警系统由红外报警系统和门磁报警系统组成，主要包括前端的红外报警探测器和门磁探测器，以及后端的红外报警监控主机。

2. 报警系统的原理。

（1）红外报警系统主机的工作原理：利用前端的传感器设备（如红外探测器、门磁传感器等）来完成相关区域的设防工作，从而有效控制相关区域的安全。

（2）红外探测器的工作原理：探测人体所发出的固有红外波长（通常为10微米，安装在4米高时，其有效探测面为4.5～7米），若有此波长物体进入设防区域，探测器向主机发出信号，主机报警。

（3）门磁探测器的工作原理：当门关闭时，门磁处于常闭状态；当门打开时，门磁状态改变为常开状态，探测器向主机发出信号，主机报警。

3. 报警系统的设置。整个门店是封闭的，所有对外的门，包括紧急出口门和其他门都应安装门磁探测器，根据门的出入性特点和门店的特点，将门店的防区设为即时防区和24小时防区。例如，紧急出口门属于24小时防区，需永久设防；收货门和出入口属于即时防区，可根据进出需要进行撤防和设防。紧急出口门同时需要安装DETEX类型的特爆锁，推开时会发出报警声，同时门磁探测器报警，实现双保险。

红外探测器可安装在金库、员工通道、入口和出口等没有门磁探测器的位置，在夜间门店无人时设防。红外探测器不宜安装过多，以防误报。

（三）无线射频识别技术

1. 无线射频识别技术简介。无线射频识别技术（RFID）俗称电子标签，是一种非接触式的自动识别技术，它通过射频信号自动识别目标对象并获取相关数据，识别工作无须人工干预，操作快捷方便。

该技术最早的应用可以追溯到第二次世界大战中用于区分盟军和纳粹飞机的“敌我识别”系统，自20世纪80年代起被用于超市防盗，至今已有30多年的历史，在世界范围内被广泛应用，为开架、自选超市的发展立下了汗马功劳。

2. 无线射频识别技术的工作原理。RFID由解读器、射频标签、数据传输和处理系统组成。

解读器也称读写器/阅读器，俗称读头，分为手持式和固定式两种，由发送器、接收仪、控制模块和收发器组成。读头的频率决定了射频识别系统的工作频段，其功率直接影响射频识别的距离。读头由软件和硬件两部分组成，软件部分包括控制软件、导入软件、解码软件，负责对读头接收到的指令进行响应和对标签发出相应的动作指令。硬件部分有两个基本功能块，即控制系统和由接收器、发送器组成的高频接口。控制系统通常采用ASIC组件和微处理器来实现其功能。此外，读头还需要发射电磁能量的天线。

射频标签：称为电子标签或智能标签，它是由IC芯片和无线通信天线组成的一种超微型的小标签。芯片中存储着能够识别目标的信息。系统工作时，阅读器发出微波查询信号，电子标签收到微波查询能量信号后将其一部分整流为直流电源，供电子标签内的电路工作；另一部分微波能量信号被电子标签内保存的数据信息调制后反射回读头。读头接收反射回的幅度调制信号，从中提取出电子标签中保存的标志性数据信息。

数据传输和处理系统：解读器通过接收标签发出的无线电波接收读取数据。最常见的是被动射频系统。当解读器遇见RFID标签时，发出电磁波，周围形成电磁场，标签从电磁场中获得能量，激活标签中的微芯片电路，芯片转换电磁波，然后发送给解读器，解读器把它转换成相关数据。控制计算器就可以处理这些数据，从而进行管理控制。在主动射频系统中，标签中装有电池，可在有效范围内活动。

3. 无线射频识别技术的应用。

（1）所有门店要有一个统一的RFID商品清单，由门店防损部保管；

（2）防损部定期有专人按清单检查加装标签的情况和效果，并统计检查结果；
（3）根据需要，定期调整清单上的商品；
（4）定期给收银员进行消磁培训；
（5）平时认真做好 RFID 报警记录，便于分析统计；
（6）谨慎处理 RFID 报警事件，制订严格的处理程序。

思考与训练

一、不定项选择题

1. 下列属于收银人员作业不当造成损失的是（　　）。
A. 搬运工具使用不当，造成商品破损
B. 商品在销售过程中受到污染
C. 收货数据录入错误
D. 遗漏商品扫描

2. 引起损耗的意外事件通常包括（　　）。
A. 水灾　　B. 抢劫
C. 内盗　　D. 台风

3.（　　）对连锁门店是不安全的。
A. 儿童在电梯上玩耍　　B. 消防通道上散落着卡板、商品
C. 对购物车、货架等定期进行检查　　D. 对消防设施设备进行定期检查

二、判断题

1. 损耗就是指门店内的商品丢失。（　　）

2. 任何部门的任何人员（除收货部授权员工和授权岗位）都不能从收货口进出。（　　）

3. 顾客之间的矛盾导致在门店购物中的相互伤害而引发的安全事故不属于门店安全管理的范围。（　　）

4. 促销人员归属于厂家直接管理，所以促销人员在门店内实施的商品偷窃行为属于外盗。（　　）

5. 突发事件虽然难以预料，但门店仍要以书面形式制订防备各种潜在紧急情况发生的方案。（　　）

三、简答题

1. 如何加强食品安全管理？
2. 变价损耗主要表现在哪些方面？
3. 门店损耗管理中应进行重点管理的区域有哪些？

四、案例分析题

案例一："不翼而飞"的影碟机

一天下午，某超市所在社区停电，整个超市供电不足，灯光昏暗，交接班人员都在岗位上，人数非常多。这种环境为那些利欲熏心、意图不轨的人提供了难得的机会。家电部的A科长趁此时机，将不知从哪里弄来的发票拿到家电售后服务中心声称有顾客要退货，而商品正在卖场试机，让家电服务中心人员提供退货小票，又利用职务之便开好退货单，并冒充顾客在退货单上签了名，然后让毫不知情的售后科B科长签字。B科长未仔细询问，在没见到顾客及实物的情况下，草草地签了名，并通知服务台工作人员办理退款手续。服务台工作人员问："为什么退货?"A科长答复："顾客刚买的单，现在没货。"服务台工作人员也未仔细询问，便到收银台办理了退款手续。就这样，一台价值928元的TCL牌DVD影碟机退货款便轻易地被A科长装入了腰包。

事后，某员工提醒B科长："退货商品和单据怎么都没返回?"B科长这才有所警觉，马上报告给部门助理和主管，核对电脑库存及实物，发现电脑库存中少一台DVD影碟机。

事后，门店对此事的相关负责人给予了严肃的处理。

问题：请对此案例中影碟机丢失的原因进行分析；请分析如何杜绝此类事件的发生。

案例二：有问题的青菜

一位顾客手里拿着果糖、口香糖及价值17元/块的巧克力5块。此顾客未推购物车，胳膊下夹了一把雨伞，购物篮里装了一些青菜。当他走到角落时，趁机将巧克力等商品藏在篮子里的三袋青菜内，又在篮子里加了三把青菜后去计量处打价。几把青菜提起来明显没那么重，计量员却未发现任何可疑迹象，且未察觉青菜重量与实际重量不符，依旧照常计量。当顾客在收银台付款时，收银员也未察觉，最后被一直跟踪在该顾客身后的便衣防损员请进了办公室。青菜的总价也就六七块钱，而青菜中夹带的商品总价值却有130多元。

问题：请对案例中防损出现的问题进行分析；如何解决案例中出现的问题。

四、实践实训

项目实训一

【目的】掌握门店安全管理的内容和重点

【内容】（1）对门店安全状况所需的检查表进行设计。

（2）以安全检查表中的内容为基本调查内容，对门店安全状况进行检查，并做出评述。

【评价标准】检查项目包括紧急出口、灭火器、消防栓、急救箱、电器设备、消防安全注意事项、一般安全注意事项等，要求参加实训者对所检查项目和检查情况给予明确、清晰的描述。

项目实训二

【任务实训】

【目的】强化防损意识，训练防损技能，培养发现问题、解决问题的能力。

【内容】(1) 组织学生赴校外实训企业分组开展防损实训，每组针对某一防损主题，选择实训岗位，进行顶岗实训。

(2) 组织学生调研本地某大型超市门店防损工作现状，收集该门店防损工作的主要做法，发现该门店防损工作中存在的问题和不足。

【要求】(1) 顶岗实训结束后每组同学提交实训报告一份；

(2) 调研结束后每位同学撰写调查小结一份，对所调研门店应该如何优化防盗性卖场布局与商品陈列提出设想或建议。

项目九

9 门店顾客投诉与顾客关系管理

学习目标

知识目标 了解顾客投诉的心理和顾客投诉的主要类型，掌握顾客投诉的处理程序和方式，学会制定客户关系管理制度。

能力目标 能够对顾客的投诉心理进行科学分析；能够正确认识顾客投诉的意义；能运用一定的顾客投诉处理技巧，接待一般的顾客投诉事件；能与顾客进行良好的沟通。

职业素养 培养良好的接待态度；拓展知识面，提高工作能力与技巧；积极学习，掌握相关法律法规。

引导案例

关于华帝炉具燃爆引发的顾客投诉

7 月在某超市，顾客华某购买了一台价值 1 100 多元的华帝双盘式煤气炉。不久后的某日，华某母亲在厨房做饭时煤气炉发生了爆炸，炉具表面的玻璃钢全部炸裂，喷出的火焰不仅烧伤了华母的头发、脸面，而且全身多处也大面积烧伤（当时是夏天，华母身穿遇火易燃的薄丝面料衣服）。事故发生后，华某马上把母亲送入医院，并让家人用照相机、摄影机对事故现场进行了拍摄，随后华某打电话到某超市顾客服务中心投诉，要求该超市对事故发生做出合理解释并对患者予以 20 万元的经济赔偿。

该超市顾客服务中心接到投诉电话后，马上与华帝炉具的厂家取得联系，迅速协同厂家代表去医院看望，与此同时又立刻通知市有关质量监督部门、华帝厂家技术部门前往出事地点进行现场鉴定与调查。

在医院，该超市负责处理此事故的工作人员一边安抚患者家属，一边通过患者的口述对事故的整个过程进行了全面详细的了解，做了笔录，并且让患者家属确认后在笔录上签了字。与此同时，市质量技术监督局及华帝炉具技术人员对火灾现场也进行了检查与鉴定，并由市质量技术监督局出具了有效的质检报告，在报告中对引发事故的责任作了明确的划分。通过质检报告得知：在该超市销售的价值 1 100 多元华帝煤气炉并无质量问题，引发该起事故的主要原因是由于顾客华某的母亲在使用炉具前没有仔细看该产品的使用说明书，操作使用不当造成。事发当天，华母用华帝煤气炉烧开水时由于当时煮沸的开水温度过高而在取壶时将壶整个打翻，壶里的开水大量地泼洒到正在燃烧的左侧炉面和右侧的未打开的炉面上，由于左、右侧炉面一个处于开启状态，一个处于冷却状态，在大量开水喷溅时里面受热温度不均匀而引发了煤气炉爆炸。

由于该超市工作人员及时通知相关质量检查部门对事故现场进行了检查鉴定，并对鉴定结果出具了有效的质检报告，明确了该事故并非产品质量问题，因此对华某提出的 20 万元的赔偿，超市方可以不予接受。出于对超市消费者和华帝炉具消费者——患者本人及家属的慰问和人道主义的关怀与帮助，经该超市和华帝炉具最后协商决定，由华帝炉具厂家提供 3 000 元的慰问金（但需声明不是赔偿金）给予患者及其家属协助治病。

面对这一突发的顾客投诉事件，该超市负责处理此事件的人员在紧急的情况下进行了迅速而冷静的处理，具体步骤如下：

1. 接到顾客投诉电话后保持冷静，先聆听事情的经过，倾听完毕马上打电话通知厂家与超市相关负责人去医院探望病人，做好病人家属的安抚工作，避免事件传播扩大而造成负面影响；

2. 待患者家属情绪稍趋平稳后，请病人家属出示在超市购买该商品的电脑小票及销售小票，核实确认患者使用的产品确系本超市出售的商品；

3. 迅速通知当地权威质监部门和厂家技术部门去事故现场进行实地考察鉴定；

4. 在医院探望病人的过程中听取事故现场目击者（病人）对事故发生的详细讲解并及时做好笔录，记录完毕后请患者家属确认并亲自签字；

5. 及时听取质监部门的现场鉴定反馈，迅速了解事故原因，并让质监部门在现场检测后出具有效的质检报告，明确事故责任人；

6. 根据事情的轻重缓急，与厂家协商达成共识给予消费者一定的慰问金。

资料来源：http：//wenku. baidu. com/view/744c3e86d4d8d15abe234e50. html。

讨论：

1. 当有顾客投诉时，科学合理的处理流程是什么？

2. 这个投诉案例之所以处理得这么成功，主要原因是什么？

任务一 顾客投诉心理分析和顾客投诉的主要类型

任务描述

小王在超市实习时，时常看到来门店投诉的顾客与员工大吵大闹，他不明白为什么顾客要发这么大脾气。你知道原因吗？你愿意去处理顾客投诉吗，为什么？

当顾客在连锁门店的购物行为无法得到满足时，就会很自然地产生抱怨，甚至前来投诉。顾客投诉的原因可能来自商品，也可能来自服务。投诉一旦产生，不论对顾客还是对连锁企业门店而言，都是一个不愉快的经历。

从顾客角度来说，买到不佳的商品或是对连锁门店提供的服务品质和项目不满意时，都可能对顾客的心理和生理造成伤害，因为投诉而造成的时间上的浪费更是无法衡量的。至于连锁门店本身，则可能因为顾客投诉的产生，而降低顾客对商店的信心，情况严重者，还可能影响商店的信誉及营业收入。

事实上，并非所有的顾客有了抱怨都会前来投诉，而是以“拒绝再度光临”的方式来表达其不满的情绪，甚至会说服其所有的亲朋好友采取一致的抵制行动。反过来说，如果顾客以投诉来表达其不满，至少可以给连锁门店说明或改进的机会。因此，顾客投诉看似是连锁门店经营上的危机，但若能将其处理得当，使这些投诉转化为顾客对连锁门店忠诚度与关系的建立，则将赢得顾客的再度光临，也促使连锁门店因顾客的投诉而改善服务，将危机化为转机，带来更多有形及无形的利益。

所以说，顾客宛如连锁门店的免费广告，能让顾客成为连锁门店的免费宣传员，使企业可以达到永续经营的目标，关键在于连锁门店的工作人员能审慎处理顾客的每一个投诉。

一、顾客投诉心理分析

（一）求发泄的心理

这类顾客在接受服务时，由于受到挫折，通常会带着怒气投诉或抱怨，若能把自己的怨气发泄出来，他们的郁闷情绪就会得到释放和缓解，从而获得心理上的平衡。

（二）求尊重的心理

顾客在投诉时，总认为他的投诉是绝对正确，是有道理的，所以他们希望得到尊重，得到明确的道歉及相关处理措施。

（三）求补偿的心理

顾客投诉的目的在于补偿，补偿包括财产上的和精神上的两方面。当顾客的权益受到损害时，他们希望能够及时地得到补偿。

案例

“化干戈为玉帛”的语言艺术

一天，某顾客到商场送修一台打印机，服务台接待员接过维修单据后，例行公事地让顾客留下姓名、电话，并给顾客一联取机单，说：“修好后我们会打电话通知您，凭这张单过来取机就可以了。”顾客又问：“这打印机我急需要用，什么时候能修好啊？”这时接待员不耐烦地说：“时间不能确定，我们要拿到厂家维修，修好给你打电话就可以了。”顾客一听，马上来火了：“你这什么态度，修个十天半个月的，我还要不要用啊！你知不知道一天不用，我的损失有多大？你们到底有没有为顾客着想，叫你们经理来！”这时，另一名接待员闻声便过来安抚顾客：“不好意思，我们进里面谈好吗？”边说边把顾客请进了里间的维修室。“对不起，刚才的事真的不好意思，由于打印机是技术参数较高的高科技产品，我们必须送到专业技术部检测，具体修好时间我们现在不能答复您。不过您放心，今天送去，明天结果会出来，根据故障的大小，我们明天答复您维修的大致时间，行吗？”顾客一听，语气也缓和了：“其实我也并不是让你马上修好，只是你给个大概的时间，我也好安排我的事。”“好，您放心，我们会以最快的速度维修。明天了解情况后，一定给您去个电话”，“好！好！好！那麻烦你了”，“不客气，您慢走”。

资料来源：http：//www. docin. com/P－T1903471. html。

想一想

此案例对你有何启发？

二、顾客投诉的主要类型

门店如果遇到顾客的投诉，就必须马上处理，否则可能会失去顾客对该连锁企业所有门店的信任。在日本，其超市采用意见卡制度，连锁企业总部营运部总经理每天直接查阅来自各个门店300张以上的意见卡，他的做法是，如果意见卡中有特别好的就公布在连锁企业内部的刊物上，有助于提升全体员工士气；若有诉怨的，就将意见卡复印后拿给相关单位人员，并在早会上隐瞒名字公布此事，以此促使全体员工反省。这种方法值得我们借鉴。对连锁门店而言，顾客之所以会产生投诉，其原因大致可分为以下三大类型：

（一）对商品的投诉

案例

张大妈的“购物经历”

张大妈在一家商店花100元钱买了一件毛衣，回来一洗，毛衣马上就缩得只有小孩才能穿。张大妈很生气，因为买的时候，她就问过营业员这件毛衣会不会缩水，营业员再三保证说不会缩水，并口头承诺如果缩水就马上无偿退款。张大妈就是听了营业员的保证才下定决心购买的，没想到现在还是出现了最不愿意看见的缩水情况。

于是，张大妈拿着毛衣到商店找营业员要求退款。可是营业员却以“衣服洗过，不能退换”为由，拒绝了张大妈的退货要求。张大妈生气地说：“没洗，我怎么知道缩水？”两人争执了起来。张大妈要找他们经理，营业员说不在。正在这时，又来了一名顾客，营业员就跑过去招待顾客，将张大妈丢在一旁不理不睬，张大妈气得转身就走。

从那以后，张大妈再也没去过那家商店，并且还不时向亲朋好友讲述她在那家商店的遭遇。

资料来源：根据相关资料整理。

连锁门店的主要功能是销售各式各样的日常用品，因此消费者对所购买商品发生不满意的情况最为常见。其投诉的原因有下列几种情形：

1. 价格。连锁门店销售的商品大部分为非独家销售的民生商品，顾客对这些商品的价格敏感性相当高。因此，在价格方面，绝大部分情况是顾客投诉某项商品的定价，较商圈内其他竞争店的定价过高，而要求改善。

2. 品质。连锁超级市场、便利店里出售的商品大都是包装商品，商品品质如何往往要打开包装使用时才能判别或鉴定。例如，包装着的生鲜品若不打开外包装纸很难察觉其味道、颜色及质感的不新鲜；或者干货类的商品打开包装袋后才能发现内部发生变质，出现异物，长虫，甚至有些在食用后发生腹泻或食物中毒的现象。因此，打开包装或使用时发现商品品质不好，是顾客意见较集中的方面。

3. 坏品。例如，商品买回去之后，发现零部件不齐全或商品有瑕疵等。

4. 过期，指顾客发现所购买的或是放在货架上的待售商品有超过有效日期的情形。

5. 商品质（数）量不足，包装破损等。

6. 标志不符。顾客对标志不符的投诉有下列情形：

（1）进口商品未附中文标志。

（2）中文标志上的制造日期与商品上打印的制造日期不符。

（3）商品上的价格标签模糊不清。

（4）商品上有数个价格标签。

（5）商品价格标签上的标志与宣传单所列示的价格不符。

（6）商品外包装上的说明不清楚，如没有制造日期等。

（7）其他违反商标法的情形。

7. 商品缺货。顾客对连锁企业门店商品缺货的投诉，一般集中在热销商品和特价商品，或是门店内没有销售而顾客想要购买的商品上，这往往导致顾客空手而归。更有甚者，有些门店时常因为热销商品和特价商品卖完而来不及补货，而造成经常性的商品缺货，致使顾客有被欺骗之感，使顾客对该连锁企业失去信心。这样不仅会流失老顾客，而且有损整个连锁企业的形象。

（二）对服务的投诉

◆ 案例分析

布猴风波

2012年7月6日，一位顾客来到商场生鲜品部购买商品。当时顾客带的小孩又哭又闹，一位员工看到后，就顺手拿了一个布猴递给小孩（卖场里装饰有许多布猴，但也是商品），并说："送给你玩吧。"小孩拿到布猴后就不再哭了，顾客挑选好商品后就去收银台进行结算。顾客出收银台时，防损员发现小孩手中的布猴未买单，就对顾客进行提示，要求顾客补单。顾客很恼火："是你们里面的员工把布猴送给我小孩玩，怎么现在又要求买单?"防损员说："我们的员工没有权利把商品送给您。""哦，那你是说员工没送，是我偷了你们的东西?"顾客认为防损员的语气态度不好，反过来要求防损员向他道歉。防损员认为自己的做法没有错，未当面道歉。顾客就去前台进行投诉，并扬言要将此事投诉到报社。前台接待处给顾客留下了防损部的电话。顾客回去后又给防损部打电话，防损部主管给顾客解释道："不管当时事情是怎样的，我们的员工都没有权利赠送商品，但不管错误如何发生，只要您在我们商场出现不愉快，都是我们的服务没有做到位。我在此向您表示道歉，并欢迎您能再次光临我们商场。"顾客表示她本来已经对商场失去信心，这样一来，她还是相信此商场的。

资料来源：http：//www. doc88. com/P－496505783741. html。

【分析提示】

作为营业员，为了安慰小孩，随手拿一布猴给小孩的这种意识是对的，但是，应向顾客讲明此布猴是商品而不是赠品。更不要随便承诺，让顾客产生误解。在竞争激烈的零售商业行业，如果不加强从业人员的服务意识和技巧，那么，企业在竞争中将处于劣势。我们是零售业，同时也是服务业，身为其中的一员，都有让顾客"乘兴而来，满意而归"的责任，同时也肩负着保护公司财产的责任与义务。管理人员应在日常管理中将服务意识、成本意识、防损意识等贯穿到工作中去，从小事做起，从我做起。

虽然连锁门店的服务属于自助性服务，但顾客还是会有需要服务人员提供服务或协助的时候。一般会导致顾客产生投诉的情况有下列几种：

1. 工作人员态度不佳。工作人员不理会顾客的询问要求，回答顾客的语气有不耐烦、敷衍、出言不逊的现象。

2. 收银作业不当。收银人员将货款录入错误造成多收货款或少找钱给顾客；包装作业失当，致使商品损坏；入袋不完全，遗漏顾客的商品；顾客等候结账的时间过久等。

3. 服务项目不足。连锁企业门店不能满足顾客提出的送货服务、提货服务、换钱服务、洗手间外借或其他各种额外服务。例如，营业时间短；缺少某些便民的免费服务，如无洗手间或洗手间条件太差。

4. 现有服务作业不当。例如，连锁门店提供寄物服务，却让顾客寄放的物品有遗失及调换等情形；抽奖及赠品等促销作业不公平；顾客填写门店提供的顾客意见表后未得到任何回应；顾客的投诉未能得到妥善的处理等。

5. 取消原本提供的服务项目。例如，百货商店取消儿童托管站，取消超级市场广告中特价商品的销售，取消特价宣传单的寄发、礼券的发售、中奖发票购物办法等。

（三）对安全和环境的投诉

1. 意外事件的发生。顾客在购物时，往往因为连锁企业门店在安全管理上的不当，造成顾客的意外伤害，而引起顾客的投诉。

2. 环境的影响。例如，门店对废弃物及垃圾物的处理不当造成公共卫生的品质降低，卸货时影响行人的交通安全或附近车辆的出入，违反建筑物使用办法，扩音器的声音太大而影响住户安宁等情况，都会造成顾客及周围住户的投诉。

任务二
处理顾客投诉

任务描述

每个人都有当顾客的经历，也必定会受到伤害、委屈、羞辱、愤怒、难堪、不满……说说你作为顾客的遭遇，你是否向相关部门投诉？商场如何解决问题？你是否满意？

一、处理顾客投诉的原则

受理及处理顾客投诉，并非愉快之事，但对待投诉，应持重视的态度，并将其看成改进企业对顾客服务的有利机会。为此，处理顾客投诉时，应遵循下列原则：

（一）有章可循

要有专门的制度和人员来管理顾客投诉问题。另外要做好各种预防工作，使顾客投诉防患于未然。为此需要不断地提高全体员工的素质和业务能力，树立全心全意为顾客服务的思想，加强企业内、外部的信息交流。

（二）及时处理

对于顾客投诉，各部门应通力合作，迅速做出反应，力争在最短的时间内全面解决问题，给顾客一个圆满的结果。否则，拖延或推卸责任，会进一步激怒投诉者，使事情进一步复杂化。

（三）分清责任

不仅要分清造成顾客投诉的责任部门和责任人，而且需要明确处理投诉的各部门、各类人员的具体责任与权限，以及顾客投诉得不到及时、圆满解决时的责任。

（四）留档分析

对每一起顾客投诉及其处理都要做出详细的记录，包括投诉内容、处理过程、处理结果、顾客满意程度等。从记录中吸取教训，总结经验，为以后更好地处理顾客投诉提供参考。

（五）真心实意帮助顾客

应设法理解投诉顾客当时的心情，同情其所面临的困境，并给予应有的帮助，接待好顾客。首先应表明自己的身份，让顾客产生一种信赖感，使之愿意并相信能帮助他解决问题。

（六）绝不与顾客争辩

无论前来投诉的顾客情绪如何激动，态度如何不恭，言语如何粗鲁，举止如何无礼，接待人员都应冷静、耐心，绝对不可急于辩解或反驳，与顾客争强好胜。即使是不合理的投诉，也应做到有礼、有理、有节。既要尊重他们，不失顾客面子，又应做出恰如其分的处理。

（七）维护企业应有的利益

处理顾客投诉时不可损害商场的利益，尤其是对于一些复杂问题，切忌在真相不明之前，急于表态或当面贬低企业及其部门和员工。除非顾客物品、财产因企业原因导致遗失或损失，否则退款或减少收费等方法，绝不是处理投诉、解决问题的最佳方法，应弄清事实，通过相关渠道了解其来龙去脉，在真相清楚后，再诚恳道歉并给予恰当处理。

二、顾客投诉的处理方式

通常，顾客投诉有电话投诉、信函投诉或者是直接到门店内或连锁企业总部进行当面投诉三种方式。根据投诉方式的不同，门店可以分别采用相应的处理方法。

（一）电话投诉的处理方法

电话投诉简单迅捷，这是顾客常选用的投诉方式。许多企业都设有免费投诉电话。电话投诉只有有限的声音可以了解顾客的情绪，因此处理时要小心谨慎。

首先，应仔细倾听顾客的投诉，站在顾客的立场分析问题，同时应用温柔的声音及耐心的话语来表示对顾客不满情绪的理解。其次，要尽量从电话中了解顾客所投诉事件的基本信息，其内容包括 4W1H：Who、When、Where、What、How，即什么人来投诉、该投诉事件发生在什么时候、什么地方、投诉的主要内容是什么、其结果如何。最后，应将顾客的电话内容予以录音存档，尤其是顾客投诉情况较特殊或涉及纠纷的投诉事件。存档的录音一方面可以作为日后有必要确认时的证明，另一方面可以成为连锁门店教育训练的生动教材。

（二）信函投诉的处理方法

信函投诉便于记录和保存，投诉者较理性，很少感情用事。门店收到顾客的投诉信时，应立即转送负责人。相关人员应立即联络顾客，告知其已收到信函，以体现出门店对所投诉的意见极其重视的态度和认真解决该问题的意愿，同时与顾客保持沟通和联系。

（三）当面投诉的处理方法

顾客不采用电话或信函方式，而不惜时间和精力亲自上门投诉，表明顾客的不满可能很严重，或者对投诉处理的期望值很高。对于顾客的当面投诉，门店应尽量迅速解决问题。在处理顾客的当面投诉时，应注意以下几个问题：

1. 将投诉顾客请至会客室或卖场的办公室，以免影响其他顾客购物。
2. 营造亲切轻松的气氛，以缓解对方的紧张情绪，尽可能保持谈话明朗和态度诚恳。
3. 谨慎使用各项应对措词，避免导致顾客的再次不满。
4. 严格按规定的“投诉处理步骤”妥善处理顾客的各项投诉。
5. 一旦圆满解决该投诉，必须立即以书面形式通知投诉人，并确定每一个投诉内容均得到解决及答复。
6. 注意记住每一位提出投诉意见的顾客，当该顾客再次来店时，应以热诚的态度主动向对方打招呼。

当前，顾客也逐步开始采用网络投诉。如果顾客通过网络进行投诉，相关人员应立即处理投诉，并将处理结果公布在网上，以显示连锁门店处理投诉的及时性和有效性。

三、处理顾客投诉的程序

为了让连锁企业的工作人员能以公正且一致的态度对待所有顾客的投诉，也为了提高顾客投诉意见的处理效率，连锁企业经营者必须根据自身的企业规模、营业性质、顾客投诉的方式与类型，归纳出处理投诉时的基本原则与基本方式，并据以编制成手册，还可以作为日后连锁企业教育训练的教材。

不论是连锁企业门店的一线工作人员、管理人员，还是总公司负责顾客服务的专职人员，在处理顾客投诉或抱怨时的原则是一致的，其主要目的都是使顾客的不满与抱怨得到妥善地处理，并且受到尊重。因此，在处理顾客投诉时应遵循下列步骤：

（一）保持冷静

1. 就事论事，对事不对人。当顾客对连锁企业门店的工作人员表达不满和抱怨时，在言语和态度上往往带有一定的情绪，甚至有非理性的行为。这很容易使接待或处理顾客投诉的工作人员觉得顾客是在指责他个人。在情绪的感染下，工作人员也很容易被激怒，从而采取防卫性的行为和态度，甚至不愿面对和处理顾客的投诉。

事实上，这是一种最不好的处理方式，因为这样做只会导致彼此更多的情绪反应和紧张气氛。其实，顾客的投诉并非针对个别的工作人员，工作人员采取正面的应对态度往往可以让对方产生正面的反应，很多事情并不需要用冲突的方式来解决。因此，为了降低顾客的激动情绪，让彼此可以客观地面对问题，工作人员一开始最好平心静气地保持沉默，用友善的态度请顾客说明事情的原委。

2. 充满自信，充分认识自己的角色。每一位处理顾客投诉的工作人员都身兼连锁企业门店及顾客代表的双重身份，不仅门店要通过工作人员处理各种投诉以满足顾客的需要，并为门店带来利润，同时顾客也必须通过工作人员来表达自己的意见和维护自己的消费权益。因此，门店的从业人员除了要自觉认识自己的角色外，还必须以自信的态度面对顾客的投诉，让企业和顾客双方都得到最大的利益，而不是以回避的方式来忽略自己的重要性。

（二）有效倾听

有效的倾听技巧和恰当的肢体语言可以表现出工作人员对问题的了解程度。为了让顾客心平气和，连锁企业门店的工作人员在有效倾听方面应注意下列事项：

1. 让顾客先发泄情绪。如果还没有让顾客将事情全部述说完就中途打断，进行一些言辞上的辩解，则只会刺激顾客的情绪。如果能让顾客把要说的话讲完，将要表达的情绪充分表述出来，往往可以让对方有一种放松的感觉，心情也会平静下来。

2. 善用自己的肢体语言，转化顾客目前的情绪。在倾听时，工作人员应用专注的眼神及间歇的点头表示自己正在仔细倾听，让顾客觉得自己的意见受到了重视。同时，工作人员也可借机观察对方在述说事情时的各种情绪和态度，以决定后续的应对方式。

3. 倾听事情发生的细节，确认问题所在。倾听不仅仅是一种动作，工作人员还必须通过倾听准确了解事情的每一个细节，然后确认问题的关键所在，并将问题的重点进行书面记录。如果对于投诉的内容还不是十分了解，可以在顾客将事情说完之后，再询问对方。但是千万不能让顾客有被质问的感觉，应该用委婉的语气请对方提供信息，例如："很抱歉，有一个地方我还不是很了解，是不是可以再问您一下有关……的问题?"在对方重新进行说明时，工作人员应随时用"我懂了"来表示对问题的了解。

（三）运用同情心

在顾客将事情原委全部述说清楚之后，应用同情心来回应对方。也就是站在顾客的立场，为顾客着想，扮演顾客的支持者，并且让顾客知道工作人员了解整个事情对其产生的影响。例如，顾客投诉做菜时才发现肉不新鲜的情况，可以回答对方"我知道那种感觉一定很不舒服"。

案例

让顾客骂营业员的值班经理

一位顾客来到营业厅投诉，那天接待他的营业员脾气也不太好，双方发生了争执，声音越来越大，惊动了二楼的值班经理。值班经理来到顾客的身边，说的第一句话就是“她（指吵架的营业员）就该骂，你再给我骂几句。”这位顾客听了，愣了一下，他没想到值班经理说这样的话，神态马上缓和下来，并且说：“我也不是非要跟你们过不去，刚才那个营业员太气人了……”

想一想

值班经理为什么要这么做？

（四）表示道歉

不论引起顾客投诉的责任是否在于连锁企业门店，如果能够诚心地向顾客道歉，并感谢顾客提出问题，都会让顾客觉得自己受到了尊重。事实上，从企业的立场来说，如果没有顾客投诉，企业就不知道在营业上还有哪些地方有待改进。一般来说，顾客愿意向企业投诉，说明他们愿意继续光临，并且希望这些问题能够得到解决。因此，任何一个向连锁门店投诉的顾客都值得获得道歉和感谢。

（五）提供解决方案

案例

一箱新的葡萄酒

李先生从一家超市订购了一箱葡萄酒，当酒被送到家里时，李先生并没有立即去检查，而是一个星期后才打开箱子，这时他发现其中一瓶打碎了。李先生很生气，打电话找这家超市理论。超市的服务人员耐心地听完了李先生的“批评”，很有礼貌地道歉，并且说重新补一瓶酒给李先生。可是李先生觉得这不足以平息他的不满，他提出商店应该换一箱给他。超市人员答应了这个要求。半个小时后，李先生收到了一箱新的葡萄酒。然而令他吃惊的是，几天后他得知那瓶酒是他的孩子打碎的。于是他从心里想……

想一想

李先生会再去这家超市购物吗？为什么？

连锁企业门店应向所有投诉的顾客提供一个解决问题的方案。在提供解决方案时，必须考虑如下几点：

1. 掌握问题的重点，分析投诉事件的严重性。在倾听的过程中，工作人员已经将问题的关键进行了确认，接下来必须判断问题的严重性及顾客对于企业有何期望，这些都是工作人员在提出解决方案前必须评估的内容。例如，顾客投诉买到腐败的食品时，工作人员必须先确认此食品是已经对顾客造成了身体上的伤害还是仅仅刚刚发现而已。如果顾客希望连锁企业门店赔偿，工作人员就必须确认其所希望的方式是什么，底限又是多少。有时候，顾客的要求往往会低于超市的预期。

2. 责任归属。有时候，造成顾客投诉的责任并不在于连锁企业门店，可能是厂商或顾客本人造成的。责任归属不同，解决问题的方式也就不同。例如，如果顾客购买的是过期商品，那么责任就在连锁企业门店本身，连锁企业门店必须承担所有责任；如果顾客在奶粉里面发现异物，那么责任在于厂商，此时应会同厂商一同处理，并随时为顾客提供协助并保持联络，以表示关心；如果顾客未注意到宣传单上的“售完为止”而投诉商品缺货，那么就应采取另一种处理方式，以委婉的态度向顾客说明企业的政策，并尽可能为顾客提供其他建议，以示补救。

3. 连锁企业门店既定的投诉处理政策。一般的连锁企业门店对于顾客投诉都有一定的处理政策，工作人员在提出解决顾客投诉的办法时，不能不考虑门店的既定方针。有些案例可能只要援引既有的政策即可马上处理，如退货、换货的处理等；如果无法照章处理，就必须在既定政策的基础上进行变通，以提出双方均满意的解决办法。

4. 处理者的权限。有些顾客投诉可以由服务人员立即处理，有些则必须请管理人员协助，连锁门店应对各级人员处理投诉的权限进行规定。如果接待投诉的服务人员无法为顾客解决问题，就必须尽快找到具有决定权的人员协助，或将问题移交给他人。否则，顾客会因久等之后得不到回应而产生不满，使前面为平息顾客情绪所做的各种努力前功尽弃。

5. 让顾客同意解决方案。处理人员提出任何解决办法时，都必须亲切诚恳地与顾客沟通，并获得对方的同意，否则顾客的情绪还是无法平静。若顾客对解决办法还是不满意，就必须确认对方的需求，以便做进一步的修正。有一点相当重要：向顾客提出解决办法的同时，必须让顾客了解到处理人员解决问题的诚意和所付出的努力。

（六）执行解决方案

当双方都同意解决方案之后，就必须立刻执行。如果在自己的权限之内，则应迅速利落地解决问题；如果不能当场解决，或是自己无权单独决定时，则应明确告诉顾客事情的原因、处理的过程和手续，并告诉顾客处理时间的长短、经办人员的姓名，同时请顾客留下联络方式，以便事后追踪。

在顾客等候处理结果期间，处理人员应随时跟踪投诉处理的过程，遇到变动必须立即通知顾客，直至事情全部处理完毕。对移交给其他部门处理的顾客投诉，工作人员必须了解事情的进展情况，定时追踪，以便顾客询问时能迅速、准确地回答。

（七）分析结果

1. 分析处理得失。对于每一次顾客投诉的处理，都必须做好完整的书面记录并存档，以便日后查询和定期分析投诉处理的得失，一旦发现某些投诉经常发生，就必须追查问题的根源，以改进现有作业或者明确处理办法。

对于偶发性投诉或对特殊情况的投诉，连锁企业门店也应明确制定处理政策，以作为工作人员遇到类似事件时的处理依据。

2. 对店内人员进行宣传、督导，防止日后再发生。所有的顾客投诉事件都应通过固定的渠道（如公布栏、例行早会、动员月会或内部刊物等）在店内或总公司所属的各分店内进行宣传、督导，让工作人员迅速消除造成顾客投诉的各种因素，并了解处理类似事件时应避免产生的不良影响，以防止类似事件再度发生。

任务三
建立顾客关系管理制度

任务描述

最近发生了几起客户投诉，使门店的声誉受到影响。店长让客服部小王想些办法，维护客户关系，培养忠诚顾客。可是，到底如何建立与客户之间的良好关系？怎样留住顾客？小王不知从何下手。

建立顾客关系管理制度的目的是形成以顾客为中心的营销机制，从而实现吸引顾客、留住顾客，并且与顾客建立长期稳定关系的目标。在企业参与市场竞争的资源中，顾客资源是至关重要的，顾客资源的有效管理与维护应是整个企业的事情，是企业健康发展的前提。顾客关系是连锁企业与顾客之间的外部公共关系，是连锁企业赖以生存和发展的土壤。顾客关系处理得好坏，将直接关系到连锁企业的命运。建立顾客关系管理制度，连锁门店通常可从以下几个方面开展工作：

（一）顾客档案管理

连锁门店应建立统一共享的顾客资料数据库，共享的顾客资料可以把销售、市场和顾客服务连接起来。

顾客档案管理的内容主要包括：

1. 顾客的基本信息。具体包括姓名、职务、生日、婚姻、家庭情况、兴趣爱好、地址、联系方式等。这些基本信息是顾客管理的起点和基础。

2. 顾客的需求。具体包括顾客需求、购买记录、服务记录等，同时应包括充分的顾客状况分析。

（二）顾客意见访问

案例

正确对待顾客投诉

在美国有一家地方性超级市场，这家超级市场的规模不大，是由父子俩联手经营的，但由于其建立了特殊的顾客关系制度，许多顾客宁愿长途开车来买商品，它的成功秘诀是什么呢？根据其经营者的介绍，他们的做法如下：

每天在店内与顾客寒暄，并寻找机会询问顾客意见；设置顾客意见箱，每天早上将前一日顾客投入的一大堆意见书逐一审阅，寻求门店的改善之道；每周一次邀请热心消费者，以座谈会的方式与消费者进行双向沟通，探索门店需改进之处。

正是因为经营者非常重视处理与顾客的关系，门店的许多建设性的改善做法，大都来自于顾客的意见。这样做也让提意见的顾客感觉自己真正受到了重视，这是他们参与规划的卖场，自然要常来捧自己的场了。

例如，该超市所销售的鱼产品，一直是加工处理好包装后再销售的。但常常招致顾客的抱怨，认为鱼产品被包装在保丽龙盒中，产品可能不新鲜(但顾客并无确实的证据)。鱼产品部门听到此类抱怨后，心里十分反感，因为事实上这些鱼产品都是每天早上直接从渔港运来的，非常新鲜，而且到目前为止，还没有顾客买到不新鲜鱼产品的事件发生。尽管如此，该超市还是很慎重地进行了多方面的讨论，最后鱼产品总部的主管提出一个方案，即增加一处鲜鱼销售场所，这些鲜鱼与其他已包装好的鱼唯一不同的就是它以未包装形态放在碎冰上，让顾客可以触摸。结果，原来已包装好的鱼产品的销售量非但没减少，还增加了一倍。由于这种良性循环，顾客每天都来超市逛一逛、看一看，买点东西，顺便监督一下，看看这家店还有哪些地方不符合自己的想法，来帮助它改善。如果连锁企业都能做到这一点，那还用愁没有市场吗？

连锁门店可以设立网站、意见箱等，对本门店的消费者以及商圈内的潜在消费者进行问卷调查，征询消费者的意见，并给予回复，对提供意见者要给予奖励，每月抽奖并公布姓名，以鼓励这些参与者。门店还可以由店长出面邀请商圈内经常购物的消费者，或公开召集热心提供意见的顾客，由他们组成连锁门店商圈顾问团，定期举行咨询会议，了解顾客的需求和意见。

（三）定期向消费者提供商品信息

门店可在卖场内特定商品的前方制作 POP 广告，说明商品特色、用途或使用方法；在服务台免费派送消费信息印刷品；也可以利用门店设置的固定公布栏来提供商品信息。

（四）举办公益活动

门店可以发起慈善公益活动，如献血、帮助商圈内的特困学生、老人；关心社会公益活动，如赞助当地的消防队、学校等；关心社区公益活动，如认养动物等；根据门店消费者资料卡上的信息，适时向消费者寄发生日卡、节庆贺卡等，代表门店向其表示祝贺。

案例

投诉抱怨处理技巧：令顾客心情晴朗的“clear”方法

先处理心情，再处理事情，令顾客转怒为喜。

卖场运营中，处理顾客抱怨是服务提供者的一项重要工作。平息顾客的不满，使被激怒的顾客“转怒为喜”，是企业提高顾客忠诚度的重要手段。令顾客心情晴朗的技巧“clear”方法，也称顾客愤怒清空技巧。

理解和实践顾客愤怒清空技巧能够帮助企业妥善处理最棘手的情况。“令顾客心情晴朗（clear）”，包括以下步骤：

C：控制你的情绪（Control）。

L：倾听顾客诉说（Listen）。

E：建立与顾客共鸣的局面（Establish）。

A：对顾客的抱怨表示歉意（Apologize）。

R：提出应急和预见性的方案（Resolve）。

思考与训练

一、不定项选择题

1. 如果一个顾客不再去某商店购物，最大的可能是（　　）。

A. 兴趣转移　　B. 对产品不满

C. 对服务不满　　D. 搬迁

2. 门店不提供送货、提货、换零钱等服务，应属于（　　）。

A. 服务项目不足　　B. 现有服务作业不当

C. 原有服务项目取消　　D. 收银作业不当

3. 顾客投诉的方式有（　　）。

A. 电话投诉　　B. 信函投诉

C. 当面投诉　　D. 短信投诉

二、判断题

1. 顾客因买到坏品而投诉，属于对商品质量的投诉。（　　）

2. 处理顾客投诉的首要原则是维护企业应有的利益。（　　）

3. 在处理顾客投诉时首先应有效倾听。（　　）

三、简答题

1. 处理顾客投诉有什么意义？
2. 简述顾客投诉意见的处理程序。
3. 如何建立顾客关系管理制度？

四、案例分析题

案例一：为何不给我赠品

某日，一位顾客买了一包价值32.8元的袋装富贵香菇，按照促销海报到前台领取赠品，但被告知赠品已领完，这位顾客非常生气，大声地说："明明柜台的营业员说在一楼前台有赠品送，现在却说没有，这不是欺骗吗？"顾客开始大吵大闹。见此情形，前台部主管立即与该商品部主管取得联系，诚恳地向顾客赔礼道歉，并告知顾客，由于我们工作失误，虽然赠品已送完，但导购牌没有撤下，因此才发生了这样不愉快的事情，请顾客原谅。

问题：请对以上案例进行分析。

案例二：办理积分卡

为庆祝节假日，某商场推出一系列活动，其中一项是"凡在我商场一次性购买70元以上商品的顾客，均可免费办理积分卡，限时一天。"当天办理积分卡的人特别多，时近中午，前台接待处来了一位女士，将手中的两大包商品扔到前台柜面上，非常生气地要求退货。"请问您对我们的商品有什么不满吗？"接待人员耐心地询问道。"没有！不过这些东西我不想要，只是听你们广播说今天可以办理积分卡，所以才买了这么多凑数，可你们的办理人员又说必须要身份证，我出来买东西还带身份证啊？退！退！退！我不要了！"顾客不耐烦地说道。

问题：遇到这种情况，如果你是前台接待员，会怎么处理呢？

案例三：如何处理顾客纠纷

王小姐是一家超市的收银员，今天对她来说是个倒霉的日子，她因为"漏收"而被扣掉10分。事情经过是这样的：上午有位女士购买了一手推车的商品，出门的时候，稽核员发现手推车最下面放着一条毛巾没有付款，便问这位女士是怎么回事。这位女士非常不高兴，说："我买了500多元的商品，怎么会偷你一条毛巾？这是你们收银员的失误！"并大吵大闹，引来很多人围观。稽核员找到为该顾客结账的收银员王小姐，王小姐一口咬定，收银台上根本没有看到毛巾，双方越闹越僵，女顾客要投诉收银员，并退货。这时，值班经理赶来，再三调解，这位顾客才离开。为此，王小姐在下班时接到了这张扣分单。

问题：该纠纷是如何引起的？怎样可以避免类似的纠纷？

五、实践实训

项目实训一

【目的】了解顾客投诉的意义和处理顾客投诉的重要性，掌握顾客投诉处理的程序和方法。

【步骤】1. 将学生分成若干小组。

2. 各小组深入分析讨论某一类典型顾客投诉（对商品的投诉、对服务的投诉以及对安全和环境的投诉）的特别之处，总结处理步骤和方法，并进行情景设计表演。

3. 所有小组完成之后，教师进行总结。

【评价标准】根据情景表演过程中的表现，从处理程序、举止态度、待客用语、作业纪律、细节处理等方面进行综合评价。

项目实训二

【任务】到某门店当一天客户投诉处理员。

【目的】了解顾客投诉心理，明确顾客投诉的类型，掌握处理顾客投诉的技巧和方法。

【内容】1. 对客户投诉案件进行登记。

2. 协助各部门对客户投诉的原因进行调查。

3. 协助部门对客户投诉进行分析和处理。

4. 跟踪商品售后信息，做好客户回访工作。

5. 将客户所反映的意见和跟踪处理结果提交给相关部门。

10 项目十 门店店长作业化管理

学习目标

知识目标 了解连锁门店店长的角色定位及资质要求，熟悉连锁门店店长的工作职责和作业流程，掌握连锁门店店长作业化管理的重点。

能力目标 能熟记店长的职业要求与职责，并以此要求规范自己；能按照店长的作业流程完成每天的工作；能进行店长职业生涯设计。

职业素养 学会管理和激励员工的方法，学习有效管理员工的技巧，能进行自我管理，能合理制订计划、安排时间和心态调整。

引导案例

刘力的烦恼——店长角色的定位与转换

刘力是某公司的一名业务骨干，工作已经两年多，业绩突出。刘力性格比较内向，和同事关系很好。随着公司业务的迅速发展，刘力被委任为该公司的店长，上任刚三个月，就面临一大堆问题。

1. 以前关系不错的同事，突然有意与他疏远，似乎有很多想法不愿意和刘力沟通。

2. 下属缺乏团队精神，各自为战，很难把大家有效地集中起来。

3. 刘力逐渐有了失落感，很担心自己由于工作忙，而导致业务知识的落后，对管理有了厌倦感，经常想还是专心做业务好。

4. 事情太多，忙得不可开交，即使老加班，工作也干不完。

资料来源：张明明：《连锁企业门店营运与管理》，电子工业出版社2009年版。

讨论：

1. 分析刘力所遇问题产生的原因？
2. 如何解决此类问题？

任务一
店长角色认知

任务描述

权威调查数据显示：一个优秀的店长能够提升门店营业收入的30%，这是一个相当可观的数字。店长作为门店的灵魂人物，在门店的日常经营中发挥着至关重要的作用。而一个优秀的店长，也并非人人都可为之，他必须具备出色的管理能力、职业素养与非凡的人格魅力。你认为一名优秀的店长应具备什么样的能力和素质？

门店是零售企业的终端，是零售企业运营的基础环节，是为客户提供服务的主要渠道，其经营状况直接决定了零售企业的经营业绩、竞争能力和服务水平。店长则是门店的灵魂和核心。一个店就像是一个家，店长就像是这个家的“家长”。家长要操心这个家的所有问题：人员、货品、卫生、陈列……方方面面都要照顾到，任何一个小的细节考虑不到，就有可能给工作带来不良的影响。

更多的企业则希望店长是一名优秀的“导演”。门店是一个表演的舞台，店堂内的硬件设施就是布景和道具，而公司一年四季不断变化的货品构成了故事的素材。店长要把这些素材组织成吸引人的故事，讲给每一位光顾的顾客听。故事讲得好不好，客人爱不爱听，全凭店长的组织、策划、安排和带动。

一、店长的定义

店长，就是门店的核心人物，必须服从公司总部的高度集中统一指挥，积极配合公司的各项营销策略，达到门店的经营指标。通常对独立门店而言，门店的最高管理者称为店主或经理；而对连锁企业门店的最高管理者，则称为店长而不用经理称呼，这是连锁企业的特有性质所决定的。连锁企业门店不是一家单体店，它是一个非独立核算单位，不具有独立的法人资格，即使是加盟店，在店长之上可能还有一个“店主”，店主是门店的所有者，而店长是门店的管理者。所以，店长不是法人代表，店长的主要任务是依据连锁总部制定的店长手册开展营运管理。

店长主要是指连锁企业下属直营门店的最高负责人。就店长而言，处于众多关系者之间，应顺应当时的时间、场合、状况，有效利用总部授予使用的资源，控制成本，维护设备，热情接待顾客，以发挥各个关系者的功用。

二、店长角色定位

店长是一个店的领导者，是店铺的核心。作为一个门店的领导者、店铺的核心，店长不仅要协调和激励员工做好店内的营业工作，带领他们以团队精神塑造门店特色，同时也要负责门店内的人员管理培训，以及同其他地区的商业伙伴建立良好的关系。此外，他还要将门店所在地域的情况和消费动态向总部反馈，以便总部及时了解事情情况，对应市场变化做出相应的调整。因此，店长又是企业文化信息传递的纽带，是公司销售政策的执行者和具体操作者，是企业产品的代言人。

只有认清店长的角色定位，才能明确自己的工作范围和职责，才能充分发挥自己的才能。店长角色主要有以下几种：

（一）门店的代表者

就门店而言，店长是门店的代表者，代表公司与顾客、社会有关部门的公共关系；就员工而言，店长是员工利益的代表者，是员工需要的代言人。门店内不论有多少导购人员，他们在不同的班别上下班，他们的服务表现有好有坏。但门店的整体经营绩效及店铺形象都必须由店长负起全责，所以店长对门店的营运必须了如指掌，这样才能在实际工作中做好安排与管理，发挥最大实效。

（二）经营目标的执行者

门店既要满足顾客的需求，又必须创造一定的经营利润。对于公司的一系列政策、经营标准、管理规范、经营目标，店长必须忠实执行。因此，店长必须善于运用所有资源，以达成兼顾顾客需求及公司利润的双重目标。即使店长对公司的某些决策尚存异议或有建设性意见，也应当通过正常的渠道向公司相关部门领导提出，切不可在下属员工面前表现出对公司决策的不满情绪或无能为力的态度。所以，店长在门店中必须成为重要的中间管理者，这样才能强化门店的营运与管理，确保门店经营目标的实现。

（三）卖场的指挥者

店长必须负起总指挥的责任，安排好各班次人员的服务工作，指示门店服务人员严格执行营运计划，将最好的商品和服务，运用合适的销售技巧，在卖场以最佳的面貌展现出来，以刺激顾客的购买欲望，提升销售业绩，实现销售目标。

（四）门店士气的激励者

常言道：欲望是一股无形的巨大力量。下属工作欲望的高低不容忽视，它将直接影响员工的工作质量。所以，店长应时时激励全店员工，保持高昂的工作热情，形成良好的工作状态，让全店员工人人都具有强烈的使命感、责任心和进取心。

案例

如何在门店实行充分激励

首先，激励的基本概念是什么。

所谓激励，就是组织通过设计适当的外部奖酬形式和工作环境，以一定的行为规范和奖惩性措施，借助信息沟通，通过物质手段和精神手段，从心理各层面和心灵层面，来激发、引导、保持和归化组织成员的行为，以有效地实现组织及其成员个人目标的系统活动。

由这样一个定义，我们可以了解到，激励绝对不仅仅是物质性的，我们不能将激励仅仅理解成萝卜加大棒，当然激励也不可能仅仅是精神性的，都做“精神上的圣人、物质上的乞丐”，或许可以激励到极少数人，对于普通大众也肯定是影响甚微的，所以，激励一定是物质和精神一起上，才可能既有眼前的效果，也有长远的持续。

从激励的定义，我们还可以深刻地体会到：激励的出发点是满足组织成员的各种需要，包括生理需要、安全需要、社交需要、社会尊重需要以及自我实现需要这些层级的需要；科学的激励工作需要奖励与惩罚并举，这种奖励与惩罚既包括物质上的奖励与惩罚，也包括精神上的奖励与惩罚；激励贯穿于员工工作的全过程；赫兹伯格说，如何激励员工：锲而不舍，也就是激励并不仅仅在月底、在年终，而是在平常的每一天；在每一个员工身上，在每一个工作环节；信息沟通贯穿于激励工作的始终，有效的激励一定是建立在充分的信息沟通基础上的；激励的最终目的达到组织与员工的共赢，激励的直接目的往往是管理者要达到组织的经营目标，但是如果这种激励不是以员工也能实现他的目标为支撑点的话，激励是很难发挥应有的效果的。

其次，激励的八大原则。

原则一：目标结合原则，激励面对的是多个目标，既有经营者和管理者的目标，也有员工个人的目标，激励必须将这两种目标相结合，同时激励还面临着短期目标和长期目标的结合，企业的经营目标和管理目标的结合，所以激励一定是多目标的结合；

原则二：物质激励和精神激励相结合的原则，单纯的物质激励或者单纯的精神激励都是不够的；

原则三：引导性原则，外部激励转化为内在动机，要设法将管理层所做的各种激励措施转化为员工自己的强烈的动机，若没有这种转化过程，一切都是空的；

原则四：合理性原则，措施适度、奖惩公平，要奖得罚得都让员工感到口服心服；

原则五：明确性原则，就是一切奖惩措施要做到明确、公开、直观，避免暗箱操作，避免模棱两可，因为不明确就很难让员工产生合理预期，也就很难转化成内在动机；

原则六：时效性原则，多雪中送炭，不做雨后送伞；适度锦上添花，激励同样是有保质期的，比如任务都完成半年了，再来实行激励，肯定不如刚完成任务就实行激励效果来得明显；

原则七：正激励与负激励相结合的原则，负激励其实就是惩罚、鞭策、批评等手段，如果只是一味地采用正激励的方法，激励的成本将越来越大，员工也会越来越被骄纵，而同样地，如果都是负激励，员工就会怨气难平，只有正激励与负激励像左右手一样协同，才可能产生很好的效果；

原则八：按需激励的原则，因人而异、因时而异，特别是对于精神方面的激励更应该如此；适人、适时、适度，对于不同的人采取不同的激励措施，效果就会比较好。

再次，激励原则的操控艺术。

一是准确地把握激励时机；二是相应采取激励频率；三是恰当地运用激励程度；四是正确地确定激励方向。如果我们能够在激励时机、激励频率、激励力度、激励方向这四个维度上都把握得恰到好处的话，那么我们就比较好地驾驭了激励的八大原则了。

（五）员工的培训者

员工业务水平的高低直接关系到门店经营业绩的好坏。所以店长不仅要时时充实自己的实战经验及相关技能，更要不断地对所属员工进行岗位培训，提升员工的整体素质，激励员工努力做好门店营业工作，为门店创造效益。

（六）各种关系的协调者

店长应具备处理各种矛盾和关系的耐心与技巧，如与顾客沟通、与员工沟通、与公司沟通等方面，解决和协调店内顾客和员工之间出现的各种问题，使工作场所的工作秩序保持顺畅，店长在上情下达、下情上达、内外沟通的过程中，应尽量注意运用技巧和方法，以便协调好各种关系。

（七）营运与管理质量的控制者

为了保证门店的实际作业与公司的规范标准、营运计划和外部环境相统一，店长须对门店日常营运与管理业务进行有力的、实质性的控制。其控制的重点是人员控制、商品控制、现金控制、信息控制以及地域环境的控制等。

（八）工作成果的分析者

店长应具有计算与理解门店所统计的数值的能力，以便及时掌握门店的业绩，进行合理的目标管理。同时，店长应始终保持理性头脑，善于观察和收集与门店营运管理有关的情报，并进行有效分析以及对可能发生的情况进行预见。

案例

店长不易当

A金店开了一家分店，王老板为了店长的人选非常着急，思考了半天最后让身边的司机小周来做店长。原因很简单：第一，小周为人老实，是自己家的远房亲戚，完全可以信得过；第二，小周人聪明，处处能领会老板心思，王老板心想这样的人做店长肯定是没问题的。结果，新店营业后，不仅销售没有任何进展，而且店内秩序一团糟，丢货事件屡屡发生，店员隔三差五就有离职的……新店营业已经接近崩溃。

想一想

新店长上任后为何会发生这么多问题？该如何解决这些问题？

三、店长的资质要求

连锁企业门店店长是一种具有特殊性质的管理者，他是门店的全面负责者，但又不是一个具有各方面决定权的决策者。因此，店长这一特殊职务必须具备的资质如下：

（一）身体素质方面

门店店长最好是35岁左右的年轻力壮者，这样不仅能承受得住长期疲劳的考验，还要能承受满负荷的紧张工作所带来的压力。

（二）品格方面

一个有效的管理者一定是一个好的领导者。领导者的品格主要包括：道德、品行、人格、作风等，优秀的品格会给领导者带来巨大的影响力。诚实的品格是门店店长最基本的素质要求，是一切能力的基础，店长必须注意品格与修养。

（三）性格方面

1. 拥有积极的性格。无论什么事情都能积极地去处理，无论什么时候都可以面临任何挑战，从不会想到躲避困难。

2. 拥有忍耐力。在门店的作业化管理过程中，往往能顺利进行的时候很短，而辛苦的时候和枯燥的时候却很长。

3. 拥有开朗的性格。用明朗的笑容工作是一天，或用毫无表情或阴沉的脸色工作也是一天，店内全体员工的工作气氛是明朗或是阴沉，有时候就要看店长的心情了。

4. 拥有包容力。虽然对同事、部下的失败或错误要批评和教育，但是店长不可常常挂在嘴边。而关怀员工则是激发员工的工作热情，维护店长权威的最有效手段。

（四）技能方面

1. 拥有优良的商品销售技能。店长对于门店销售的商品应具有很深的理解力，这对门店营运水平的不断提高起着至关重要的作用。这就要求店长具有对门店销售商品的客观理解和正确判断的能力，尤其是对销售过程中所遇到的新问题或例外事项，必须有正确的判断力，且能迅速地处理问题。

2. 拥有实干的技能。店长身为管理者要指挥全体店员，让全店员工心服口服地接受他的指挥，就必须样样都能干、样样都会干、样样都比人家干得好，具有一种实干的技能。

3. 拥有良好地处理人际关系的能力。店长要十分注意其与下属之间的情感关系。人与人之间，一旦建立了良好的情感关系，便能产生亲切感。在有了亲切感的人际关系中，相互的吸引力就大，彼此的影响力也就大。因此，店长拥有良好地处理人际关系的能力，对于门店营运与管理的顺利进行有着举足轻重的作用。

4. 拥有自我成长的能力。店长应以自我管理能力为前提，随着企业的成长而培育自我成长的能力。因而，店长应该具有较强的自学能力，能从门店的管理实践中不断总结经验，充实自己。

5. 拥有教导下属的能力。店长应具有教导下属的能力。目前连锁企业的从业人员大多数是没有经验的非专业人员，店长身为教导者，应是下属的“师傅”和“老师”，并能发现下属是否能力不足，以及帮助其成长与努力向上，指挥下属达到既定目标，从而使下属提升业绩，让下属的能力得到最大程度的提升。

6. 必须具备连锁企业卖场管理的四种基本能力。即人事组织能力、沟通能力、门店规划能力、信息分析能力。

相关知识

金牌店长的心得体会

体会之一：必须具有高度的责任心，对企业忠诚，有较强的沟通协调能力及处理各种突发复杂难题的能力，有较强的市场洞察力，熟知市场经营运作规律，做到清晰了解所在门店的经营状况、门店定位等相关工作；体会之二：必须具有吃苦耐劳、以身作则的精神，发挥“领头羊”的作用，树立较强的团队精神，带好团队群策群力，拼抢市场，善于动脑，能虚心听取多方合理化建议，不断提升店面的综合竞争力；体会之三：必须具有不断学习的意识，通过不断自我充电，加强自我素质提炼，培养自我忧患意识，完善自我，在工作中寻找最佳的工作方式方法，有效地开展各项工作；体会之四：必须善待每一位员工和顾客，用心做好每一件事，重细节、抓落实、提高执行力。

（五）学识方面

学识与才能是紧密联系在一起的。学识是才能的基础，才能是知识的实践表现。一个人学识的高低，主要表现为其对自身和客观世界认识的程度。在学识方面，对门店店长来说，主要包含以下几个方面：

1. 具有能洞察市场消费动向的知识；
2. 具有关于零售业的变化及今后发展的知识；
3. 具有关于零售企业经营技术及管理技术的知识；
4. 具有关于连锁经营企业的历史、制度组织、理念的知识；
5. 具有关于销售管理等方面的知识；
6. 具有关于教育方法和技术的知识；
7. 具有关于门店的计划决策方法的知识；
8. 具有计算及理解门店内所统计的数据的知识；
9. 具有关于零售业的法律方面的知识等等。

店长应该是具有上述知识、技能、经验、性格、素质的人。但这些方面都不是与生具来的，因此店长需要认清自己的缺点和弱点，努力地改善和弥补，不断提高自己的素质，才能得到下属的爱戴与尊敬，进而提高连锁门店的经营业绩。

相关知识

如何成为一个有威信的店长？——锻炼“四力”

1. 无形的影响力。言行举止（价值判断、思维方式和行为方式）成为店员效仿的对象。

2. 巨大的感召力。令出则行，令禁则止，一呼百应，接受其领导的人所占比例大，且指挥灵敏度较高。

3. 向心凝聚力。店员以归属的心理围绕在你身边，心甘情愿地接受以领导为核心的组织。

4. 磁石般的亲和力。店员主动向你敞开心扉，聆听你的教诲，和你缩短心理距离（但别以“说教”为威信走入误区，言多必无信）。

◆ 案例分析

一个家乐福店长的素质

2000年8月，重庆“家乐福江北金观音店”为庆贺开业准备开展为期3天的特价酬宾活动，其中1.125升的百事可乐售价5元，同时赠送一听价值2元的天府可乐。当天重庆某报上刊登家乐福特价酬宾广告却是“百事可乐原价5元/瓶，现价买一赠一2元/瓶”。

由于广告有歧义，当天一大批顾客涌向家乐福，抢购1.125升装的百事可乐，但当顾客以每瓶2元的价格付款时，收银员却不知所措……

就在顾客与收银员为价格僵持不下时，家乐福江北店店长、法国人布拉松对收银员说：“尊重顾客的意愿”，并调集保安维持秩序，同时在本市报纸上发出启事对原广告修正。

上千件百事可乐以大大低于成本价的价格售出，使问题得到了圆满的解决。

资料来源：根据相关资料整理。

问题：当门店店长遇到突发情况时，应该表现哪些意识和态度？有怎样的意义？

◆ 分析提示

对于现代企业而言，偶尔暴露出一些问题和不足也是情理之中的正常现象，关键看企业如何面对，怎样处理。而处理过程中，人的因素就显得尤为重要了。发生在重庆商界的这幕“花絮”，直观而言是布拉松的一句话使家乐福从危机边缘走了出来，但是整个事件自始至终留给人们以启迪和警示。

（1）企业管理者必须牢固树立“向企业负责，更向公众负责”的责任意识。“家乐福金观音店”此番开业酬宾活动，会引发如此轩然大波是不曾料到的，但是事情发生之后，身为店长的布拉松没有过多纠缠事件的谁是谁非，更没有迁怒于任何一方。相反，他只是说了句“尊重顾客的意愿”便圆满解决了问题。漠视公众实际是无视自己的生存条件，其后果是不堪设想的。在平息了公众的怨怒情绪的同时，他及时采取补救，对商业环境的秩序做了合理安排，并修正了产生歧义的广告，从而不但在根本上避免了事态的进一步扩大，反而为家乐福赢得了良好的社会影响，把坏事变成了好事。这就是以对公众和对企业负责的态度解决问题。

（2）企业管理者面临突发事件，必须保持清醒的头脑和沉着冷静的态度。毋庸讳言，“家乐福”此番能够顺利地摆脱危机，是和店长布拉松遇事冷静、沉着应变分不开的。试想一下，如果当时一开始没有一个人出面处理此事，或者没有人能当机立断地决定“尊重顾客的意愿”，使事态发生转机，那么家乐福不知会在一片诘责声中难熬到什么程度。突发事件会经常发生的，但是当事件已经发生时，能否临危不乱保持冷静的头脑，才是衡量一个企业、一位管理者素质的关键所在。企业和他的管理者的这种素质，源于平时的准备和教育的结果。

四、店长工作权力和岗位职责

（一）店长的工作权力

1. 在人力资源管理方面的权力。

（1）有权参与门店人员的招聘及录用；

（2）有权对员工给予奖励和处罚；

（3）有权辞退不符合要求或表现恶劣的员工；

（4）有权根据员工表现提出调动、晋升、降级、辞退的意见；

（5）有权对员工的日常工作表现进行检查和评定；

（6）有权对员工进行教育、指导和培训；

（7）有权对超市的突发事件进行处理。

2. 在商品管理方面的权力。

（1）有权对总部的配货提出意见和建议；

（2）有权拒收有质量问题的货品；

（3）对超市的货品调配有决定权；

（4）有权对超市布局和商品陈列进行检查、指导和督促；

（5）有权对商品损耗情况提出自己的意见。

3. 在销售管理方面的权力。

（1）有权对促销商品和促销活动进行检查、分析和总结；

（2）有权根据实际情况对商品价格进行调整；

（3）有权对销售日报表、销售排行表、供应商结款报表和盘点结果进行分析、总结。

4. 在财务管理方面的权力。

（1）有权制定门店财务预算；

（2）有权监督收银员收银工作，严格控制差错率；

（3）有权检查核实本店进货票据；

（4）有权进行各项费用和损益分析及管理。

5. 在资产管理方面的权力。

（1）有权进行门店的资产管理；

（2）有权进行门店的设备维护和维修管理；

（3）有权进行门店新设备的投资和管理。

（二）店长的岗位职责

1. 对整个门店负责。店长是门店的最高领导者，在整个门店卖场内，对卖场的资产、商品、人员、销售现场和财务等方面负有全部责任。店长应监督门店的商品进货验收、仓库管理、商品陈列、商品质量管理等有关作业。

2. 对全体员工负责。店长应制定门店管理的各项规章制度，并严格执行；依据工作情况分配人员，对门店员工考勤、仪容、仪表和服务规范执行情况进行监督与管理；按时评估员工的表现，实事求是地向总部人事主管提交有关员工的人事考核、提升、降级或调动的建议，对员工的工作表现进行检查和评定，认真进行员工绩效管理。

3. 对经营业绩负责。门店店长的最高职责是经营目标的实现，店长应对商品采购、陈列、销售、防损和安全等方面负责，掌握每日、每周、每月的销售目标的完成情况，按时向总部汇报门店销售动态、库存情况以及新产品进销状况，并对门店的滞销商品淘汰情况提出对策和建议，帮助总部制订和修改销售计划，降低损耗、减少费用、提高业绩。店长的岗位职责具体见表 10－1。

表 10－1　　门店店长岗位职责项目和内容

店长的岗位职责项目	店长的岗位职责内容
执行总部各项指令规定	传达、执行总部的各项指令和规定；负责解释各项规定以及营运管理手册的条文
完成总部下达的各项经营指标	营业目标；毛利目标；费用目标；利润目标
门店日常经营管理	监督门店的商品进货验收、仓库管理、商品陈列、商品质量管理等有关作业；执行总部下达的商品价格变动；执行总部下达的促销计划与促销活动
门店销售管理	掌握每日、每周、每月的销售目标的完成情况，并按时向总部汇报门店销售动态、库存情况以及新产品进销状况，并对门店的滞销商品淘汰情况提出对策和建议，帮助总部制订和修改销售计划
门店损耗管理	针对本门店的主要损耗商品进行重点管理，将损耗降到最低

续表

店长的岗位职责项目	店长的岗位职责内容
监督和审核门店的会计、收银等工作	做好顾客意见表、盘点记录表、商品损耗记录表和进销商品单据凭证等各种报表和凭证的管理，以加强监督和审核门店的会计、收银等作业
门店员工的安排、管理和激励	依据工作情况分配人员，对门店员工考勤、仪容、仪表和服务规范执行情况进行监督与管理；按时评估员工的表现，向总部人事主管提交员工的人事考核、提升、降级或调动建议
信息的搜集和事情的传达	有关商圈的动向、竞争店、顾客、商品等各种信息的搜集，公司的方针、指示事项的传达等
维护门店的清洁卫生与安全	店内主力设备的维护、门店卖场与后场的环境卫生检查落实
顾客投诉与意见处理	正确对待并恰当地处理顾客的各种投诉和意见，保持与消费者经常性的沟通和交流
各种突发事件的处理	应准确判断和迅速处理如火灾、盗窃等各种突发事件，做好与门店周围社区的各项协调工作

相关知识

如何打造明星店长

如何打造明星店长？可以从以下方法着手。

方法一：挖墙脚

首先，明确要挖什么样的人。要明确我们挖人的目的是什么，明确目的后才去找人，就会有方向，不会眉毛胡子一把抓。

其次，企业内部要创造人才适宜生存的土壤。挖人，不仅仅是靠银子，还要靠理念，这不仅适用于店长，也适合更高级的人才。要想人才过来，就必须志同道合，仅仅靠银子挖来的人，相信挖来的也只能是地雷。

再次，老板要有发现人才的慧眼。去高级餐馆吃饭、去4S店做汽车保养、去购置房产、去健身锻炼、去购物等，处处是发现人才的好时机。俗话讲，千里马常有，伯乐不常有，就是这个道理。

最后，企业内部要有广阔的晋升空间。切记，我们挖来的是店长，而不是总经理。能够为空降的人才描绘远景，能够给予他们足够的晋升空间，才可能真正俘虏人才的心。

方法二：内部竞聘

内部竞聘与内部提拔最为显著的区别就是客观与主观的区别。内部竞聘是目前很多国外企业使用的人才提炼法。内部竞聘要由企业高管组成面试团，根据企业内部需求来出笔试与面试试题，然后在企业内部发布招聘信息与相应待遇，接着面试团对内部竞聘者进行细致的考察与考核，最后综合评价以确定人才。周大福CEO陈世昌原来是一名导购，他最终能够成为总裁，就是在一次次企业内部竞聘中脱颖而出的。

当然，内部竞聘还有很多值得注意的细节，其中最主要的如下：第一，面试团必须公正公平，不能泄漏考题，不能徇私舞弊。第二，考题必须具有针对性，其中管理能力、职业规划、销售能力、反馈能力、性格为人都是重要的考评题目。这里一定要注意，不能只看重销售能力。因为好的店长一定是好的导购，而好的导购却不一定是好的店长。第三，老板一定不能固执己见，要以客观的考核分数作为第一评价。既然要内部竞聘，就要说到做到。考核可以细致，结果必须执行！

方法三：储备人才

人才是21世纪最宝贵的资产！即使现在有优秀的店长，当遇到同为优秀甚至更优秀的人才时，请一定挽留。如果连后备人才都没有，店长就容易提出不平等条约。其实，即便没有充足的领导岗位，人才也是可以得以安置的，比如加设店长助理职位和值班店长职位等。除了岗位方面，在不影响原有人才情绪的基础上，机遇方面老板也应给予高度的重视，例如将配货、市场调研反馈等重要职责单独安排给其负责，外出培训与考察应该与其一起前往等。天赋与生俱来，才干后天培养，如此一来能力与忠诚都将与日俱增。

任务二 店长作业流程和管理重点

任务描述

王丽是某超市的店长，她为人很谦和，也非常勤劳，从早到晚忙个不停，在工作上处处起表率作用，她对工作及细节非常关注，几乎很少有人能够在她面前打马虎眼，但她总觉得事情太多时间不够用，销售业绩也提升不上去。店长每日工作的时间是有限的，你认为店长管理的重点有哪些？如何按照总部规定的流程开展工作呢？

一、店长作业流程

店长工作流程分日流程、周流程、月流程和年流程等。门店店长必须在有限的时间内把握住门店营运与管理的重点，严格执行工作流程。

（一）店长工作日流程

不同的连锁企业，因其经营的业态形式的不同，其门店的营业时间也有所差异。一般超市的营业时间为早上8点至晚上10点，因此，通常店长的作业时间（除每星期必有一天实行全天工作制外）一般为早班出勤，即上班时间为上午8点至下午6点半。这种作业时间的规定，可使店长充分掌握门店销售过程中中午及下午的两个营业高峰的情况，从而能掌握门店每日的营业状况，确保开店的状况良好。店长下班后，店内管理工作通常可由副店长代理。

连锁企业总部对门店店长的作业流程规定有明确的时段控制和工作内容。表10－2是超市总部对店长作业流程规定的时间和内容。从表10－2可以看出，总部对店长在管理上的要求是很高很严的，此表是岗位职责和作业标准在工作过程中的细化。

表10－2　店长工作日流程

时间	内容	
8:00—9:30	朝会	各项工作要点的宣达（通常每周一次）
	人员检查	出勤、休假、人员配置、员工仪容及精神状况检查
	卖场外检查	大门口卫生、室外海报、宣传栏、休闲椅和进货区状况检查
	卖场巡视	果蔬、鲜活到货及上货情况；日用品、食品商品陈列、补货情况；卫生状况、排水排烟情况；价格是否准确、到位；卖场促销活动、堆头、货架情况；背景音乐音量及广播宣传情况；卖场灯光、空调是否合适；卖场通道是否畅通、购物车准备是否充分等
	后场库存	仓库、冷库、库存品种数量及管理状况的了解及指示；进货/退货抽查
9:30—10:30	营业管理	检查昨日的营业报表，并作分析，列出本日工作重点
	高峰期前的准备	督促补货、理货；检查电子秤、打包机、包装袋等用具用品；人员的调整；零钞的准备
10:30—12:00	营业高峰期	促销活动的开展；到各区域巡查、指导，重点在收银台；及时疏导人流；解决临时发生事故
12:00—13:00	午间安排	中午轮班吃午餐；抽查各部门员工换班进餐情况
14:30—15:30	卖场巡视	检查各区域交接班情况、员工的仪容仪表；填写报表、报告等
15:30—16:30	高峰期前的准备	督促补货、理货；检查电子秤、打包机、包装袋等用具用品；人员的调整；检查鲜活商品的情况
16:30—18:00	营业高峰期	促销活动的开展；到各区域巡查、指导，重点在收银台；及时疏导人流；解决临时发生事故
18:00—18:30	下班前安排	检查当日销售目标完成情况；写好工作日志、交待值班经理未完成事项及晚间应注意事项

（二）店长工作周流程

门店店长工作周流程具体见表10－3。

表10－3　店长工作周流程

周一	上午进行工作总结，检查卫生；下午参加总经理例会
周二	安排总经理例会的工作要求事项，检查商品陈列、保质期
周三	分析市场调查结果，以顾客满意、价格为重点
周四	查缺货率。市场调查以竞争对手的促销、卖场布局为重点
周五	检查周日备货情况。协调与其他各部门的工作，重点检查服务
周六	做库存分析
周日	总结一周经营、管理情况，制订下周工作计划，重点检查服务

（三）店长工作月流程

门店店长工作月流程具体见表 10－4。

表 10－4　　店长工作月流程

21—22 日	做上月工作总结、制订下月工作计划并报人力资源部
23 日	绩效考核总结与分析报人力资源部
24 日	做上月经营情况分析（促销商品转换）
25 日	与防损组、作业组组长作库存分析
26—30 日	监督、检查本月工作情况
15 日	向总经理汇报工作，与各部门协调工作安排
18—20 日	市场调查总结及竞争对手月末分析

（四）店长工作年流程

门店店长工作年流程具体见表 10－5。

表 10－5　　店长工作年流程

3—4 月	员工培训、“3 · 15”活动安排
5 月	“五一”国际劳动节节日促销
6—7 月	“六一”国际儿童节节日活动、商品结构调整
8—9 月	竞争对手调查、中秋节节日促销
10 月	“十一”国庆节节日促销
11—12 月	营造冬季卖场气氛；春节销售调查与备货
1—2 月	营造元旦、春节卖场气氛；元旦、春节、元宵节促销

二、店长作业管理的重点

案例

北京家乐福店长成长记录

在家乐福中国区，像秦虹一样的店长有 80 位。这些一直被业内认为“权力很大”的店长为家乐福 11 年来在华圈定零售版图立下了汗马功劳。而这一位位天天“游走”在店内的店长们也因此被披上了神秘色彩。用秦虹的话讲，他们像管家一样做着很多繁杂而具体的工作，她很多时候感觉自己唠叨得像“唐僧”。

（1）“位高权重”的神秘角色。在通州九棵树的瑞都国际购物中心底商，记者在家乐福卖场的装修现场找到了正在安排工作的秦虹。在摆放了一些货架，还些许凌乱的卖场中，秦虹手拿着对讲机，跟相关负责人敲定装修工作。对于担任过三家店店长的秦虹来讲，接手筹建一家新店还是第一次。“新的挑战挺令我兴奋的”，虽然筹建通州店的过程中工作时间经常达到 12

个小时，但是这样的工作让她“有激情”。

进入中国11年的家乐福，被业内认为是在华发展本土化策略贯彻较好的外资零售企业。符合中国老百姓习惯的“生鲜早市”，像农贸市场一样叫卖声迭起的卖场环境等都收到好评。而一直被业内认为“权力过大”、“位高权重”的家乐福店长也被认为是执行本土化策略的神秘角色。

“家乐福的店长确实有一定权限，而这种店长掌有的灵活性也是家乐福在中国能够快速发展的重要因素。”秦虹介绍，家乐福店长的权力相比其他外资零售企业确实要大。比如，店内的毛利和营业额可以归单店支配，一些市场营销方面的投入和店内的投资、修整可以由单店自己来做等等，这样店长可以根据自己店内的实际情况来调整门店的运营策略，更得心应手。但秦虹介绍说，发展到现在，总部正在慢慢回收一部分权力，致力于门店的标准化。

（2）“开关”一样的店长脑袋。在业内人士看来，家乐福的店长有着重要的实权，而权利和义务是对等的。事无巨细、像管家一样的工作，令店长有着像“开关”一样的脑袋。

“每天早上的巡店是很关键的，看一看生鲜准备得如何，消防措施做得如何，开业前的准备工作做得好会使得门店在这一天迎来一个很好的销售业绩”，秦虹描述着她的工作，“在早上的晨会上，会向店内十几个部门的管理人员布置工作任务，包括来自区里的一些通告，而有一些亟待解决的问题也会在会上提出。之后，还会处理一些各个部门的杂事。”

在家乐福店长管理的十几个部门中，既包括生鲜、百货等业务部门，也有工程、人事等职能部门，而所有的来自于各个部门的细枝末节都由店长处理。

“我的脑袋经常像开关一样”，秦虹开着玩笑说，开完晨会后，经常是一个部门的主管进来商讨工作，而刚刚处理完这项工作另一个部门的主管又推门进来，又要处理另一个领域的事情，自己的大脑就像开关一样，马上要切换到相应的频道做出反应，反反复复不停地说，辛苦就不说了，经常觉得自己像“唐僧”一样唠叨。

（3）寂寞的职位。目前，在家乐福的80位店长中，有将近一半都是中国人，而秦虹在三年前刚刚担任店长的时候也是“很自豪”的。

1995年6月就加入家乐福的秦虹，已经在家乐福供职11年。“最开始做杂货秘书，工资是1200元，一个月后被调为店长秘书，之后升为收银主管……”秦虹刚刚加入家乐福工作的时候，真的是紧张认真到“不上厕所不喝水”。

“在家乐福像我一样从基层干起的店长有很多，法国老板的思路也很简单，以工作业绩说话”，秦虹说，在家乐福踏实工作就有自己的晋升机会，目前已经有三个小区经理是中国人了。而按照家乐福的思路，今后在中国会有更多的中国店长，甚至将优秀的管理人员吸纳到全球管理体系中去。

“店长也是一个寂寞的职位”，秦虹说，与属下毕竟是上下级关系，听到的不一定都是真话，要自己辨别，同时还要承担着来自老板的工作压力。但是，店长和店长之间也有很多工作和情感上的交流。

在记者和秦虹交谈的过程中，北京双井店的店长来到通州正在筹备的新店中。秦虹说，双井店店长是北京门店中生鲜做得很好的，哪家门店有生鲜方面的疑问都去请教一下他，正在筹备中的新店也请他来“支援”一下，希望这家新店能够在10月底开业。

资料来源：根据相关资料整理。

通常连锁企业门店店长作业管理的事项非常繁琐，但其内容大部分是重复的例行性事务，占总工作量的70%～80%，仅有20%～30%是非例行性的事务，由店长自行判断处理。作为门店店长只要把握门店和作业环节的重点，就能基本保证门店作业的正常进行。店长作业管理的重点无非是人、财、物和现代商业企业所需要的信息。店长必须有效地利用和管理门店的人、财、物、信息资源，做好日常销售服务工作，最大限度地使顾客满意，最终实现预定销售计划和利润目标。

（一）对人的管理

连锁企业门店对人的管理主要是对本店员工、来店购买商品的顾客以及对门店商品的供货者的管理。

1. 内部员工管理。根据门店销售状况、竞争对手对员工的安排情况，制定出员工岗位出勤安排表，保证出勤人员的数量与顾客流量相符合，使每个岗位的效率达到最优化。另外，店长还要加强员工为顾客服务的管理，时常督促员工保持良好的服务仪容、礼貌的服务用语和友善的待客态度。

（1）出勤状况。连锁企业由于其涉及的特定业态（如超级市场、便利店等）的要求，通常经营利润是不高的，因而控制员工人数是提高连锁企业门店盈利水平的重要环节。这就要求店长合理、经济地配置好各作业部门的工作人员，安排好出勤人数、休假人数、排班表，并严格考核员工的出勤情况。如果店长抓不好门店的出勤状况，就会直接影响门店的进货、出货、补货、陈列、服务水准等，难以维持较佳的营业状态。

店长通常要分析竞争对手的休息日、节假日、地方性活动来预测不同时期及一天中各时间段可能的消费额、顾客人数和销售数量，以此掌握适当的工作量，安排适当人数的员工，制定出月间和周间出勤安排表。具体地可按时段的顾客流量，安排好岗位出勤，使岗位出勤人员的工作性质与顾客流量相配合，并使每一个岗位达到效率化。

（2）服务状况。店长对员工的管理重点还要体现在员工对顾客的服务水准的管理和控制上。高的服务水准是连锁企业市场竞争的优势，店长要时常督促员工保持良好的服饰仪容、对客的礼貌用语和友善的应对态度，并且随时留意顾客的投诉及意见反映，不能让顾客觉得不满而不再上门的情况发生。

（3）工作效率。一般人事费用在连锁企业门店总成本核算中所占的比率最高，往往会超过月营业额的6%，故应经常调查各部门作业人员的作业安排表，并将人员予以灵活调度，这样才能产生最高的工作效率。此外，由于连锁企业门店均采用标准化作业管理，工作相对比较单调，因此国外大多数连锁店有意识地让员工在不同岗位上轮流工作，即采取柔性工作时间（允许员工在一定范围内自己选择上班时间或在不同工作时段，分别在不同岗位工作）等活动，以此提高连锁企业门店的工作效率，这也是国内连锁企业门店今后可逐步借鉴的方式。

（4）门店共同作业守则。上班时间必须穿着制服，维持服装仪容整洁；上班前五分钟到达工作岗位；服从主管命令、指示，不得顶撞或故意违抗；上班时不得任意离开工作岗位，有事要离开必须事先向主管报告；上班时间不得与人吵架或打架；严格遵守休息时间；爱护门店内一切商品、设备、器具；遵守顾客至上原则，提供亲切满意的服务；随时维护卖场的环境整洁；顾客进入卖场时员工必须高喊“欢迎光临”。

2. 顾客管理。顾客是连锁企业门店的利润来源。没有顾客就没有销售额，就没有盈利，连锁企业门店也就失去了存在的意义。因此，店长对顾客群进行分析和有效地把握，是门店成长与发展的基本重点。对顾客的了解应把握以下几点：

（1）顾客管理的主要内容。**一是**顾客来自何处。通过问卷的形式了解顾客分布状况，了解该商圈的户数、人数、家庭规模及结构、收入水平、性别、年龄、消费偏好等市场因素，据此为顾客提供其所需要的商品和服务，提高顾客对门店及本连锁企业的忠诚度。**二是**顾客需要什么。随着人们生活潮流的不断变化、生活水平的提高和消费个性的增强，顾客的需求也是日新月异。因而店长要经常组织对顾客需求的调查，虚心听取顾客对门店的商品种类、质量以及服务方面的要求和建议，采取各种措施，保持与顾客良好的沟通，随时掌握好需求信息。**三是**妥善处理顾客投诉和意见。连锁企业门店的自我服务形式，使顾客购物的自主性得到充分体现，可以避免传统零售面对面营业中营业员与顾客间可能发生的冲突，但顾客在商品的质量、服务上还是会产生不满，如何处理好顾客投诉和意见，是维持好与顾客关系的重要的一个环节。因此，必须妥善地处理好与顾客的关系，化解顾客的不满，以维护企业的信誉和顾客的利益。

（2）建立顾客档案。为了掌握顾客活动的重要资料，与顾客建立长远关系，顾客档案的建立是店长必做的日常作业。建立顾客档案通常包括以下事项：**一是**顾客档案和管理形式。由于顾客的数量较多，而且顾客档案包含较多的收录项目，因此现代连锁企业对于顾客档案的管理与分析必须使用先进的POS系统，不然大大小小的问题会接踵而来。而若顾客档案未整理好，要对顾客作仔细的分析是相当困难的，更别说如何服务于目标顾客了。**二是**顾客档案的登录项目。顾客档案的登录项目，应尽量精简，应该以“何时、谁、买什么”为事实的基础，将顾客的姓名、地址、电话号码、惠购品（即主要惠顾本店何种商品）、采购时间等五项内容登记前列，其他项目不妨另行登录，如顾客的职业、家庭成分、年龄等。**三是**如何请顾客填写收录项目。建立顾客档案时，一直存在的问题是“怎样请求顾客填写”。为了解决此问题，可以将起初的记录项目限制于顾客的姓名、地址和电话号码三项内容就可以，而顾客的采购时间和惠购品则由顾客口述，填写工作由门店的工作人员来完成。同时可诚恳地向顾客说明顾客档案是“为通知顾客本店举行的特惠促销活动或由本店寄送免费券、折扣券及厂商的新商品介绍用的”。**四是**一年一次定期核对。一年一次向登记入顾客档案的顾客寄送本店的问卷调查表，征求顾客的意见。该表应设有住址变更记录栏，以这样的方法定期把握顾客的迁移情况。同时可采用顾客只要凭填好的问卷调查表就能领取精美小礼品的方式，以保证门店能基本收回问卷调查表，以此重新确认顾客的档案资料。**五是**建立顾客管理制度。在建立顾客档案的基础上，需要进一步建立完善的门店管理制度，其目的是为了确立顾客的重点需求和重点顾客，以便及时进行商品和服务的调整，并把重点顾客逐步转变成门店的稳定顾客群。现代零售业的一个显著特点就是科学地管理顾客，要充分运用POS系统所提供给我们的各种信息，通过IC卡、磁卡和会员卡等现代化工具进行信息管理。

3. 供货者管理。无论是门店的供应商还是连锁企业内部配送中心的配送人员，来门店送货或者洽谈有关事宜，都必须在指定的地点，按照连锁企业总部规定的程序执行。**一是**要求其准时配送。连锁企业门店中食品、果汁、牛奶、果蔬等日配食品在销售的比重中超过40%，这些食品都对有效期、鲜度要求很高，供货商能否在开业前将这些商品及时送到店内，以满足顾客对鲜度和质量的要求是非常重要的，因此对供货商首要的一条要求是遵守送货时间。**二是**确保产品的品质。连锁企业门店以经营食品为主，70%以上的品项会对人体产生直接的影响。因此，门店对厂商必须严格要求提供的商品的品质是新鲜合格的，同时超市门店一定要对商品质量严格把关，包括外观、保存期限、标示内容等，特别是对那些直接食用的产品更要重视，否则一旦顾客食用出现问题，对门店将造成不可挽回的名誉损失。

（二）对商品的管理

案例

门店工作失误，造成投诉

一天早上，一对中年夫妇来到门店，只见他们直奔门店食品部货架，当他们来到糖尿病专柜的地方，迅速拿出照相机拍了下来，然后，他们来到门店投诉处进行投诉。原来他们在春节前到本店购买了十二袋低脂糖果，将其中的六袋寄给了在广州的一对老夫妇。这对老夫妇近日来电，声称糖尿病复发，并要速往医院医治。同时，该中年妇女也是一位糖尿病患者，目前糖尿病病情也不稳定，最后就发现是该糖果出了问题。他们向厂家询问后，确知该糖果并不是糖尿病人适用的，因此对此伤害之事十分气愤，声称要将照片向新闻媒介发布，强烈要求赔偿损失。经核查确认，这是由于门店工作失误造成的，因为低脂和无糖是有根本区别的。

店长对连锁企业门店的商品管理是其作业管理的又一个重点，商品管理的好坏也是考核店长管理能力的重要标准。商品管理即有关门店内商品所有作业的管理，若有服务时，服务也包含在内。其中包括商品的包装、验收、订货、损耗、盘点的作业，同时包含店长对于商品的管理、清洁、缺货等的监督。如果是连锁专卖店的话，待客销售技术也是其中的一种。门店对于商品的管理重点主要有以下几个方面：

1. 订货管理。根据店铺的年度销售计划，准确做出市场预测，提出每月的商品订货计划，报总部配送中心统一组织货源。每天按时向总部提交订货计划，保证商品供给的及时性。

2. 自采业务管理。由于受多种条件的限制，分店不可能100%依靠总部配送，总部会下放一部分商品的采购权，店长要重点负责好这方面的监督和检查工作。

3. 商品质量管理。商品质量是企业的生命。对连锁超市、便利店来讲，由于销售的商品基本上是包装商品，消费者往往在拆开商品包装使用时才能判别商品的质量，有些甚至在使用后也不了解商品的品质对自己的影响程度，所以超市把好商品质量关对维护消费者的利益是至关重要的。店长对商品质量的管理重点是注重包装商品在货架上陈列期间的质量变化和保质期的控制，冷冻设备、冷藏设备的完好率，收货、验货的质量把关，搬运方法与陈列方法的正确操作，以及商品质量的统计资料，并将这些及时上报到总部的采购部。

4. 缺货管理。零售业都把缺货称作是“营业的最大敌人”。这是因为商品缺货会使顾客的需要无法得到满足，顾客就会流失，导致销售下降，而顾客的需要在其他竞争店得以满足的话，就等于将顾客推向了竞争对手，从而大大削弱了自己的竞争力。店长要时时刻刻统计商品的缺货率，及时地与供应商联系，把缺货率降到最低水平。

5. 鲜度管理。鲜度管理主要是加强对生鲜食品及熟食品等日配品、对鲜度要求高的商品的管理。

6. 商品陈列管理。商品陈列是连锁企业促进商品销售的利器，店长对其管理的要点是：一是商品是否做到了满陈列，只有满陈列才能最有效地利用卖场空间，要把陈列货架理解为卖场的实际面积，予以高度重视。二是商品陈列是否做到了关联性、活性化。关联性能使顾客增大购买量，活性化则能给顾客一种强刺激，促成购买。三是商品陈列是否做到了与促销活动相配合。由于季节和节庆假日往往成为连锁企业门店销售高潮，因此配合这些促销活动搞好商品的特殊陈列，是大幅度增加门店销售额的重要环节。四是商品补充陈列是否做到了先进先出。商品在货架上陈列的先进先出，是保持商品品质和提高商品周转率的重要控制手段，店长对此点的管理要尤为重视。

店长对商品陈列检查、指导、督促的主要事项有：是否按商品配置表来进行商品陈列；商品陈列是否随季节、节庆等的变化而随时调整；是否将陈列商品的使用方法一同展示出来；是否注意到商品陈列的关联性；陈列商品是否整齐有规则；商品的形状、色彩与灯光照明是否能有效地组合；商品的价格标签是否完整、符合要求；陈列商品是否便于顾客选购；陈列的商品是否让人有容易接近的感觉；陈列的方式是否能突出丰富及商品的特色；注意商品是否有灰尘；是否能显示出门店所经营的主要商品；促销商品是否能吸引顾客的兴趣；商品陈列的位置是否在店员视线所及的范围之内；货架上的商品出售以后，补货是否方便；是否能有效地利用墙壁和柱子来陈列商品；各部门陈列的商品，其指示标志是否明显；陈列设备是否与商品相称；陈列设备是否安全可靠；商品的广告海报是否已破旧；引导顾客的标志是否易见易懂；破旧的陈列设备是否仍然在使用；所有员工对陈列设备的使用方法是否已详细了解。

7. 商品损耗管理。由于商品的破包、变质、失窃等因素可能造成较高的损耗率，损耗率的高低就成为获利多少的关键之一。上海超市业曾作过一项统计，往往一个商品的损耗，需要 5 ~6 个商品的销售毛利才可弥补，因此店长对商品损耗管理就成为门店节流创利的重要环节。店长对商品损耗管理的主要事项是：商品标价是否正确；销售处理是否得当（如特价卖出，原售价退回）；商品有效期管理不当引起的损耗；价格变动是否及时；商品盘点是否有误；商品进货是否不实，残货是否过多；职工是否擅自领取自用品；收银作业是否因错误引起损耗；顾客、员工的偷窃行为引起的损耗。

（三）对现金的管理

连锁企业门店的全部工作最终要在收银台的交易中实现，因此现金管理是非常重要的，必须谨慎行事。连锁企业门店的直接盈利来自门店的销售收入，因此店长对现金管理的重点就是收银管理和进货票据的管理。一些24小时经营的连锁企业门店还需小心防范以免发生意外。

1. 收银管理。店长对连锁企业门店现金的管理重点就是收银台，因为收银台是门店现金进出的集中点。而对收银台的管理又可归结到对收银员的管理，因此对收银员的选聘就十分重要。通常，收银员的选聘标准是：诚实、责任、快捷与友善。对收银员的管理往往是用控制收银差错率来进行的。一般连锁企业总部制定的门店收银差错率的控制标准是万分之五，如果差错率不控制在这个标准之内，对连锁企业的损失是很大的。除了控制收银员的差错率以外，收银管理其他主要事项是：伪币；退货不实；价格错误；亲朋好友结账少付；内外勾结逃过结款；少找顾客钱；直接偷钱。

2. 进货票据管理。相对于收银台的现金收入来说，进货票据也是店长对现金管理不可忽视的环节，因为进货票据是付款的凭证，是门店现金的支出，这一点对总部送货或代理商送货都是如此。尤其是当一个连锁企业销售商品中有相当高比例的商品，甚至是全部商品都采用由供应商直接送到门店的方式进货时，如果在进货接收过程中，其中一些商品进货票据出现任何差错，都可能给这家门店带来很大的损失。

店长对进货票据的管理还体现在进货票据验收、登录和会计报表编制等作业环节上，因此每日亲自检查核实进货的数量、质量和价格是重要的。

（四）对信息资料的管理

不懂得对信息资料管理的店长不是合格的店长，这是现代化的零售业——连锁企业对门店店长的基本要求。运用POS系统来管理的连锁企业门店，店长会很快地得到有关经营状况的准确信息资料，店长要对这些资料进行分析研究，做出改进经营的对策。通常电脑POS系统能提供给店长的信息资料有：

1. 商品销售日报表。由POS系统所生成的销售日报表能够按商品和时间细化地反映每日销售情况，具体包括日销售总额、商品销售比重、来客总数、来客平均购买额、来客购买商品的品项数和每一个品项的平均单价，并可分析每个产品项目对利润的贡献，从而有助于确定增加或删除哪些产品项目。

2. 商品销售排行表。商品销售排行表主要包括销售额排行、毛利率排行、销售比重、销售额和量的交叉比率排行等数据，使门店有能力追踪不同产品销售额的变化，分析产品受欢迎状况，调整产品和促销策略。

3. 促销效果表。促销效果表主要反映促销活动中销售额变化率、顾客增加率、来客平均购买额变化率、毛利率变化、促销活动前后的差异比较等。

4. 费用明细表。费用明细表主要反映出各项费用的金额及其所占费用总额的比重等资料。

5. 盘点记录表。盘点记录表主要反映各部门商品存货额和周转率等。

6. 损益表。每月的损益表所包含的内容是：销售额、毛利额、损耗额、费用额等资料。

7. 顾客意见表。重视顾客意见的超级市场，都会在电脑设定特定的程序，要求 POS 系统做出顾客意见表。该表所反映的内容是：顾客意见的内容；意见的件数；意见所指的商品部门和服务项目；顾客满意的内容、件数和部门。经过良好管理素质培训的店长会较容易地根据这些信息资料，通过定性分析迅速地做出相应的改进对策，保证经营蒸蒸日上。

案例

十佳店长成功二字诀：用心

刚刚获得“全国商业零售业十佳店长”荣誉的家润多朝阳店店长周鹏，从事 零售业已有 14 个年头，担任店长也有 10 年。从其 2005 年担任家润多朝阳店店长至今，该店每年都能超额完成任务，并且净利润增长速度一直居于长沙同类卖场前列。

经验之一：面对工作压力不要轻言放弃。

他解释说，现在很多企业都说人才难求，但其实换一个角度想，为什么企业总是留不住人才，关键的问题还是企业要为人才提供一定的平台，对人才进行系统培训，同时也要不断地使用人才，留而不用是很难让人才有归宿感的。

他举例说，大学刚毕业那年从事的第一份工作就是在办公室当秘书，但这份看上去似乎很轻松的工作，却并不轻松，在一年的时间里，每天工作 16 个小时是常有的事情，而搬家具、布置会场、楼上楼下地送文件都干过，确实是很辛苦，但我没有放弃，反而很用心地做每件事情，很快就得到了提升，因为辛勤的付出周边人都能看得到。

经验之二：始终坚定不移。

4 月 1 日，在刚刚结束的首届“全国商业零售业优秀店长选拔大赛”中，周鹏一路过关斩将，经过预赛、决赛、理论知识考试和实际操作能力综合考核后，从 54 名全国同行中脱颖而出，最终与外省另 9 名选手成为首批“全国商业零售业十佳店长”，也是湖南首位“全国商业零售业十佳店长”。

辛勤的付出和努力，终于获得丰厚的回报，虽然这种回报更多地体现在精神领域，但周鹏说，自己已经很幸运，他把今天的成功更多地归功于企业。

从周鹏的工作经历来看，大学毕业后至今，在长达 14 年的工作历程中，一直都在为友阿集团工作，期间并非没有跳槽的机会，但他始终坚定不移。

成功离不开“用心”二字，这似乎是相当浅显的道理，在工作中，能真正将之刻骨铭心的人并不多，但周鹏做到了。今年 34 岁的周鹏，目前在营业面积达 2 万平方米的家润多朝阳店领导着 1000 多人的团队。在他看来，店长不是什么官，更多的是一个导演，让店内各个部门的工作衔接得更为流畅，而在总结自己成功的经验时，他说得最多的就是：用心做事，用心学习。

要想由一名普通员工升至店长并能成为优秀店长，不仅要求具备店长的基本素质和能力，而且要求店长在实践中不断提高自身的素质和能力，始终坚定不移地用心做事、用心学习，只有这样才会像周鹏一样最终成为一名优秀店长。

资料来源：陈影，《连锁门店营运与管理实务》，东北财经大学出版社 2009 年版。

思考与训练

一、不定项选择题

1. 店长的素质要求包括（　　）。

A. 身体方面　　B. 品格方面

C. 技能方面　　D. 学识方面

2. 店长必须具备的卖场管理四种基本能力包括（　　）。

A. 人事组织能力　　B. 沟通能力

C. 门店规划能力　　D. 信息分析能力

3. 店长的工作流程包括（　　）。

A. 日流程　　B. 周流程

C. 月流程　　D. 年流程

4. 店长主要工作的重点有（　　）。

A. 对人的管理　　B. 对商品的管理

C. 对现金的管理　　D. 对信息资料的管理

二、判断题

1. 店长和店主一样，既是门店的所有者，又是门店的管理者。（　　）

2. 优秀店长既是出色的管理者，也是杰出的领导者。（　　）

3. 门店店长的最高职责是经营目标的实现，店长应对商品采购、陈列、销售、防损和安全等方面负责，降低损耗、减少费用、提高业绩。（　　）

三、简答题

1. 如何理解店长的含义及店长的角色定位？
2. 门店店长的主要工作职责有哪些？
3. 门店店长有哪些资质要求？
4. 为什么要规定店长每日每个时段的工作内容？
5. 你认为如何才能成为一名称职的店长？

四、案例分析题

案例一：要店长还是要员工

B 金店店长闹离职，原因是觉得工资低，而且她反映店内有些员工不配合她工作值得一提的是这其中还有一名销售明星。她对李老板反映，如果要她继续留任，那就必须加薪，同时开除那几个不配合她的员工。李老板郁闷好几天，可是最终还是答应了这个店长的要求。李老板是这样分析的，这名店长已经管店 5 年了，一直是他店内的一根大梁，无论进货、管店、卖货，还是处理七七八八的杂事，都是这个店长一人在跑。能力虽然不强，可是别人较她差得更多，在没有 后备人选的情况下，只能丢卒保车了。

问题：在这种情况下，你会留店长还是留店员？

案例二：不尊重营业员的经理

有一次，一位客户来某营业厅补卡，但他没有拿证件。按照规定，这样的业务不能办理，所以营业员当时就对客户说，如果没有带任何证件，是不能办理补卡的。营业员说完后，客户有些激动。为了不影响前台秩序，营业员就把客户带到了后台，让客户在经理室外面稍等一下，她自己进去向经理请示。针对这种情况，经理也说不能办理。营业员走出经理室后，把经理的意见转告了客户。这时客户更加不满，与营业员争执的声音又提高了一些。经理在里面听到了争执声，就出来了，直接问客户是怎么回事。客户把自己要办的业务重复了一下，这时经理居然回答："哦，这样啊，可以，你跟我来吧。"这大大出乎营业员的意料！

问题：经理的做法会造成怎样的后果？作为门店管理者，应该怎样管理自己的下属？

案例三：怒气冲冲的员工

某日上午，一位员工怒气冲冲地来到人力资源部办公室，提出要投诉，对上级管理方式不满。当时该员工情绪非常火爆，说话时分贝也不低。而负责接待的女同事为安抚该员工情绪，非常礼貌地说："你不要激动，别生气，有问题向我们反映，我们会调查，如果属实，一定会给你一个答复。"不料，该员工立即大声喊叫："调查？难道你以为我骗你的呀，还是说你们人力资源部与管理人员一样不讲道理，我不与你谈了。"随后，不论这位女同事如何向他解释，该员工就是不再与其答话，只是自己大声抱怨无处讲理，因为当时正处于办公繁忙时间，办公室内还有其他员工，因此为避免事态恶化，店长就走过去解决。

问题：假如你是这位店长，你会如何解决？解决的方案或流程是什么？

四、实践实训

项目实训一

【任务实训】

【任务】帮助不胜任的店长改正错误。

【目的】通过找错误，掌握门店店长应具备的素质和能力。

【要求】1. 划分小组，以小组为单位进行，各小组之间进行比赛。

2. 指导老师给出不胜任的店长的不同类型，各小组找出错误，分析不胜任的原因，并提出改进的措施。

项目实训二

【任务实训】

【目的】了解连锁企业门店店长的作用和工作职责；认识什么是连锁企业门店店长，熟悉店长的作业流程和作业管理重点；联系实际，掌握店长应该具备的素质和要求，认识激励对员工的重要性等。

【内容】选择一家大型连锁企业门店，调查门店店长一天的工作流程，并分析其管理的重点内容。

【步骤】1. 将学生分成若干小组，每个小组设有一名店长和若干员工。

2. 通过实地调查一家大型连锁企业门店店长的一天工作流程，每个小组编写一份店长每日工作计划书，并根据计划书内容进行流程演练。

3. 虚拟一个员工的工作情节，由“店长”来对“员工”进行激励和考核，从而加深学生对连锁企业门店店长的认识。

主要参考文献

1. 徐印州：《连锁门店实训》，北京大学出版社 2008 年版。
2. 崔太康：《连锁企业门店营运与管理》，北京大学出版社 2009 年版。
3. 郭延江：《连锁经营管理技术》，清华大学出版社 2010 年版。
4. 易兰华、喻合：《连锁经营管理专业技能抽查标准》，湖南大学出版社。
5. 范征、石兆：《连锁企业门店运营管理》，电子工业出版社 2013 年版。
6. 李建：《连锁企业促销策划》，电子工业出版社 2009 年版。
7. 李艳芳、王艳：《门店运营与管理》，科学出版社 2013 年版。
8. 郑昕、盛梅：《连锁门店运营管理》，机械工业出版社 2008 年版。
9. 中国人力资源工作网 www. chinahrw. net。
10. 时杰 环保·人人动手——壳牌公司环保公关案例，《公关世界》。
11. 百度文库。